椎谷哲夫

JN244812

皇室入門

制度・歴史・元号・宮内庁・施設・祭祀・陵墓・皇位継承問題まで

GS
幻冬舎新書
529

はじめに

今上《きんじょう》天皇（明仁天皇）が、高齢となった天皇の望ましい在り方についてのご自身の考えをビデオメッセージを通じて国民に示されたのは平成28（2016）年8月8日のことでした。象徴天皇という立場上、現行の皇室制度の変更に絡む「譲位（退位）」そのものには言及されなかったものの、そのお気持ちを強く滲ませる内容でした。陛下はメッセージの最後をこう結ばれました。「我が国の長い天皇の歴史を改めて振り返りつつ、これからも皇室がどのような時にも国民と共にあり、相たずさえてこの国の未来を築いていけるよう、そして象徴天皇の務めが常に途切れることなく、安定的に続いていくことをひとえに念じ、ここに私の気持ちをお話しいたしました。国民の理解を得られることを、切に願っています」。

皇室典範の皇位継承規定は崩御《ほうぎょ》を前提として作られており、ご存命中の天皇が退位して皇位を譲ることは想定していませんでした。しかし、陛下のメッセージに込められた思いを多くの国民が受け止めて理解を示しました。政府も国会も小異を捨てて大同に就く姿勢を貫いた結果、多少の議論はあったものの「特例法」の成立によって約200年ぶりという「譲位」が行われることになりました。今回の例外的な皇位の継承で国論が四分五裂することがなかったのは、日本国民が陛下のお言葉にもあった「象徴天皇制が安定的に続いていくこと」を望んだからにほかなりません。

昭和64年1月7日、筆者は時代が昭和から平成に代わる瞬間を取材中の皇居内で迎えました。多くの国民が激動の昭和を歩まれた昭和天皇の崩御を悼み、悲しみの中で葬送の列を見送りました。そして新天皇の即位に関する厳かな儀式が続きました。そうした中、極左による反皇室闘争は露骨でした。平成2年版『警察白書』を読み返してみるとその異様さがわかります。そこにはこう書かれています。「従来から皇室闘争に取り組んでいた極左暴力集団は、『大喪の礼爆砕』を主張し、爆弾事件等を引き起こしたほか、全国各地で集会、デモに取り組んだ。また、日本赤軍は、天皇制打倒の主張を強め、一連の声明により反皇室キャンペーンを展開した」。大学のキャンパスにも「反天皇制」の立看板が目立ちました。翻って30年後の今、少なくとも天皇制打倒を声高に叫ぶ勢力はほとんど目立たなくなっています。国会での与野党の動きも前述したとおりです。時代はこの30年で大きく変わったように見えます。

皇室は新天皇の即位で新しい時代に入ります。今上天皇は皇太子時代を含め多くの時間を戦没者への慰霊に費やし被災地にも頻繁に出向かれました。人々の悲しみに寄り添い、どんな人にも、どの地域にも分け隔てなく「公平」に接しようとのお気持ちを抱き続けてこられました。

新天皇もそのお気持ちを受け継ぎながら、戦後生まれの天皇として新しい皇室のありかたを求めていかれるに違いありません。

皇位継承が行われようとする今、皇室とは何かを考えてみると、そこには長い歴史と伝統に裏打ちされた、時代が変わっても決して変わらないものがあることにあらためて気づかされます。本書はそうした観点も忘れず、さまざまなテーマを硬軟取り混ぜて取り上げ1冊に凝縮しました。「皇室制度」や「天皇の歴史」をなるべくわかりやすく説明し、マスコミ報道などで知る機会の少ない「宮中祭祀」や「陵墓《りょうぼ》」、皇室と縁の深い伊勢神宮などについても取り上げ、その過程では神話も紹介しました。また、公務を中心にした「天皇のお務め」を細かく解説、昭和天皇や明治天皇などの事績にも触れました。なお、皇室用語等についてはなるべく多くルビを付しました。

本書をまとめるにあたって足らざるところも多々ありますが、拙文が少しでも皇室を知る手助けとなれば幸いです。

第2章 天皇のお務め

第3章　皇室を護り支える組織と施設 111

第4章 宮中祭祀と陵墓・伊勢神宮と出雲大社 166

図版制作　米山雄基

第1章 皇室制度と歴史

200年ぶりの譲位

皇室典範特例法で一代限りの「上皇」「上皇后」

今上天皇は平成31年4月30日限りで退位され、翌5月1日に皇太子殿下が第126代天皇に即位される。同時に皇太子妃雅子さまが皇后に就かれる。譲位が行われるのは幕末の文化14（1817）年の第119代光格天皇以来202年ぶりで、天皇陛下は「上皇《じょうこう》」、皇后陛下は「上皇后《じょうこうごう》」に就かれる。

今回の譲位は、平成28（2016）年8月8日の今上天皇の「象徴としてのお務め」についてのビデオメッセージが契機だった。陛下は「次第に進む身体の衰えを考慮する時、これまでのように、全身全霊をもって象徴の務めを果たしていくことが、難しくなるのではないかと案じています」などと話され、「象徴天皇の務めが常に途切れることなく、安定的に続いていくことをひとえに念じ、ここに私の気持ちをお話しいたしました。国民の理解を得られることを、切に願っています」と訴えられた。

皇室典範には譲位（退位）を想定した規定がないため、安倍晋三首相の私的諮問機関である「天皇の公務の負担軽減に関する有識者会議」が設置され、首相から国会の意見集約を求められた衆参両院議長が各政党代表と事前協議を行った。

明治時代になって皇室制度が法的に整備されて以降、譲位の制度は、その弊害を理由に今日まで否定されてきた歴史があり、今回の議論の過程でも譲位ではなく摂政を置くべきだとの意見が少なからずあった。しかし、多くの国民がこれまでの30年近く象徴天皇としてのお務めを果たされてきた陛下の思いを肯定的に受け止めたこともあり、国民世論は譲位を是とする方向に進んだ。

その過程で、皇室典範を改正して譲位を恒久的に可能にすべきだとの意見が野党を中心に出されたが、政府は最終的に皇室典範自体は改正せず今上天皇一代のみの譲位を可能とする特例法で対応することを決定。有識者会議や事前協議の結果を踏まえた「天皇の退位等に関する皇室典範特例法（以下、皇室典範特例法）案」を国会に上程。平成29年6月に衆参両院の審議を経て満場一致で可決された。

この特例法制定に合わせ、皇室典範の附則に「この法律の特例として天皇の退位について定める天皇の退位等に関する皇室典範特例法（平成29年法律第63号）は、この法律と一体を成すものである」が付け加えられた。

「譲位」と「退位」はどう違うのか

ところで、「退位」と「譲位」はどちらが正しいのかと訊かれることがある。マスコミの表記は「退位」としている場合が多く、皇室典範特例法の正式名称も「天皇の退位等に関する皇室典範特例法」となっている。これについては、「譲位」には天皇が自らの意思で皇位を譲り渡すニュアンスがあり、これは天皇の権能として許されていない――という考え方もある。だが、皇室の歴史では、大化の改新で女帝の第35代皇極天皇が同母弟の孝徳天皇に皇位を譲って以来、ほぼ「譲位」と言い表されてきた。しかも、神社新報（平成29年8月7日）に掲載された「譲位の儀礼について」（佐野真人氏）によると、天平宝字8（764）年に藤原仲麻呂（恵《え》美押勝《みのおしかつ》）が反乱を起こした際、孝謙上皇が仲麻呂を重用していた第47代淳仁天皇を廃位にして淡路島に幽閉した。この時に「退位」という言葉が一度だけ使われたが、これは「廃帝」を意味していた。

退位には単に「皇位を退く」という意味しかなく、「退位した後にどうなる」という意味合いまでは読み取れない。譲位であれば、皇位が次の代に継承されるというニュアンスが含まれることもあり、歴史的に使われてきた「譲位」を使うのが適切なのではないかと思われる。

上皇は「太上天皇」の略ではなく新設された身位（身分）

皇室典範特例法では、第3条で上皇、第4条で上皇后についての事項を定め、「上皇の敬称は陛下とするとともに、上皇の身分に関する事項の登録、喪儀及び陵墓については、天皇の例による」などとある。上皇后の敬称については直接の規定はないが、「皇室典範に定める事項については、皇太后の例による」とあるため、敬称は「陛下」となる。歳費は新たに内廷費が充てられ、宮内庁の組織として新たに「上皇職」が設けられ、トップに上皇侍従長が就く。

「上皇」は平安時代から江戸時代にかけ、「太上天皇《だいじょう》」という身位（身分）の略称として使われてきた表現でもあり、院政による二重権威のイメージがなくもないが、政府や宮内庁は、今回の譲位による「上皇」は「太上天皇」の略称ではなく、まったく新しい「身位《しんい》」（身分）であるとの解釈をしている。「上皇后」については表記自体が歴史上初めてで、有識者会議などでは、歴史的なつながりを考えて「皇太后」とすべきだとの意見もあった。その一方で、明治以降は天皇崩御後の身位というイメージが強いとの意見も出された。

本題から逸れるかもしれないが、皇族とは「天皇の親族」のことだから、天皇は皇族ではない。嫡出の血族（既婚女子など皇籍を離れた者を除く）及びその配偶者を指す言葉であり、皇后以下の方々がこれにあたる。従って皇室全体を言い表す場合は「天皇及び皇族」としなければならない。ただ、譲位による新元号1（2019）年5月からの新しい身位（身分）である「上皇」も天皇と同じで皇族ではない。だから「皇室典範特例法」にも「上皇の身分に関する事項の登録、喪儀及び陵墓については、天皇の例による」と規定されており上皇は天皇に準じた扱いになる。厳密に言えば同年5月からは「天皇、上皇及び皇族」とするのが正しい表記となる。

皇位継承の前日に「退位の礼」が国事行為で

譲位に伴って行われる儀式は、基本的には昭和天皇の崩御に伴う30年前を踏襲して行われる。一番の違いは平成31年4月30日に臨時の国事行為として皇居・宮殿で「退位礼正殿の儀」が行われることだ。憲政史上初めてのことであり、政府は皇室典範特例法の「この法律の施行に関し必要な事項は、政令で定める」を根拠に、閣議決定による政令で退位の礼の実施を決めた。首相が退位される陛下に国民を代表して感謝の言葉を述べ、陛下が天皇として最後のお言葉を述べられる。

そして、いよいよ翌5月1日には同じ正殿松の間で「剣璽《けんじ》等承継の儀」が新天皇の国事行為として行われる。「即位の礼」は前回と異なり服喪がないため同年10月22日に国事行為として行われ、大嘗祭《だいじょうさい》は11月14日夕から15日未明にかけて「皇室の公的行事」として行われる。「国民の祝日に関する法律」に基づく新しい天皇誕生日は新元号2（2020）年2月23日が最初となる。また、新元号（年号）の発表は、譲位1ヶ月前の平成31年4月1日か新天皇即位と同時に行われる見通しだ。元号法は「元号は皇位の継承があつた場合に限り改める」と規定しているが、制定当時は当然ながら「譲位」自体を想定しておらず、法律の趣旨に照らせば発表は即位と同時に行うべきだ——との意見も出ていた。

なお、今上天皇のご即位30年を祝う内閣主催の式典は譲位を前にした新元号1（2019）年2月24日に東京・隼町の国立劇場で実施される。

一方、譲位に伴ってお住まいの御所の移動も行われる。新天皇と皇后は、両陛下が退かれた後の吹上御所を改装して愛子さまとともに移られるが、それまでは現在の東宮御所を「仮御所」として使い、日常のご公務については車で宮殿に通われる。上皇と上皇后はいったん東京・港区高輪の「高輪皇族邸」に移り、新天皇ご一家が退去された港区赤坂の東宮御所を改装してお住まいになる。また、上皇、上皇后の生活費などの予算については新天皇、皇后と同じ内廷費から支出することを政令で決めた。

「皇太子」はなぜ空位となってしまうのか

一方、今回の譲位によって秋篠宮さまが皇位継承順位第一位、つまり皇嗣《こうし》となるが、皇太子は空位となる。これについては少し説明が必要かもしれない。

皇位継承の順位等については皇室典範に規定されており、第1条に「皇位は、皇統に属する男系の男子が、これを継承する」とあり、第2条には次のように具体的な順位が書かれている。

①皇長子（天皇の第一皇子《おうじ》）
②皇長孫（第一皇子の子）
③その他の皇長子の子孫
④皇次子（天皇の第二皇子）及びその子孫
⑤その他の皇子孫
⑥皇兄弟及びその子孫
⑦皇伯叔父及びその子孫――。

譲位によって皇太子さまが天皇に即位されると、皇族の構成が現状のままで変わらないとして、①②③④⑤ともに該当する方はいらっしゃらず、⑥の「皇兄弟及びその子孫」の「皇兄弟」が秋篠宮さま、「その子孫」が悠仁《ひさひと》さまに該当し、それぞれ皇位継承順位第一、第二位となる。また、⑦の「皇伯叔父及びその子孫」には新天皇の叔父である常陸宮さまが該当し、皇位継承順位第三位となる。

今回の譲位で皇太子が空位となる理由はこうだ。皇室典範では皇太子の定義を「皇嗣《こうし》たる皇子」としている。つまり、「皇位を嗣《つ》ぐ者（皇位継承順位第一位）」であって、さらに「皇子（天皇の子）」でなければならない。秋篠宮さまは新天皇の弟だからこれには当てはまらない。つまり皇太子に該当する方はいらっしゃらなくなるということになる。これに伴い、皇太子ご一家のお世話や事務を執り行う「東宮職」もなくなる。

実は昭和の初めにも皇太子が空位だった時期があった。昭和天皇が即位された時、まだ現在の天皇陛下である明仁《あきひと》親王は誕生されていなかった。つまり「皇嗣たる皇子」がいなかったため、昭和天皇の弟宮の秩父宮雍仁《やすひと》親王が皇位継承順位第一位になったが、昭和8（1933）年に今上天皇が誕生されるまでの7年間、皇太子は空位のままだった。

歴史的には、皇位を継ぐ天皇の弟という意味で「皇太弟《こうたいてい》」という身位（身分）が設けられたこともあったが、現行の皇室典範にはこの規定はない。今回の皇室典範特例法では第5条に「皇嗣となった皇族に関しては、皇室典範に定める事項については、皇太子の例による」と定められ、秋篠宮さまは事実上の皇太子として扱われることになる。このため、「秋篠宮家」という宮号は「国民に慣れ親しまれている」という理由でそのまま残すが、お立場に敬意を示すため「皇嗣殿下」という敬称が使われることになった。公式の場では「秋篠宮皇嗣殿下」などと表記されることになる。英語表記は、外国から皇太子に準じた処遇を受けることになるため「Crown Prince」となる。

宮内庁の組織としては、「東宮職」がなくなり、新たに「皇嗣職」を設け、そのトップを「皇嗣職大夫《だいぶ》」とすることになった。歳費もこれまでの東宮職と同等となり、秋篠宮さまは事実上の皇太子としてご公務をこなされることになる。

なお、今回の譲位では皇太子が空位となるため「立太子の礼」という儀式はないが、秋篠宮さまが皇太子と同様の立場であることを国内外に示すための「立皇嗣の礼」という儀式が歴史上初めて行われる。「即位の礼」の翌年に国事行為として行われる予定だ。

ちなみに、現在の皇太子さまの立太子の礼は、平成３（１９９１）年2月23日の31歳の誕生日に国事行為として行われた。湾岸戦争の真っ最中だったため、饗宴なども規模を小さくして開かれた。「立太子宣明の儀」（宮殿松の間）という儀式では、天皇陛下が黄櫨染御袍《こうろぜんのごほう》、皇后は十二単《じゅうにひとえ》の略装、皇太子が黄丹御袍《おうにのごほう》という装束を着用され、皇族のほか首相を始め三権の長や都道府県知事、各国大使ら２４５人が出席した。天皇が「宣明」を読んで徳仁《なるひと》親王が皇太子であることを宣言され、皇太子が決意とお礼の言葉を述べられた。続いて海部首相がお祝いの「寿詞《よごと》」を朗読した。この儀式に続いて、鳳凰の間で天皇陛下から皇太子さまに「壺切御剣《つぼきりのぎょけん》」が授けられ、正午には鳳凰の間で衆参両院で決議された賀詞が天皇に奏上された。壺切御剣とは、9世紀頃から代々の皇太子に天皇から下賜されて受け継がれてきたと言われる護り刀のことを言う。ただ、実際には下賜されなかった例も多く、紛失して別の刀が下賜されたこともあるという。

皇室の構成と仕組み

「象徴の地位は国民の総意に基づく」の意味

皇室に関する法的位置づけの根本は、言うまでもなく日本国憲法第1章「天皇」である。その第1条には「天皇は、日本国の象徴であり日本国民統合の象徴であつて、この地位は、主権の存する日本国民の総意に基く」とある。果たしてこの「日本国民の総意に基く」とはどういう意味なのか。

これについては、国民の総意を「条件」として象徴天皇制がなりたっているという考え方がある。ただ、そうなると、総意の基準は何か、どういう場合に総意でないと判断されるのかなど難解で取りとめのない問題が生じてしまう。高校時代に日本史の教師が授業中に「総意でなくなったら天皇制は廃止できるという意味だ」と〝憲法解釈〟をしていたのを思い出す。対して、この条文は国民の総意に基づいて象徴天皇制が定められたのだという「確認」だとの解釈もある。皇室法制度の権威である元最高裁判事の園部逸夫氏はこの立場に立っており、著書の『皇室法概論』（第一法規）で、「国民の総意は天皇の有する歴史的背景を前提とした総意である」としたうえで、憲法は「第一条により天皇を確認的に象徴と定めた」との考えを採っている。

日本政府の見解もこれに近く、昭和54（1979）年4月19日の衆院内閣委員会で、当時の真田秀夫内閣法制局長官は次のように答弁している。「（前略）ここに言う総意というのは、いわゆる総体的な意思、一般的な国民の意思という意味でございますので、証明しろとおっしゃっても、それはなかなか困難であろうと思います。いまの憲法ができますときに、これは帝国憲法の改正の形をとりましたけれども、当時の帝国議会で衆知を集めていろいろ御検討になって、そして国民の総意はここにあるのだというふうに制憲議会において御判断になった、それがこの条文の規定にあらわれておると、こういうふうに言わざるを得ないのだろうと思います」。

「天皇は対外的に代表権を持つ元首」という政府見解

日本の天皇が「元首」であるか否かは、現憲法（日本国憲法）に規定がないこともあり、憲法上の学説としては定まっていない。つまり曖昧なままになっている。学者の中には「元首は内閣総理大臣である」とか「日本には元首は存在しない」などとする考え方もあり、その背景には、元首という言葉の響きが戦前の大日本帝国憲法下での天皇を想起させることから、「天皇を元首として認めたくない」という心理も働いているようにも思われる。

しかし、国際儀礼（プロトコール）では、日本の天皇は他国の国王や大統領などと同じく元首としての待遇を受けており、Head of State（元首）と見なされている。日本の外務省も日本の元首は天皇であるとの立場をとっている。

元首についての元来の一般的な考え方は「国内にあって統治権や行政権を持つと同時に対外的に代表権を持つ者」とされてきたが、今日では統治者としての性格が薄れ、「対外的に国家を代表する資格を持つ者」を元首と見なすというのが世界的な流れとなっている。日本の場合、憲法が規定する国事行為の「外国の大使及び公使を接受すること」（第7条第9号）が天皇が有する対外的な代表機能にあたるというのが政府の立場だ。

昭和63年10月11日の参議院内閣委員会で当時の大出峻郎内閣法制局第一部長は次のような答弁を行ったが、これが政府見解として今日まで続いている。その内容は次のようなものだ。

「かつてのように元首とは内治、外交のすべてを通じて国を代表し行政権を掌握している、そういう存在であるという定義によりますならば、現行憲法のもとにおきましては天皇は元首ではないということになろうと思います。しかし、今日では、実質的な国家統治の大権を持たれなくても国家におけるいわゆるヘッドの地位にある者を元首と見るなどのそういう見解もあるわけでありまして、このような定義によりますならば、天皇は国の象徴であり、さらにごく一部ではございますが外交関係において国を代表する面を持っておられるわけでありますから、現行憲法のもとにおきましてもそういうような考え方をもとにして元首であるというふうに言っても差し支えないというふうに考えておるわけであります」。

平成13（2001）年6月6日の参院憲法審査会で答弁した阪田雅裕内閣法制局第一部長も、この答弁をそのまま引用して政府見解であると説明している。

ところで、自由民主党は平成24年4月に発表した「日本国憲法改正草案」で、天皇を「日本国の元首」と明確に規定した。これによると、現行の第1条「天皇は、日本国の象徴であり日本国民統合の象徴であつて、この地位は、主権の存する日本国民の総意に基く」を一部改正して「天皇は、日本国の元首であり、日本国及び日本国民統合の象徴であって、この地位は、主権の存する日本国民の総意に基づく」としている。天皇を「元首であって象徴である」と位置づけるもので大きな反響を呼び、「天皇主権国家を意図している」などの批判が出る一方、「現実を明文化したに過ぎない」との意見もある。

戦前と戦後で位置づけが大きく変わった新旧の皇室典範

皇室典範は皇位継承や皇族の範囲など天皇及び皇族に関する皇室制度全般を定めた法律で、具体的には第1章「皇位継承」、第2章「皇族」、第3章「摂政」、第4章「成年、敬称、即位の礼、大喪の礼、皇統譜及び陵墓」、第5章「皇室会議」の5章から構成されている。

現在の皇室典範は戦後制定され、日本国憲法と同じ昭和22（1947）年5月3日に施行されたが、戦前も同じ名称の規定があった（本書では「旧皇室典範」と記述）。現在の皇室典範は、旧皇室典範にあった皇位継承時の最重要儀式「大嘗祭」の規定が削除され、非嫡出子を皇族として認めないことなど大きな変更もあるが、基本的には旧皇室典範を踏襲していると言ってよい。

しかし、名称は同じ「皇室典範」だが、戦前と戦後では法的位置づけが大きく異なっている。旧皇室典範は、明治22年2月11日（紀元節）に公布された大日本帝国憲法と同格の法令として、同じ日に制定されたが、帝国憲法と異なって帝国議会が関与することはなく、宮内省や枢密院会議における検討を経て明治天皇の勅定《ちょくじょう》という形で制定された。制定時には、皇室の家法であるとして公布はされず、当時の枢密院議長の伊藤博文が著した解説書『皇室典範義解《ぎげ》』などによって非公式に発表されただけだった。明治40（1907）年の改正で旧皇室典範に「増補」が加えられた際に公布された。

以後、日本の法制度は大日本帝国憲法を頂点に法律や勅令（国務に関する天皇の命令）などで構成される「国務法」と、皇室典範を頂点に皇室令（皇室や宮務に関する天皇の命令）などで構成される「宮務法」による二元的な法体系となり、昭和20年の敗戦まで続いた。法体系が二元的になったのは、皇室制度に関するものは政府の行政とは区別するという「宮中と府中《ふちゅう》の別」という考え方によるもので、「皇室自律主義」とも呼ばれた。「宮中」は皇室や皇居内部を意味しているのに対し、「府中」は政治やそれが行われる公的な場所を指すとしている。

これに対し、現行の皇室典範は最高法規である日本国憲法の下位にある法律として、制定された。このため、日本国憲法がＧＨＱ（連合国軍最高司令部）の占領下に於いて米国主導によって大日本帝国憲法を改正する手続きによって成立したのに対し、皇室典範は旧皇室典範と同じ名称であっても法的連続性がなく、公布とともに旧皇室典範は廃止された。

戦後の「皇室典範」が戦前と同じ名称となったことについて、制定過程の貴族院の審議で金森徳次郎国務大臣は「一般の、法といふ言葉より何となく荘重に聞こえる」（昭和21年12月18日）と答弁している。当時、ＧＨＱの占領下にあっても、昭和天皇あるいは皇室に対し圧倒的多数の国民が敬慕の念を持っていたことを考えれば、金森大臣の答弁には「法律とは言っても特別なものである」との意味合いが込められていた。

なお、通常の法律の一つである現行皇室典範においては、改正に際して皇室の意向を反映させるための法的な手段はない。天皇及び皇族自身に関する規定に皇室が直接的に関与できないのはおかしいとの意見もあり、皇族議員2人がメンバーとして参加している「皇室会議」の議決を必要とするなどの方法があってしかるべきかもしれない。

敗戦で廃止された「皇室令」が今も皇室制度を支える

先に触れたように、戦前は旧皇室典範に基づく皇室や宮務に関する命令である「皇室令」があり、そのほとんどは明治40年代に入って次々に制定された。(旧)皇統譜令(皇籍)、登極令(即位礼等の皇位継承儀式)、摂政令(摂政の設置)、立儲令(立太子)、皇室親族令(親族関係)、皇室成年式令(成年)、皇族身位令、皇族会議令、皇室祭祀令、皇室儀制令(宮中の祭祀・儀礼)、皇室喪儀令、皇室陵墓令、皇室財産令、皇室会計令などがそうである。

しかし、戦後の昭和22年5月の日本国憲法施行に伴い、旧皇室典範に代わる新皇室典範は制定されたものの、各皇室令と附属法令はすべて廃止された。このため、当時の宮内府文書課長が「皇室令及び附属法令廃止に伴い事務取扱に関する通牒」と題する依命通牒《いめいつうちょう》(通達文)を宮内府内の部局長宛に出した。「従前の規定が廃止となり、新しい規定ができていないものは従前の例に準じて事務を処理すること」などとするもので、新憲法の範囲内で旧皇室令を目安にして皇室関係の行政事務を執り行うこととなった。

例えば即位の礼について見れば、現在の皇室典範では第4章第24条で「皇位の継承があったときは、即位の礼を行う」、「陵墓」については第27条で「天皇、皇后、太皇太后《たいこうたいごう》及び皇太后を葬る所を陵、その他の皇族を葬る所を墓とし、陵及び墓に関する事項は、これを陵籍及び墓籍に登録する」とあるだけで具体的な決め事が書かれた法令はない。このため、それぞれ戦前の「登極令」や「皇室陵墓令」などの規定を準用している。

平成3年4月25日の参院内閣委員会で当時の宮尾盤次長は、文書課長の依命通牒が現在も効力を持っているかとの質問に対し、「(依命通牒は)宮内府内部における当面の事務処理についてのいわゆる考え方を示したものでありまして、これは法律あるいは政令、規則というようなものではございません。そういう考え方を示したものでありますが、その後現在まで廃止の手続きはとっておりません」と答えている。この答弁に沿って考えると、廃止の手続きをしていないため現在も有効だということになる。

ただ、廃止された皇室令のうち皇室の戸籍である「皇統譜令」だけは、同じ名称の「皇統譜令」という政令が新しく定められた。それでも内容は極めて簡素で、その第1条には「この政令に定めるものの外、皇統譜に関しては、当分の間、なお従前の例による」との経過規定が記されており、実際には旧皇統譜令を準用している。いずれにせよ、各種の皇室令が廃止されて70年以上も経つが、皇室制度に関する法整備は曖昧なまま放置されている面が少なくない。

譲位前の皇族身位(身分)は皇后・親王・親王妃・内親王・女王

皇族の範囲に関する条項については、旧皇室典範の第三十条にあった規定が、新たに制定された「皇室典範」(昭和22年制定)の第5条に引き継がれた。

同条には「皇后、太皇太后《たいこうたいごう》、皇太后、親王、親王妃、内親王《ないしんのう》、王、王妃及び女王《じょおう》を皇族とする」とある。これは女性皇族を含む皇族全体の身位、つまり身分であり序列を表している。ここには皇族身位令にはあった「皇太子」が入っていない。これは、皇太子の身位は「親王」に含まれるとの解釈によるもので、その皇太子については第8条で「皇嗣《こうし》(皇位継承第一位)たる皇子(天皇の子)を皇太子という」と定義付けされている。

「太皇太后」は平安末期から800年以上いらっしゃらない。「皇太后」は崩御された先帝(先代の天皇)の皇后だった方で、最近では昭和天皇の后だった良子《ながこ》皇后が昭和天皇の崩御によって皇太后になられた(平成12年に崩御されて香淳《こうじゅん》皇后と追号《ついごう》)。

次の序列の「親王」は、生誕時に天皇の子または孫にあたる男子皇族で、現在は、今上天皇の子の皇太子さまと秋篠宮さま、孫の悠仁さまのほか、昭和天皇の第二子(今上天皇の弟)として生まれた常陸宮正仁《まさひと》さまがいらっしゃる。皇太子も広義では親王であり、皇位継承順位第一位の親王と考えればよい。

「内親王」も親王と同じように生誕時の子と孫にあたる女性皇族で、現在は天皇陛下の孫の敬宮《としのみや》愛子内親王と、秋篠宮眞子《まこ》内親王、同佳子《かこ》内親王がいらっしゃる。結婚で皇籍を離れた今上天皇の長女黒田清子《さやこ》さんは、結婚前は「紀宮《のりのみや》清子内親王」だった。ちなみに、皇室では「一世」「二世」「三世」という表現も使うが、一世は天皇の子（皇子や皇女）、二世は天皇の孫、三世は天皇のひ孫のことで、特に「二世」については、私たちが普段使う「二世」とは意味が異なるので注意したい。

「女王」は、天皇のひ孫以降の女性皇族のことで、平成30年末現在、三笠宮家の彬子《あきこ》女王、高円宮家の承子《つぐこ》女王など両宮家の3方がいらっしゃる。例えば、三笠宮家の彬子さまは、今上天皇の直系ではなく大正天皇のひ孫（子が三笠宮崇仁親王、孫が三笠宮寛仁親王）にあたるので女王となる。皇室典範第6条で規定された「三世以下の嫡男系嫡出の子孫は、男を王、女を女王とする」にあてはまる。なお、現在の皇室には「王」や「王妃」はいらっしゃらない。

天皇と皇太子・皇太孫の成年は皇室典範に18歳と規定

皇室典範（第22条）は天皇の成年を18年（歳）とするとともに、皇族については皇太子と皇《こう》太孫《たいそん》だけの成年を18年と定めている。このうち、聞き慣れない「皇太孫」とは、天皇に皇子である皇太子がおらず、孫にあたる方が皇嗣（皇位継承順位第一位）となった場合の身位を言う。現在の皇太子（徳仁親王）は、昭和天皇のご存命の時は皇太子でも皇太孫でもなかったので、一般皇族の親王の立場で昭和55年に20歳で成年を迎えられた。しかし、父君である今上天皇は、生まれながらにして皇太子であったため、昭和27年に18歳で成年を迎えられている。

では、なぜ、天皇、皇太子、皇太孫の成年だけが18歳となっているのか。終戦直後に日本国憲法とともに皇室典範が制定された当時の政府の答弁（帝国議会）では、摂政制度との関係で一般国民よりも早く成年とした旨が説明されている。つまり、天皇の国事行為は内閣の助言と承認に基づいて天皇が自ら行うものであることから、なるべく摂政を立てないことが望ましく、天皇が未成年であることによる摂政の設置期間をなるべく短くしようというわけだ。

皇太子、皇太孫の成年についても同じく18歳とした理由については、皇室法の権威である園部逸夫氏が『皇室法概論』で、「摂政設置の場合には皇太子及び皇太孫が可能な限り摂政として国事行為を行うことができるよう、国事行為を行うことができる年齢として天皇と同様、18年という年齢を定めたものと考えられる」と説明している。それ以外の皇族の成年については特に規定はないが、戦前の旧皇室典範第十四条の「前條ノ外ノ皇族ハ満二十年ヲ以テ成年トス」を踏襲する形で20歳ということになっている。

今上天皇と昭和天皇にもあった「摂政」の議論

摂政とは、天皇が未成年（成年は18歳）だったり、精神・身体に重大な疾患があった場合などに、象徴である天皇の代わりとなって国事行為を行う成年皇族を言う。憲法上の根拠として、第4条第2項は「天皇は、法律の定めるところにより、その国事に関する行為を委任することができる」、第5条は「皇室典範の定めるところにより摂政を置くときは、摂政は、天皇の名でその国事に関する行為を行ふ」と規定している。さらに皇室典範の第3章は、摂政を置く場合の条件や手続きを定めており、精神や身体の重度の疾患や重大な事故があった場合に摂政を置くかどうかの判断は皇室会議が議決して行うことになっている。

摂政となる皇族の順序は「皇太子又は皇太孫」「親王及び王」「皇后」「皇太后」と続く。この順序でわかるように女性皇族も摂政になることができる。新元号1（2019）年5月以降、仮に新天皇に摂政を置く事態になった場合は、皇室典範特例法第5条の「皇嗣となった皇族に関しては、皇室典範に定める事項については、皇太子の例による」によって、皇嗣秋篠宮さまが摂政ということになる。

憲法や皇室典範の規定では、天皇の国事行為を代行するという役割のみを担うことになっているが、摂政として公的行為も可能かどうかについては曖昧だ。天皇の公的行為が、「象徴としての地位にもとづく行為」であるという解釈を厳密に適用すると、象徴でない摂政は公的行為を代行できないことになる。しかし、これについては議論が分かれており、摂政が国事行為を代行する「権能」を持っていることを根拠に、公的行為も代行できるという解釈もなされている。

摂政については、今上天皇についても、一部で譲位しないで摂政を置くべきだとの意見が出され、昭和天皇が77歳の喜寿を迎えられた後にも、ご高齢を理由とした設置の要否が議論になったことがあった。この時には宮内庁の富田朝彦長官が衆院内閣委員会で「天皇の意思能力というものが、みずからのことをいろいろ決し得ないというような状態が現出しましたときに、制度としては摂政を置く、こういうことだと存じます。そういう意味から申しますと、今の時点では、そういうことを具体的な問題として考えるという気持ちは持っておりません」(昭和55年2月21日)と答弁して沙汰止みになった経緯がある。

総理が議長を務める皇室会議には任期4年の皇族2人も

皇室会議は、男子皇族がお妃を迎える際や摂政を置くなどの重要な事項について合議する国の機関で、議決で承認または決定をする。構成や権限などは皇室典範に規定されており、宮内庁本庁舎で行われる。

立法・司法・行政の三権のいずれかに分類した場合には、「行政」に該当するとされているが、政府の諮問機関ではなく、決議事項が閣議決定という手続きを必要とするわけでもない。皇室を対象とした極めて特殊ではあるが、独立した権限を持つ行政機関と言えよう。

構成する議員は、皇族2人、衆参両院の議長及び副議長、内閣総理大臣、宮内庁長官、最高裁判所長官、最高裁判事1人の10人からなり、内閣総理大臣が議長を務める。このうち皇族議員は任期4年で、成年皇族の互選によるものとされている。現在は常陸宮さま（正仁《まさひと》親王）と華子《はなこ》妃のご夫妻が務めていらっしゃる。

皇室会議の権限は皇室典範に列挙されており、大別して次の5つのケースに限られる。

①天皇のお世継ぎである「皇嗣」に心身の重患があった時などの皇位継承順位の変更
②皇族男子の婚姻等の議決
③皇族の身分の離脱の議決
④摂政の設置と廃止
⑤摂政の順序の変更

会議は議長が招集し、10人のうち6人以上の出席で合議し、前記①の皇位継承順位の変更や

④⑤の摂政に関する議決については3分の2以上、その他は過半数で決することになっている。議決が行われると、その結果は必ず内閣に報告される。しかし、先にも触れたが、決議内容について閣議決定が行われるわけではなく、元最高裁判事の園部逸夫氏は、内閣と皇室会議決定の関係について、「皇室会議の決定については、事柄の重要性に鑑み、その結果が閣議に報告されているものと思われ、皇室会議の決定につき、内閣としては責任をとる立場にあると考える」（『皇室法概論』）としている。

戦後、これまでに開かれた皇室会議は8回で、第一回は日本国憲法、新皇室典範が制定されて間もなくの昭和22年10月。片山哲総理大臣を議長とする皇室会議が11宮家の皇籍離脱申し出に関する議事を審議し、承認された。この会議を除けば、残る7件は昭和34年に結婚された今上天皇（当時、皇太子）をはじめ男子皇族のご成婚についての議事に限られる。皇族方のご成婚については、宮内庁当局とご本人及び周囲の方々との間で交渉が進み、最後は天皇陛下の〝お許し〟という形で決定され、内閣にも報告されるものとされている。皇室会議の議事録は非公開ではあるが、慶事ということもあって、すべて全会一致での議決とされている。

最近の皇室会議は、平成5（1993）年1月19日に、皇太子徳仁親王と小和田雅子さんの婚姻に関する議事が可決された。この時の議長は宮澤喜一内閣総理大臣で、宮内庁長官は藤森昭一氏だった。

直近の皇室会議は平成29年12月、今上天皇の譲位に関して開催され、議長の安倍晋三首相がメンバーの各議員から意見を聴いた。

皇室会議については、議員に事故があったり議員が欠けたりした場合の職務を行う者として予備議員が置かれている。これらは、「皇族議員の予備議員」「衆議院議長・副議長たる議員の予備議員」というような形で選出されている。

今上天皇は皇太子時代に6期24年間、予備議員を務められ、現在の皇太子さまも2期8年間、務められた。

皇室費用は内廷費・宮廷費・皇族費で構成

皇室の財産や費用に関しては、日本国憲法第88条が「すべて皇室財産は、国に属する。すべて皇室の費用は、予算に計上して国会の議決を経なければならない」と規定している。

その皇室費用は、官庁である宮内庁予算（平成30年度は114億6600万円）とは別の、いわば天皇及び皇族のための公的あるいは私的な生計費であり、①内廷費　②宮廷費　③皇族費の3種に分かれる。

内廷費とは、天皇及び内廷皇族（宮家として独立していない直系の皇族のこと。現在は天皇、皇后両陛下、皇太子ご夫妻と愛子さま）の日常費のほか、お住まいの御所の私的使用人や宮中祭祀をつかさどる内廷職員の手当などを指す。平成30年度は例年と同額の3億2400万円が計上されている。内廷費として支出されたものは「御手元金《おてもときん》」となり、宮内庁が経理を担当する公金ではない。

宮廷費は、宮内庁が経理する公金。両陛下や皇太子ご夫妻の儀式、国賓や賓客の接遇、国内のお出かけや外国訪問など公的活動に必要となる経費のほか、皇居などの施設整備に必要な経費などを指す。平成30年度は当初55億6304万円が計上されている。同年度の宮廷費は、譲位に向けて新たなお住まいの建設や改修のほか、平成30年度末までの諸儀式に伴う経費で、前年度に比べて約32億円近く増えて91億7100万円が計上された。

皇族費は「皇族としての品位保持の資に充てる」(皇室経済法第6条)とされ、日常生活の費用として、各宮家の皇族に対して年額で支給される。

平成26年度の総額は2億6281万円。支給されると、内廷費と同様に御手元金となり、宮内庁の経理の対象にならない。平成26年度の定額は宮家の当主ごとに年額3500万円で、当主を100とすると妃殿下は50、お子さまの成年皇族は30、未成年皇族は10という割合で支給される。定額は平成8年から同額のまま変わっていない。皇族が初めて独立の生計を営む際や女性皇族が結婚して皇籍を離れる場合には、一時金として別途、支給される。

戦前の皇室財産は土地や山林、牧場などの不動産のほか公債や有価証券などからなり、昭和

22年に当時の宮内省が公開した皇室財産は37億7500万円にのぼった。しかし、前出の日本国憲法第88条の制定を根拠に33億3800万円が財産税として国庫に納入されたのをはじめ、そのほとんどが国に移管された。御手元金として残ったのは、わずか1500万円で、株券などの購入に充てられた。

一方、憲法第8条には「皇室の財産授受」に関して、「皇室に財産を譲り渡し、又は皇室が、財産を譲り受け、若しくは賜与することは、国会の議決に基かなければならない」と定めている。

しかし、皇室経済法第2条によって例外規定が設けられており、①相当の対価による売買等の通常の私的経済行為　②外国交際のための儀礼上の贈答　③公共のためになす遺贈・遺産の賜与　④その他年度ごとに一定限度額内――がそれに相当する。

最後の④については、「賜与」の場合、天皇・内廷皇族が1800万円、宮家の成年皇族が各160万円、未成年皇族が各35万円を限度に国会決議なしで行うことが可能。「譲受」の場合、同様に600万円、160万円、35万円を限度に決議なしで行うことができる。

昭和天皇の崩御によって、外国元首からの贈り物である書画、刀剣などの「御物」と称される財産について国税当局がどう扱うのかが注目された。その大半は国庫への物納という形で決着がつき、皇居内に新たに建設された「三の丸尚蔵館」で公開されることになった。一方、

「三種の神器《じんぎ》」と神々を祀る「宮中三殿」は、皇室経済法第7条の「皇位とともに伝わるべき由緒ある物は、皇位とともに、皇嗣が、これを受ける」との規定が適用され、当然ながら税法上の相続対象にはならなかった。当時、皇室担当記者だった筆者は、経済的価値を超えた皇室の根本にかかわるものが皇室経済の範疇にくくられていることに違和感を感じたのを覚えている。しかし、GHQの占領下にあっても、皇室経済法に一文を入れることで三種の神器などを守ろうとした関係者の〝知恵〟だったのかもしれない。

「十六弁八重表菊」の皇室紋章と天皇旗・お印とは

皇室のいわゆる菊の御紋は、「十六弁八重表菊」と呼ばれる。御紋の名は、16の花弁の後ろにも花弁があって、いくつも重なっているように見える意味合いから、そう呼ばれるようだ。

実際に私たちがこの「十六弁八重表菊」を目にするのは、天皇陛下が皇后さまとともに公式行事等の行幸啓《ぎょうこうけい》で、専用の御料車で走られる時ぐらいかもしれない。車の先頭部分に掲げられ、旗には、紅色の錦に金色の菊紋があしらわれている。皇太子旗も、色合いはやや異なるが、同様の「十六弁八重表菊」が使われている。

この「十六弁八重表菊」は、皇室の御紋というよりも、天皇または天皇家（内廷）の御紋と呼ぶ方が正しい。明治2（1869）年の太政官布告は、天皇の紋章を「十六弁八重表菊」とし、その他の皇族方の紋章を「十四弁一重裏菊」と定め、皇族以外の者が菊花紋を使うことが禁止された。戦後は解禁されたが、現在でも各宮家の御紋は、十六弁ではない。

日本の旅券（パスポート）の表紙に表示されている菊紋は「十六弁一重表菊」と呼ばれる。実際に比べるとわかるが、立体的な〝八重〟ではなく〝一重〟に略された意匠となっている。衆参両院の国会議員バッジも、意匠は微妙に異なるものの菊花紋章となっている。ただし、こちらは十六弁ではなく十一弁。ちなみに、弁護士バッジは十六弁だが、菊紋ではなく、ひまわり紋だ。

日本では法令上明確な国章は定められていないが、パスポートや在外公館、国会議員バッジで使われているように、菊紋が事実上の国章として使われている。

外務省によると、戦前の日本にも法制上正式に定められた国章はなかったという。ただ、大正9（1920）年開催の「国際交通制度改良会議」において、パスポートの表紙中央に国章を記すことが国際統一の様式として採択されたため、国章がなかった日本では菊の紋章をデザイン化し、これを昭和元（1926）年から採用したという経緯がある。

ところで、商標法第4条は、商標登録できない商標として「国旗、菊花紋章、勲章、褒章又は外国の国旗と同一又は類似の商標」を例示している。皇室の菊の御紋は、商標法で守られていることになる。

天皇旗は、明治3（1870）年に海軍が軍艦などに掲揚するために国旗などとともに作ったのが始まりで、明治22（1889）年公布の「海軍旗章条例」で紅色地の中心に金の十六菊紋章を描いた横長の錦旗《にしきばた》が正式な天皇旗と定められた。戦前は天皇が乗船される場合、艦船はメインマスト、短艇は艇首の旗竿に掲げた。陸軍でも徒歩による行幸で儀仗兵が付く場合は天皇旗を捧げ持った。現在は、地方行幸啓《ぎょうこうけい》や国体など大きな行事で御料車に掲げられる。御料車の天皇旗は高速道路を走行する場合は、風で吹き飛ばされないよう高速に入る前に停車して取り外し、高速を降りたら再度、取り付けることになっている。それでも、たまに一般道を走行中に外れることがあり、宮内庁車馬課に属する運転手や助手席の皇宮警察の側衛《そくえい》は気を遣う。天皇旗のほか、皇后旗、皇太子旗などの皇族旗があるが、実際に私たちが目にする機会は少ない。

「お印」は明治以降に宮中で広く用いられるようになったが、その起源ははっきりしない。ただ、宮中で天皇や皇族に仕える者が、その方の身の回りの物にお名前を書くことは恐れ多いとして代わりに植物名を文字で書いたのが始まりで、そこから記念品などにその植物をデザインしたものを使うようになったのではないかと見られている。

明治天皇は「永《えい》」という文字自体がお印で、今上天皇も「榮《えい》」という文字自体がお印だが、皇室の多くの方の「お印」は植物をデザインした意匠がほとんどだ。過去には宮家創設の祝賀行事の記念品に出されたボンボニエールにお印の意匠が刻印されたなどのケースがあったが、実際に持ち物などに刻印されることは少なく、一種のシンボルのようなものとなっている。

ちなみに、大正天皇の皇子4人は迪宮裕仁親王《みちのみやひろひと》（昭和天皇）の「若竹」をはじめ、「若松」「若梅」「若杉」の意匠がお印に使われた。現在の皇族方のお印は、皇后の美智子さまが「白樺」、皇太子さまが「梓」、皇太子妃雅子さまが「ハマナス」、愛子さまが「ゴヨウツツジ」、秋篠宮さまが「栂《つが》」、紀子さまが「檜扇菖蒲《ひおうぎあやめ》」、眞子さまが「木香茨《もっこうばら》」佳子さまが「ゆうな」、悠仁さまが「高野槇《こうやまき》」などとなっている。

元号の歴史と改元

日本最初の元号は西暦645年の「大化」

元号と年号は基本的には同じ意味だが、歴史的には元々「年号」と呼ばれていた。しかし、年号を新しくすることを「元の年《はじめ》を改める」という意味で「改元」と呼んだことから、「元号」とも呼ばれるようになった。現在では「平成30年」を年号と言い、「平成」の部分だけを元号と呼び分ける場合が多いが、本書では混乱を避けるため「元号（年号）」と表記する。

日本最初の元号（年号）は西暦645年の孝徳天皇の即位時から約5年間使われた「大化」

だとされる。8世紀の歴史書である『日本後紀』に「飛鳥以前、未だ年号の目あらず。難波《なにわ》の御宇《ぎょう》（難波宮に遷都した孝徳天皇の御世）、始めて大化の称を顕す」と記されており、これに遡る『日本書紀』には「天豊財 重日足 姫天皇《あめとよたからいかしひたらしひめ》（皇極天皇）の四年を改め、大化元年とす」と記述されている。

しかし、それまでの年記方法が、辛巳《かのとみ》（621）年や癸 未《みずのとひつじ》（623）年などの干支《えと》（十干十二支）を使っていたこともあり、公的文書であっても必ずしも年号が使用されたわけではなかったようだ。これを裏付けるように、8世紀初めに整備された国家の基本法とも言える大宝律令の中にある儀式や儀礼などの規定「儀制令」には、「凡《おおよ》そ公文《くもん》に年を記すべくんば、皆年号を用ゐよ」とある。要するに、今後はすべての公文書に年号を使うようにと義務付けたのだった。

日本独自の元号（年号）使用が義務付けられたということは、中国（唐）に対し外交上、対等な関係に立ったことも意味している。当時の中国には、中国皇帝が世界の中心であり、周辺の異民族を夷狄《いてき》（文化の低い野蛮人）とみなす「中華思想」と呼ばれる考え方があり、周辺国はいわゆる朝貢外交を強いられていた。その中国では、年号は紀元前の漢の武帝の時代に初めて使われたと言われ、以来、周辺国が独自の元号（年号）を使うことは、これを否定することにつながったとされる。

「大化」に始まった日本の元号（年号）は、新天皇が即位した時のほか、めでたいことが起きる前兆が現れたり、天変地異が発生した時に改元されたほか、干支の60年に一度の辛酉《しんゆう》の年にも改元が行われた。辛酉の年に改元が行われたのは、中国の辛酉革命説という予言思想による。中国ではこの年に革命が起きて王朝が交代すると信じられており、これを防ぐために改元が行われた。日本の場合も大変革が起きる年と信じられており、『日本書紀』に「辛酉の年の春正月、庚辰の朔《ついたち》、天皇、橿原宮に於いて即帝位す」と記されており、初代の神武天皇がこの年に即位したと記されている。歴代の天皇も在位中に辛酉の年に改元したケースが大半だ。こうした改元は江戸の幕末まで続き、明治天皇の父である孝明天皇は在位約20年間に「嘉永」から「慶応」まで6回にわたって改元している。

また、徳川時代前期には、改元の例外も見られた。第4代家綱の将軍就任時には「慶安」から「承応」に、8代将軍吉宗の場合は「正徳」から「享保」に改元が行われた。逆に、1629年の明正天皇即位時には「嘉永」のままで改元がなく、1663年の霊元天皇即位でも「寛文」のままで改元は行われなかった。征夷大将軍は、あくまでも天皇が「将軍宣下《せんげ》」を行って任ずるものだが、いずれも当時の天皇が置かれた政治状況が影響している。

明治の改元から始まった一世一元の制度

明治天皇は慶応3（1867）年1月に即位され、その約1年8ヶ月後の慶応4年9月に「改元の詔書」を出し、慶応4年1月1日に遡って明治元年1月1日にすることを宣言された。これを受けて政府は「慶應四年を改めて明治元年と為す」とする行政官布告を出した。

明治天皇の詔書の最後には「今より以後、旧制を革易し、一世一元、以て永式と為す」とあり、いわゆる「一世一元」の制度が採られることになった。公家出身の岩倉具視が主導したと言われる。ただし、これを実質化するには、即位のときに元号を改めるべきことを規定しなければならない。これが法的に確認されたのは明治22（1889）年2月11日に大日本帝国憲法とともに公布された皇室典範で、第二章「践祚即位」の第十二条に「践祚の後元号を建て一世の間に再び改めざること、明治元年の定制（行政官布告）に従う」と規定された。さらに明治42（1909）年になって、皇室令の第一号として皇位継承に伴う諸儀式を定めた「登極令」が勅定《ちょくじょう》（天皇が自ら定める）され、第二条に「天皇践祚の後は、直ちに元号を改む」と規定された。

明治の改元では、具体的には学者の松平慶永が事前にいくつか候補を選び、慶応4（明治元）年9月7日夜、皇居の賢所《かしこどころ》で明治天皇がご自身で籤《くじ》を引いて選んだのが「明治」だった。宮中の重要な事柄を亀朴などの占いで決めていた古代の伝統に倣ったと思われるが、前にも後にも例のないことだった。「明治」の出典は『易経』の「周易」にある「聖人南面して天下を聴き、明に嚮《むか》いて治む」から採られた。

昭和天皇ご在位50年契機の国民運動で元号法制化

「大正」「昭和」の改元はこれらをもとに定められたが、敗戦を受けて昭和22年5月、従来の皇室典範は廃止されて新しい皇室典範が制定された。皇室典範は基本的には旧典範を踏襲したが日本政府は元号に関する規定は盛り込まず、単独の「元号法」を起案してＧＨＱと交渉を続けた。その内容は①皇位の継承があったときは、新たに元号を定め、一世の間これを改めない②元号は、政令でこれを定める——というものだったが、ＧＨＱの反対で国会に上程できず、幻に終わった。このため、「昭和」は慣習として使われているにすぎない状態となり、改元の法的根拠がなくなった。

世論がようやく動き出したのは昭和51（１９７６）年に昭和天皇のご在位50年を祝う民間の全国各地の行事や政府主催の式典が行われる前だった。祝福の一方で、昭和天皇に万一のことがあれば、その瞬間に元号が消えてなくなる——という危機感を抱いた各界の識者などが翌年に「元号法制化実現国民会議」を結成。全国でキャラバン隊などによる啓蒙活動や署名運動を実施。沖縄を除く全都道府県議会と１５００余の市町村議会が「元号法制化に関する決議」を行った。さらに、当時の自民党と新自由クラブ、民社党を中心に「元号法制化促進議員連盟」が結成され、昭和54（1979）年6月に公明党の賛成も得て元号法が成立、同月内に施行された。

この元号法は第1項が「元号は、政令で定める」、第2項が「元号は、皇位の継承があった場合に限り改める」という日本の法律で最も短い条文からなっている。GHQの反対で上程できなかった旧法案とは、1項と2項を入れ替えただけでほぼ同じ内容となった。

元号は「改元の政令」を閣議決定して発表へ

ところで、元号を選定する際の手続きや基準については、元号法施行から4ヶ月ほど経過した昭和54（1979）年10月、当時の大平正芳内閣の三原朝雄総理府総務長官が中心となって「元号選定手続き」に関する要領を作成し、閣議報告の形で公表した。

その概要は、第一段階として内閣総理大臣が若干名の有識者（考案者）を選んで候補名の考案を委嘱して各2～5の候補名の提出を求め、総理府総務長官（現・内閣官房長官）が検討・整理して総理大臣に報告する。この場合、「（ア）国民の理想としてふさわしいような良い意味をもつものであること（イ）漢字二字であること（ウ）書きやすいこと（エ）読みやすいこと（オ）これまでに元号又はおくり名として用いられたものでないこと（カ）俗用されているものでないこと」が留意点として挙げられている。

続いて、内閣総理大臣の指示で内閣官房長官、総理府総務長官（行政改革で廃止）、内閣法制局長官が会議で数個の案を選び、これを全閣僚会議で協議。総理大臣は衆参両院の正副議長からも意見を聴く。最終的に閣議で「改元の政令」を決定する――というものだ。

政令が決定すると文書が皇居に運ばれ、新天皇が御名《ぎょめい》を署名、御璽《ぎょじ》が押されて政府が発表することになる。この手続きどおりだとすると、新天皇は閣議で政令が決まるまでご存知ないことになる。しかし、実際には閣議決定の前に宮内庁長官から「内奏」が行われて元号の最終案が示される。ここで新天皇が異議をはさまれることはないが、伝統的に「御聴許《ごちょうきょ》」と呼ばれて来た。

「平成」は「修文」「正化」と競って選ばれた

元号の法制化から約10年後。昭和天皇の崩御に伴って新元号「平成」が決まり、「元号を平成に改める」旨の政令が公布された。昭和は64年1月7日で終わり、翌1月8日から平成元年となった。

「平成」が決まった経緯は次の通りだ。7日午前、竹下登内閣の小渕恵三官房長官はこの日に備えて事前に選考を依頼していた国学者たちから「平成」「修文《しゅうぶん》」「正化《せいか》」の3つの候補の提出を受け、午後から首相官邸で「元号に関する懇談会」を開き各界の関係者の意見を聴いた。ここで「平成」が最終候補に残り、官房長官からの連絡を受けた藤森昭一宮内庁長官が即位されたばかりの天皇に内奏。午後2時すぎからの臨時閣議で正式決定された。これを受けて「元号を平成に改める」と記された政令文書が新天皇の元に届けられ、「御名」の署名と「御璽」の押印がなされた。これとほぼ同時刻、小渕官房長官が午後2時半すぎに官邸で「平成」の文字が書かれた色紙を掲げて発表した。このシーンはテレビで中継され、視聴率は6割近くに及んだ。実際の政令の公布手続きは、この後に「官報」に掲載されて完了した。この間、たとえ数秒前であっても新元号がマスコミに漏れないよう政府関係者は細心の注意を払った。

当時の小渕官房長官の説明によると、「平成」の由来は、『史記』に記された「内平外成」(内平らかに外成る)、『書経』の「地平天成」(地平らかに天成る)から採ったもので、「内外も天地も平和が達成される」という意味とされている。

今回の譲位による改元では新元号の公表時期が議論になった。政府は平成30年5月に官房副長官をトップとする「新元号への円滑な移行に向けた関係省庁連絡会議」を立ち上げ、「官民の情報システム改修などの便宜」を理由に実際の改元の1ヶ月前に公表する方針を決めた。公表とは「決定」のことであり、改元の「政令」は譲位前の今上天皇の「御名」によって公布されることになる。つまり、今上天皇が次の天皇の御代の元号を決めてしまうことになってしまう。

改元の法的根拠となる元号法は「皇位の継承があつた場合に限改める」と規定されており、(崩御によって)新天皇が即位された時点で改元手続きが行われることを意味している。今回の譲位があくまでも「特例」であることを考えれば、元号法の趣旨はそのまま活かされるべきで、元号を事前決定するのであれば元号法自体を変えなければ矛盾が生じることにならないだろうか。

誤報もあった昭和改元をめぐるスクープ競争

テレビや新聞や通信社などマスコミにとって、改元時の取材は、国家機密とも言える新しい元号をスクープできるかもしれない何十年かに一度のチャンスである。100年以上前の明治から大正への改元に際しても、熾烈な取材合戦が繰り広げられ、当時の東京日日新聞(現・毎日新聞)などが〝世紀の誤報〟を流す結果となった。

大正15(1926)年12月25日午前1時25分に大正天皇が48歳で崩御された。東京日日新聞は、その直後に「聖上《せいじょう》崩御」のタイトルで号外を出し、「元號は『光文』樞密院に御諮詢」と報じた。続けて同日午前4時発行の朝刊最終版(市内版)でも「元號制定『光文』と決定――樞府會議で」との見出しを掲げた。しかし、当時の宮内省が同日午前11時頃に発表した新元号は「昭和」だった。この誤報で社長が辞意を表明する騒ぎとなり、最終的には編集の責任者である編集局主幹が辞任した。この時は、同紙だけではなく報知新聞や都新聞も「光文」の号外を配り、讀賣新聞と萬朝報も同様の内容を朝刊に掲載した。いわゆる光文事件である。一方、時事新報は午前10時の速報版で「昭和に決した」との号外を発行し、これがスクープとなった。ただ、この騒ぎについては、当時の宮内省が、情報が漏洩して号外に載ったため急遽、内定していた「光文」を「昭和」に差し替えたという説もあるが、実際には最終段階で3つに絞られた元号候補に「光文」はなかったと言われる。

ちなみに、昭和は四書五経の中の「百姓《ひゃくせい》昭明、協和万邦」から採られた。百姓とは国民のことで、「国民が普遍的な正しい考えを示すことで、世界の国々が心を合わせて仲良くできる」との趣旨である。江戸時代には、これとまったく同じ出典で、元号の「明和」(西暦1764年〜1771年)が制定されている。

一方、これに遡る明治から「大正」への改元は、当時の朝日新聞政治部記者で、後に副社長を経て政界に進出し自由党総裁などになった緒方竹虎がスクープした。緒方は天皇の諮問機関である枢密院の関係者と知り合いで、この人物が帰宅するのを自宅前で待ち構えて取材したと言われている。

「天皇」の歴史

7世紀に始まった「天皇」という尊称の表記

「天皇」という漢字表記は英語で「Emperor」と表記されるのが慣例となっているが、今ではこの表記が用いられる存在は世界中で日本しかない。この「天皇」という漢字表記は具体的にいつ頃から使われるようになったのだろうか。これには歴史学者の間でもいくつかの異なる説があり断定はできない。ただ、いわゆる大和政権（王朝）の5世紀頃までは「大王《おおきみ》」と呼ばれ、聖徳太子が摂政を務めた推古天皇時代から天武・持統天皇時代にかけての7世紀に「天皇」という尊称が使われるようになったとの見方で、ほぼ一致している。

埼玉県行田市の埼玉《さきたま》稲荷山古墳で昭和43（1968）年に鉄剣が出土した。その銘文に「獲《わ》加多支鹵《かたける》大王《おおきみ》」と書かれていたため大きなニュースとなった。銘文に「辛亥《しんがい》年」（西暦471年）の表記があったことなどから、この「大王」とは5世紀の大和政権の長であった第21代雄略天皇のことを指しており、鉄剣が出土した古墳に埋葬されていたのは雄略天皇に通じる地位の高い人物だったと見られている。

雄略天皇という表記自体は後になって付けられた追号であり、当時はまだ「天皇」という言葉自体がなかった。当時の中国の文献では、中国は日本の君主を「倭《わ》国王（倭という国の王）」と呼んでおり、その中国に対して日本は朝貢を行っていた。朝貢とは、周辺国の君主が中国の皇帝に使者を遣わして貢物を献上し、その答礼として賜物《たまわりもの》を授かった当時の弱小国と強大な中国との間の関係をいう。

一方、平成10（1998）年に奈良県明日香村で発掘調査が行われた飛鳥池遺跡では、「天皇聚露弘■■」（■■は判読不明文字）と書かれた木簡が見つかった。木簡には「丁丑《ていちゅう》年」の年号があり、ここに記された「天皇」とは天武天皇または持統天皇を指すと見られている。現在確認されている史料では「天皇」と書かれたもっとも古いものであり、少なくとも7世紀後半のこの頃には「天皇」が使われていたことがうかがわれる。ただ、当時はまだ「てんのう」ではなく「すめらみこと」と発音されていたと思われる。

天皇という漢字の語源は、北極星を神格化した古代中国の語で、最高神という意味だったという。7世紀後半の唐の皇帝「高宗」の称号として天皇が一度だけ使われたことがあるが、これが日本の天皇の由来であるかどうかは不明だ。

「天皇」の表記は中国への「対等な関係」のアピールだった

一方、『日本書紀』には、日本最初の女帝である推古天皇時代の7世紀初めに摂政の聖徳太子が第三次の遣隋使を派遣した際の国書が記されている。その中に「東天皇敬白西皇帝」(東の天皇、敬《つつし》みて西の皇帝に白《もう》す)との表現があり、ここにも「天皇」の文字が見られる。この記述を前提にすれば天武・持統天皇時代よりも数十年も古く、中国で一度だけ使われた「天皇」よりも古いことから、日本のオリジナルだということになる。

当時の外交文書である「国書」に「天皇」が使われた意義にも注目したい。遣隋使の派遣は、中国に対して、日本が高句麗や百済、新羅の朝鮮の国々よりも上位にあることを認めてもらうことが狙いだったとも言われる。当時の中国は日本を「倭国《わこく》」と呼んでおり、その語源は不明だが、「倭」には「小柄」「従順」などの蔑《さげす》んだ意味合いもあったとする説もある。そうでなくても、元々は中国では「万物を支配する皇帝」という意味があったと言われる「天皇」という表現を、日本が自国の君主の尊称として外交文書に使ったことの意味は大きい。それまでの従属的な関係ではなく、より対等な外交関係を築こうとの聖徳太子らの強い思いが伝わって来るようである。

学校の教科書で取り上げられるケースが多いのは、推古天皇15(607)年に小野妹子が派遣された際の国書である。ここには、「日出處天子致書日沒處天子無恙」(日出づる処の天子、書を日没する処の天子に致す、恙無《つつがな》きや)と書かれていた。「天子」とは、天命を受けて天下を治める者という意味だが、国書を読んだ隋の皇帝はこの表現に怒って次回からの遣隋使の受け入れ拒否を返書に記し、日本側を慌てさせた。これは、隋と倭国の君主を同じ「天子」と表現して対等な立場に置いたためと言われる。このため、日本は国書の表記を変更し、中国の「皇帝」に対して独自の「天皇」を使うようになったということのようだ。

明治から昭和初期までの外交文書は天皇ではなく「皇帝」

明治3（1870）年に当時の外務省は「外交文書法」で、「天皇」を正式な尊称とすることを決めたが、その後の外交文書ではなぜか「皇帝」とされるケースが多かった。例えば、明治37（1904）年の「露国ニ対スル宣戦ノ詔勅」では「大日本帝国皇帝」となっており、第一次世界大戦後の昭和3（1928）年に多国間で締結されたいわゆるパリ不戦条約についても、日本名の「戦争抛棄《ほうき》ニ関スル条約」では「日本国皇帝」と表記された。

その理由としてはいくつか考えられるが、外務省が「天皇」を外交文書で使うことを宣言した翌明治4年に、日清修好条規の締結交渉が行われたが、ここで清国側が「天皇」表記を拒否したのがきっかけとも言われる。はるか1200年以上も昔、推古天皇の摂政だった聖徳太子は遣隋使に持たせた国書に、日本の君主を「天皇」、隋の君主を「皇帝」と記して外交を行ったが、清国は「天皇は皇帝よりも上位の尊称だ」と捉えたらしい。これが直接の原因かどうか不明だが、翌年以降、外務省は英語表記のEmperorが「皇帝」と漢訳されている国際慣例に従って、欧米諸国に対するものを含む外交文書の日本語表記を「皇帝」に変更している。明治22年制定の大日本帝国憲法では天皇が正式な尊称とされたが、当時の政府中枢は、憲法での尊称が天皇であることと、外交文書に皇帝の尊称を用いることは矛盾しないとの立場を採った。

ところが、昭和10年に原嘉道枢密顧問が憲法表記の「天皇」を外交文書にも使うべきだとの意見書を出したのがきっかけとなり、翌年から外務省は方向を転換して「大日本国天皇」などの表記を使うようになった。国際連盟からの脱退など日本の国際的孤立化が進む中、「皇帝という表記は中国からの外来思想だ」との世論の反発も背景にあったようだ。

すめらみこと（天皇）とは「神の意思で国を治める神聖な方」

天皇《てんのう》と同じ意味の言葉に「すめらみこと」がある。これは天皇を訓読みしたものではなく、元々存在していた大和言葉の「すめらみこと」に後から作られた漢字の「天皇」をあてたのではないかと言われている。8世紀中期に唐の玄宗皇帝が聖武天皇に送った『日本国王に勅する書』には「日本国王主明楽美御徳《すめらみこと》」とあり、「すめらみこと」を漢字で表音している。

「すめらみこと」の語義は、統治する意の「統《す》べる」あるいは、清く澄《す》んでいる意味の「澄《す》める」から来ており、あえて訳せば「神の意思をもって国を治める神聖なお方」ということになろうか。

なお、神社の大祓《おおはらい》式（6月30日と12月30日）で宮司が奏上する祝詞「大祓詞《おおはらひのことば》」は「我《わ》が皇《すめ》御《み》孫命《まのみこと》は豊葦原瑞穂《とよあしはらのみずほ》の國を安國《やすくに》と平らけく――」で始まる。この皇御孫命は天照大神《あまてらすおおみかみ》の孫にあたる瓊瓊杵尊《ににぎのみこと》のことであると同時に、子孫である歴代天皇のことをもさしている。

天皇と呼びたくない韓国マスコミは今も「日王」と表記

「天皇」は海外では何と呼ばれているのだろうか。各国の政府の公文書については同じ漢字文化圏である中国や韓国などでは「天皇」や「日本国天皇」と表記され、英語圏では天皇に相当する英語がないこともあって、一般的に皇帝を意味する「Emperor」が使われている。

こうした表記は国際儀礼上だけではなくマスコミや民間でも同様だが、隣国の韓国のマスコミだけは例外だ。韓国では日本の今上天皇の退位や譲位についても関心が高くメディアで取り上げられる機会が多いが、一部を除いて、ほとんどの新聞・テレビがネットを含め日本国王を意味する「日王」と表記している。これを日本の過去の植民地支配への嫌悪感から来るものだとの指摘があるが、それよりも韓国の人たちの意識の奥深くに残っている華夷思想（華夷秩序）の影響が指摘されている。これはアジアの宗主国である中国にのみ皇帝が存在しており、朝貢国である周辺国はその下に属するという考え方で、韓国の歴史では一時期を除いて国家の長は「皇帝」より低い「王」だった。だから、その「王」よりも高位のイメージのある「天皇」という表現を使いたくないという心理が働いているようだ。その韓国でも過去には「天」を「日」に変えた「日皇」と表記する場合が多かったが、反日教育の影響だろうか、最近はほとんど「日王」と表記されている。

現在の歴代天皇名はすべて崩御後に贈られた追号

昭和天皇が崩御されたのは今から約30年前の昭和64年1月7日。元号が変わってから約3週間後の平成元（1989）年1月31日、皇居・宮殿で「追号《ついごう》奉告の儀」という儀式があった。即位された天皇陛下が、昭和天皇のご遺体が安置された殯宮《かりもがりみや》という皇居・宮殿に設けられた祭殿で、一般の弔辞にあたる「御誄《おんるい》」を読んで御霊《みたま》に捧げられた。

「明仁《あきひと》謹んで御父大行《おんちちだいこう》天皇の御霊に申し上げます。大行天皇には、御即位にあたり、国民の安寧と世界の平和を祈念されて昭和と改元され、爾来《じらい》皇位におわしますこと六十有余年、ひたすらその実現に御心をお尽くしになりました。ここに、追号して昭和天皇と申し上げます」。大行天皇とは、崩御されて追号が贈られるまでの亡き天皇のことをいう。

　この儀式を境に崩御された天皇は「昭和天皇」という追号で呼ばれることになった。追号とは「崩御された天皇に贈られた称号」であり、初代天皇とされる神武天皇から昭和天皇までの歴代の天皇名を表記したり言葉にしたりする場合の「〇〇天皇」というのは、すべて崩御後に付けられた追号である。

現に在位されている天皇については、この世に一人しかおられないわけだから、あえて○○天皇という固有名では呼ばない。「天皇陛下」あるいは「今上天皇《きんじょう》」と言ったり表記したりする。しかし、崩御後は歴代天皇と区別するための天皇名が必要となるわけで、それが追号だと考えるとわかりやすい。○○天皇の表記や表現が崩御後の追号であることを知らずに、悪意ではないが「平成天皇」と言ってしまう人がいるが、これはNGである。現に在位されている天皇のことを言うには、「今上天皇」や「天皇陛下」と表現すればよい。そうした言い方をしたくなければ、せめて「平成の天皇」と表現すれば、失礼にはならないだろう。

平安中期から870年間の追号は「○○院」だった

歴代の追号はすべて「○○天皇」だが、明治時代に入るまではそうではなかった。8世紀前半に作られた『古事記』(神話の神代から第33代天皇まで)や『日本書紀』(初代神武天皇から第41代持統天皇まで)には、すべての天皇の追号は「和風」の表現形式で書かれており、現在のような「漢字二字+天皇」の追号ではなかった。古来の大和言葉に外来の漢字をあてたもので、尊称は天皇ではなく「尊《みこと》」となっていた。

漢字表記は複数あるが、たとえば、初代の神武天皇は「神日本磐余彦尊《かむやまといわれひこのみこと》」、第15代の応神天皇は「誉田別尊《ほむたわけのみこと》」、第38代の天智天皇は「天命開別尊《あめみことひらかすわけのみこと》」と記されていた。「尊」の前に付いている漢字には、それぞれの御代を讃える意味が読み込まれていた。

こうした追号は数十年後の8世紀末になると、すべて「漢字二字＋天皇」の漢風諡号《しごう》に書き改められる。先に記した神日本磐余彦尊が「神武天皇」に、誉田別尊が「応神天皇」に、天命開別尊が「天智天皇」にそれぞれ変わった。これは、孝謙上皇の元で権勢を振るった藤原仲麻呂（恵美押勝）が中国の唐の文化や法制度を積極的に取り入れたことにも関係していると見られ、孝謙上皇が「淡海三船《おうみのみふね》」という貴族の学者に命じて追号を付け直させたと言われている。

ちなみに、神武天皇の「神武」は古代中国のいわゆる哲学書である『易経』の中にある「聰明睿智、神武にして殺さざる者」という表記から採られたと言われている。「賢くてすぐれた知恵があり、神のような武勇をそなえていて、人民の命を大切にして殺すことのない方」というような意味であり、初代天皇としての偉大さを讃えたものである。

ところが、10世紀後半になるとまた追号に大きな変化が現れる。平安時代中期の第62代村上天皇を最後に「〇〇天皇」という追号は消え、「〇〇院」という追号が贈られるようになった。

追号から「天皇」の表記が消えたのは、平安時代になり天皇が譲位すると太上天皇（上皇）となって「院」と呼ばれたことや、法皇となって仏門に入るケースが増えたことによる。例えば村上天皇の3代後の花山《かざん》天皇は譲位後に出家して法皇となり元慶寺に入ったが、そのお寺が

「花山寺」とも言われたことから崩御後に「花山院」と追号された。第72代の白河天皇は上皇になって院政を敷き、最後は出家して法皇になるが、御所名をとって「白河院」と追号された。12世紀末に幼くして即位して源平合戦の壇ノ浦の戦いで祖母の尼僧とともに6歳で入水《じゅすい》した第81代の安徳天皇の場合も、それまでの慣例によって「安徳院」と追号された。

○○院から○○院天皇に移り大正末に○○天皇に統一

こうした○○院という追号は、第119代天皇だった「兼仁上皇《ともひと》」が江戸幕末の天保11（1840）年に崩御されると、「光格天皇」という天皇号の追号に戻った。第120代仁孝天皇が幕府に天皇号の再興を認めさせたもので、約870年ぶりのことだった。江戸時代には将軍も亡くなると「院」という法名で呼ばれ、3代将軍家光は「大猷院」、8代将軍吉宗は「有徳院」と呼ばれた。江戸中期の儒学者中井竹山は著書『草茅危言《そうぼうきげん》』で「(院は)諸侯大夫より士庶人迄も用ゆる事なれば、帝号に極尊の意かつてなし、勿体なき事なるべし」と書いて、帝(天皇)に尊崇の意味合いのない「院」が使われていることに苦言を呈している。

明治天皇の時代になると、それまで頻繁に変わっていた元号が、天皇一代に一つとする「一世一元」の制度に改められた。このためもあって、明治天皇が崩御されてからは、元号をそのまま使って明治天皇、大正天皇、昭和天皇と追号されている。

歴代の天皇の追号がすべて「○○天皇」に付け直されて統一されたのは明治に入ってからになる。明治政府は皇室系図をたどる調査研究を進め、明治28年に現在の宮内庁書陵部に相当する宮内省図書寮《ずしょりょう》が歴代天皇を系図にした「皇統譜」（後述する旧譜《きゅうふ》皇統譜のこと）では、歴代すべてに「天皇」の尊号が付けられ、「院」と尊称されていた方についても、それぞれ「花山院天皇」「白河院天皇」「安徳院天皇」と付け替えられた。

さらに、大正天皇が崩御される約9ヶ月前の大正15（1926）年3月、宮内大臣の諮問を受けた臨時御歴代史実考査委員会が、院の文字を追号から省くべきだとの答申を行い、この結果を当時の摂政宮（昭和天皇）が裁可された。これを受けて、「○○院天皇」となっていた追号はすべて院が省かれて「○○天皇」に統一された。宮内庁の宮内公文書館が公開している「天皇御追號中院號ハ之ヲ省クノ件」という資料によると、「院は上皇のことであり、院と天皇がお一人同時に存在することはあり得ないため併称することは矛盾している」――などと考査委員会が宮内大臣に答申したことが記録されている。

昭和15年9月になると、当時の政府が「御歴代天皇ノ御追号ノ読法通牒ノ件」という通達を行政機関や教育機関宛てに出している。これは、一部の天皇について読み方が複数あったため、これを統一したものだ。『昭和天皇実録』の昭和十五年七月五日条には、昭和14年末に文部次官から、『陵墓要覧』を編纂した宮内省に対し、反正天皇（第18代）や平城《へいぜい》天皇（第51代）など5人の天皇の読み方が「小学国史教科書」に記載してあるものと異なる旨の照会があり、文献などを調査して正式な「御追号読法」を決めて反正《はんぜい》天皇、平城天皇などとし、これを昭和天皇が裁可された経緯が書かれている。

「昭憲皇太后」だけがなぜ「昭憲皇后」と追号されなかったのか

ちなみに、皇后も崩御後は「○○皇后」と追号される。昭和天皇の皇后だった「香淳《こうじゅん》皇后」、大正天皇の皇后だった「貞明《ていめい》皇后」がそうで、お2人とも皇太后になってから亡くなり、この追号が贈られた。だが、なぜか明治天皇の皇后は「昭憲皇太后」と追号され、今もそう呼ばれている。昭憲皇太后は明治天皇の崩御で皇太后となり、大正3（1914）年4月に亡くなった。近代女子教育や赤十字の発展に尽くされた方だから特別なのだろうと思う人がいても不思議ではないほど大きな功績を残した方だが、そういう理由ではない。明治43年に制定された「皇族身位令」では皇族の序列の最高位は皇后とされており、本来は「昭憲皇后」と追号されなければならないものだった。

明治天皇と昭憲皇太后を御祭神として祀る明治神宮が、その経緯についてホームページの「Q＆A」で説明している。それによると、当時の宮内大臣が追号を「皇太后」として大正天皇に上奏し、そのまま裁可されてしまったのだという。明治神宮御鎮座（大正9年）の直前に奉賛会が追号を昭憲皇后に変更するよう国に要請したが、「天皇（大正天皇）の御裁可されたものはたとえ間違っていても変えられない」などの理由で受け入れられず、戦後も昭和39年に神宮や崇敬会から宮内庁に要望が出されたが、変更は実現しなかったという。

追号が「昭憲皇太后」として上奏された理由として、皇族身位令の制定から数年後に亡くなったこともあって宮内省内に手続き上の混乱があったという見方のほか、明治天皇の実母の追号が「英照皇太后」だったため前例に倣ったなどとも言われているが、はっきりしない。ただ、皇族身位令より20年以上も前に制定された旧皇室典範の「皇族」の章に「皇族ト称（トナ）フルハ太皇太后　皇太后　皇后　皇太子――」と皇太后が皇后より先に記されていることが影響した可能性も指摘されている。

皇室の〝戸籍簿〟は天皇の「大統譜」と皇族の「皇族譜」

皇統譜とは、天皇及び皇后以下の皇族の身分に関する事項を国が記載して保管している唯一の公証文書で、皇位継承の順位を定める根拠ともなっている。天皇に関する「大統譜」と皇族に関する「皇族譜」を合わせて皇統譜と言っており、正本は宮内庁書陵部に、副本は法務省に保管されている。

現在の皇統譜は皇統譜令（昭和22年制定）という政令に基づくものだが、その第1条には

「この政令に定めるものの外、皇統譜に関しては、当分の間、なお従前の例による」とある。つまり、ほぼ全面的に大正15年に制定された「皇統譜令」(旧皇統譜令)を前例とするということだ。皇室の儀式や身分に関する皇室令の多くは終戦後の昭和22年に廃止されて慣例で引き継がれてきているだけだが、当時の政府も、さすがに皇位継承順位の根拠となる皇統譜令だけは形だけでも整えておく必要があると考えたと見られる。

皇統譜は、わかりやすく表現するために「皇室の戸籍」という言われ方をすることがあるが、天皇や皇族にはそもそも本籍地や住所がないから、私たちの戸籍とは根本的に異なる。今上天皇の『第百弐拾五代　大統譜』を見てみると次のように記されている。最初に御璽(「天皇御璽」の四文字刻印)が刻印され、「平成元年八月弐拾四日調整」の文字と当時の「宮内庁長官藤森昭一」「書陵部長　井関英男」の名前がある。これは、即位からしばらくして、それまで皇太子としての皇族譜(昭和天皇に属する皇族譜)に載っていたものを移記して新しく「大統譜」を作ったことを意味する。本頁にはお名前の「明仁」、次に「父　天皇裕仁　母　皇后良子」とあり「昭和八年拾弐月弐拾参日午前六時参拾九分宮城ニ於テ誕生ス」と記されている。宮城《きゅうじょう》とは皇居のことである。続いて年月順に命名、成年式、立太子礼があったことが書かれ、「昭和参拾四年四月拾日正田美智子ト結婚ノ礼ヲ行フ」と続く。以後は天皇(昭和天皇)の外国訪問やご病気のたびごとに「国事行為臨時代行ニ任ズ」と記されている。「昭和六拾四年壱月七日即位ス」の即位後は、即位の礼や大嘗祭などの重要行事が記され、その後は、例えば「平成四年拾月弐拾参日皇太子徳仁親王国事行為臨時代行に任ズ」（中国訪問）などのように、すべて皇太子への国事行為の臨時代行委任に関するものだけである。

明治政府が編纂した公的な唯一の皇統系図「旧譜皇統譜」

現在の皇統譜とは別に、明治時代に作られた「旧譜皇統譜」という歴代天皇の系図があるのは意外に知られていない。それまでも、皇統を記したものがなかったわけではないが、宮内省図書寮《ずしょりょう》が中心となって、改めて皇位の継承を確認する作業を行い、皇統の根幹となるものを系図形式で編纂した。明治28（1895）年7月に完成し、宮内省図書寮の長官である図書頭《ずしょのかみ》が宮内大臣を通じて明治天皇に献上した。文書自体の表題は「皇統譜」だが、現在の「皇統譜」と区別するために宮内庁が便宜的に「旧譜皇統譜」と呼んでいる。

これには、皇統第一（初代）の神武天皇から今上天皇（明治天皇）までの歴代天皇が系図で書かれているほか、最初に出現した神として『古事記』に出てくる天御中主神《あめのみなかぬしのみこと》や天照皇大神などの神々も記されている。

この旧譜皇統譜には、いわゆる南北朝時代に並立した南朝と北朝の両方の天皇が載っているが、北朝（5代）については「皇統第○○代」などの表記がない。その南北朝は西暦1336

年から1392年まで並立して続いた。鎌倉幕府滅亡後に後醍醐天皇が自ら政治を行った「建武の新政」が崩壊したため、足利尊氏は京都で新たに光明天皇を擁立。これに対抗して後醍醐天皇は自ら天皇として奈良の吉野に遷宮した。このため、2人の天皇が並立するという両統迭《てつ》立《りつ》が56年間にわたって続いた。

『明治天皇記』（宮内庁）などによると、明治末になって南北どちらの朝廷が正統かが大きな問題となった。いわゆる正閏《せいじゅん》論と言われるもので、こうした論争自体は南北朝時代からあったと言われるが、200年以上にわたって歴史書編纂事業を続けてきた水戸藩が明治になって完成させた『大日本史』が南朝を正統と記述したことも政府の判断に影響したと言われる。桂太郎内閣は明治44年2月末、南朝を正統とすることを閣議決定。明治天皇は同年3月、枢密院会議の諮詢を経てこれを認める決定をされた。これに先立ち、これまでの全国の小学校の教師用教科書は使用が差し止められた。また、明治天皇は北朝の光厳天皇から後円融の5代の天皇について、天皇という尊称や御陵、祭典（祭祀）は従来のままとすることを命じられ、現在も皇居では北朝5代も天皇として高霊殿に合祀されており、100年ごとの式年祭なども、そのまま続いている。

第2章 天皇のお務め

国事行為・公的行為・その他の行為

「内閣の意思で決定し天皇が形式的に実行する」国事行為

天皇のお務め（お仕事）は、憲法に規定された「国事行為」と「公的行為」「私的行為」の3つに分類されるというのが一般的な考え方だ。ただ、政府は「国事行為」「公的行為」「その他の行為」に3分類し、その他の行為をさらに「公的性格や色彩のある行為」と「純然たる私的行為」に小分類している。今上天皇の大嘗祭（平成2年）は、この「公的性格や色彩のある行為」に位置づけられ、国費からの費用支出が可能となった。

天皇の「国事に関する行為（国事行為）」について、憲法第3条は「すべての行為には、内閣の助言と承認を必要とし、内閣が、その責任を負ふ」としている。この「内閣の助言と承認」とはどういう意味なのか。教科書に載っているから誰もが知っている言葉だが、説明するとなると意外に難しい。政府はこれを「内閣の同意あるいは内閣の意思」（昭和39年4月23日参院内閣委員会）と説明している。さらに、それがもたらす効果を「内閣が実質的に決定をし、天皇はそれに形式的名目的に参加されること」（昭和63年10月20日参院内閣委員会）としている。この解釈でいくと、それぞれの国事行為は内閣の意思で決定し、形式的に天皇に実行していただく――ということになる。

一方、国事行為に関連して憲法第4条は天皇は「国政に関する権能を有しない」としている。この趣旨について政府は「天皇の行為によって事実上においても国政の動向に影響を及ぼすことがあってはならないとの趣旨を含む」（昭和63年5月26日参院決算委員会）と説明している。

国事行為は具体的には憲法第7条に以下の10種が列挙されている。

①憲法改正、法律、政令及び条約を公布すること
②国会を召集すること
③衆議院を解散すること
④国会議員の総選挙の施行を公示すること

⑤国務大臣及び法律の定めるその他の官吏の任免並びに全権委任状及び大使及び公使の信任状を認証すること
⑥大赦、特赦、減刑、刑の執行の免除及び復権を認証すること
⑦栄典を授与すること
⑧批准書及び法律の定めるその他の外交文書を認証すること
⑨外国の大使及び公使を接受すること
⑩儀式を行うこと

　このほか、憲法第6条には「天皇は、国会の指名に基いて、内閣総理大臣を任命する」（第1項）、「天皇は、内閣の指名に基いて、最高裁判所の長たる裁判官（最高裁長官）を任命する」（第2項）と規定されており、この2つも国事行為とみなされている。

　こうした天皇の国事行為は、宮殿の「菊の間」と呼ばれる執務室で行われるデスクワークが中心だ。政府の閣議は火曜と金曜に行われるため、この日の午後に内閣の上奏文書が集中する。天皇陛下の決裁は確かに形式的なものではあるが、決して手を抜かれることはない。届いた関係文書に隅から隅まで目を通し、決まりに従ってご自分の「御名《ぎょめい》」を署名したり、側近に「御《ぎょ》璽《じ》」を押させたりする。その数は年間で１０００件を超す。決裁が遅れることは許されないか

ら、ご体調が少々優れなくても休めない。御用邸で静養中であっても地方にお出かけになっていても、閣議があった日には内閣の担当職員が上奏文書を抱えて新幹線や飛行機でやって来る。

法律の公布文書には天皇の署名「御名」と天皇印「御璽」

国事行為の筆頭に挙げられている「憲法改正、法律、政令及び条約の公布」は次のように行われる。国会で法案が可決され成立すると、閣議を経て「公布文書」が天皇陛下の元に届けられる。陛下はこの文書と添えられた関連書類に目を通してから、直筆で「明仁《あきひと》」と御名《ぎょめい》を署名し、控えている宮内庁職員が天皇の印章（公印）である「御璽《ぎょじ》」を押す。内閣はこの公布文書を条文とともに官報に掲載して法律の効力が発生する――。

ちなみに、御璽は９・０９センチ四方の金印で重さが３・５５キロ。「天皇御璽」と刻印されている。璽《じ》とは古代からある印や玉を意味する漢字で、三種の神器《じんぎ》の「八尺瓊勾玉《やさかにのまがたま》」も「璽」と呼ばれる。秦の始皇帝が皇帝の印章を指す言葉として使い始めたと言われる。

「国会召集」と「衆院解散」「総選挙公示」については、天皇としての意思表示の公文書である「詔書」に「御名・御璽」が署名・押印される。

このうち、国会召集は法律と同じように詔書が「公布」されて官報に掲載される。国会が召集されると天皇陛下は参院本会議場で行われる開会式に臨席してお言葉を述べられるが、これ自体は国事行為ではなく「国事行為に伴う公的行為」とされている。ちなみに日本共産党は「憲法の主権在民の精神にそぐわない」として開会式に出席していなかったが、「儀礼的、形式的な発言が慣例として定着した」として、平成28（2016）年1月の第190回国会の開会式から全員ではないが出席している。

「衆院解散」は衆院議長が本会議で天皇の解散詔書を読み上げるのが慣例で、「7条解散」とも言われている。「総選挙の公示」は衆議院選挙をさしているが、これには参議院議員（半数改選）の通常選挙も含まれていると解釈されている。余談だが、「公示」とは天皇が国政選挙実施を国民に知らせるもので、「告示」は地方自治体の選挙管理委員会が首長や議員の選挙実施を知らせる場合の表現だ。

総理を任命する文書には御璽ではなく「可」の刻印

他の国事行為では「御璽」の押印は行わない。例えば「総理大臣の任命」は許可や承認を意味する「裁可」を行う。国会で新しい内閣総理大臣が指名されると、前任の総理大臣名で裁可をお願いする文書が天皇の元に届けられる。末尾には慣例で「右謹んで裁可を仰ぎます」とあり、天皇陛下は任命書に約2センチ四方の「可」の刻印を押印し、御名を署名される。続いて宮殿松の間で任命書を交付する「親任式」が行われるが、これは国事行為ではなく「国事行為に伴う公的行為」と位置づけられている。最高裁長官の任命も同じように裁可と署名が行われる。

「外国大使や公使の接受」とは何をさすのか。大使が交代することが決まると、閣議を経て届けられた文書に天皇が「可」の刻印を押して裁可する。そして、予定どおり新任大使が着任すると、今度は宮殿で信任状捧呈式という儀式が行われる。これらをまとめて国事行為と位置づけている。イメージからすると、「国賓などの外国賓客の接遇」も国事行為であっておかしくない気がするが、こちらは皇室の国際儀礼として行われる公的行為に分類されている。

国事行為の最後に挙げられている「儀式を行うこと」も、事前に天皇が文書で裁可してから、実際の儀式を行う。恒例儀式として行われている儀式の中では、毎年元日に宮殿で行われる「新年祝賀の儀」だけがこれに相当する。これは天皇皇后両陛下が内閣総理大臣など三権の長や都道府県知事の代表、外交使節団(各国大使)の代表などから年頭の祝賀を受けられる儀式だ。このほか、天皇が崩御した際の「大喪の礼」と新天皇の即位に伴う「即位の礼」も天皇の裁可を経て臨時の国事行為として行われる。

勲章の賞状「勲記」には「御名」と国家の公印「国璽」

国事行為の一つである「栄典の授与」とは、勲章や褒章などを天皇が授けるもので、このうち勲章を授けることを「叙勲《じょくん》」という。生存者に対する叙勲は春が4月29日付け、秋が11月3日付けで、それぞれ約6000人に対して行われる。「春秋叙勲候補者推薦要綱」に基づいて各省庁が推薦したものを内閣府賞勲局が審査して原案をまとめ、閣議で決定。内閣が上奏して文書を届け、これに天皇が「可」の刻印を押す。

各勲章のうち、最上位の大勲位菊花章、桐花大綬章、旭日大綬章及び瑞宝大綬章については5月初めと11月初めに皇居で「勲章親授式」があり、天皇陛下が直接授与（親授）して内閣総理大臣が「勲記」を手渡す。この後、受章者は皇居内で天皇陛下に拝謁する。親授式で渡される勲記は、縦約50センチ、横86センチで、「日本国天皇は○○に○○を授与する」と記されている。「大日本国璽《こくじ》」と刻まれた「国璽（国の公印）」が押され、天皇陛下の直筆で「明仁」の御名が署名されている。一方、科学技術や芸術などに功績のあった者に与えられる文化勲章は毎年11月3日に同様に授与され、こちらは、晴天の場合は宮殿東庭でそろって記念撮影を行う。

それ以外の勲章受章者は各省庁ごとに行われる伝達式で勲記が渡されるが、こちらには直筆の御名はなく、国璽だけが押されている。その後バスなどで皇居に向かい、集団で天皇陛下に拝謁する。

なお、春秋叙勲とは別に、警察官や自衛官など危険性の高い業務に精励した者に対する「危険業務従事者叙勲」があるほか、88歳に達した機会に勲章を授与する「高齢者叙勲」、また

「死亡叙勲」「外国人叙勲」もある。

国事行為のうち、「大臣等の任免や大使等の信任状認証」は、内閣から上がってきた辞令書（官記）に「認」の刻印を押し、署名をして「認証」する。対象となるのは認証官といわれる16種の国家公務員で、国務大臣、副大臣、公正取引委員会委員長、検事総長、高検検事長、最高裁判事、大使などのほか宮内庁長官や侍従長も含まれる。こうした認証の後に「認証官任命式」という儀式が皇居・宮殿で行われて天皇が臨席されるが、これ自体は国事行為そのものではなく、国事行為に関連した「公的行為」と位置づけられている。この儀式では、認証官は総理大臣から辞令書を受け取り、その際に天皇陛下からお言葉を受ける。このほか、認証による国事行為には、大赦や減刑などの恩赦の認証、条約批准書や各種外交文書の認証などもある。

国事行為臨時代行法で可能になった昭和天皇の外国訪問

国事行為については昭和39（1964）年に公布された「国事行為の臨時代行に関する法律」がある。天皇が外国訪問や急病などで国事行為を行うことができない場合に皇位継承第一位の皇族が行為を代行するものだ。日本国憲法には元々、第4条第2項に「法律の定めるところにより、その国事に関する行為を委任することができる」との規定があったが、この法律制定までは摂政以外で天皇の国事行為を代行することはできなかった。そのことが制約になったかどうか不明だが、昭和天皇の戦後の外国訪問は法律制定後の昭和46（1971）年のヨーロッパ訪問が初めてである。

この法律には「天皇は、精神若しくは身体の疾患か事故があるときは、摂政を置くべき場合を除き、内閣の助言と承認により、国事に関する行為を皇室典範第17条の規定により摂政となる順位にあたる皇族に委任して臨時に代行させることができる」と規定されており、臨時代行の条件は「精神・身体の疾患か事故があるとき」となっている。「外国訪問」はこの「事故」に含まれるとの解釈だ。

国事行為ではない公的行為は「象徴の地位から滲み出る行為」

「天皇の公的行為」という言葉や規定は憲法にも法律にも書かれてはいないが、解釈上、国事行為には該当しないものの「象徴としての地位に基づく行為」として分類されている。平成2（1990）年4月の衆院内閣委員会で大森政輔内閣法制局第一部長は比喩として「象徴としての地位から滲み出てくる行為」「象徴としての立場から国家国民のために行う行為」という表現を使っている。国事行為のような内閣の助言と承認（内閣の意思）は必要としないが、責任は内閣が持つ。行事については閣議決定や閣議了解という形で政府が関与するケースが多い。

具体的な内容は多岐にわたり、一般的に国事行為以外の「公務」と呼ばれるものはほぼすべてこれに該当する。皇居を中心に行う宮中行事としては「新年祝賀」「新年一般参賀」「天皇誕生日祝賀」「天皇誕生日一般参賀」「親任式」「認証官任命式」「勲章親授式」「信任状捧呈式」「園遊会」「外国賓客の接受（晩餐会や午餐、ご会見、ご引見など）」「拝謁」「お茶」「ご会釈」などがある。

宮中行事以外の公的行為は、国民体育大会や植樹祭、豊かな海づくり大会、全国戦没者追悼式など国民的な恒例行事への出席、外国への親善訪問、地方や国の招請に基づく記念式典への出席、外国元首との親書や電報等の交換などで、「被災地へのお見舞い訪問」も基本的には公的行為に含まれる。

これらの公的行為は、解釈上は天皇の意思による行為とされているが、実態としては国や公的機関の「願い出」に基づいて天皇が決定するという形式が採られるケースが多い。訪問先の選択や行事内容については、象徴としての公正平等な立場に反しないよう宮内庁が主催者に配慮を求めたり時間や内容の変更をお願いすることもある。費用は国事行為と同じく宮廷費から支出される。

大嘗祭は「公的性格を持つその他の行為」として国費を支出

平成2（1990）年11月に今上天皇の即位に伴う大嘗祭が行われた際、政府はこれを公的行為ではないものの、「その他の行為」の中の「公的性格や色彩のある行為」と位置づけ、国費である宮廷費から費用を支出した。

同年2月の衆院内閣委員会で大森政輔内閣法制局第一部長は、大嘗祭は宗教上の儀式としての性格を有することは否定できないとした上で、公的性格も併せ持つとの見解を示した。その理由を、大嘗祭は皇位が世襲であることに伴う「一世一度の重要な伝統的皇位継承儀式」であり、憲法のもとで人的、物的な側面から手だてを講ずることは当然である――と説明した。

新天皇即位後の新元号1（2019）年11月に予定されている大嘗祭についても同じような定義の下に、いわゆる「公的行為」とは区別して「その他の行為（公的性格や色彩のある行為）」として公費で行われる見込みだ。

宮中祭祀については政教分離の観点から私的行為と位置づけられており、その費用は祭祀を行う職員の人件費を含めて、私的な内廷費から支出されている。ただ、政府が大嘗祭の費用を「一世一度の重要な伝統的皇位継承儀式」と位置づけて臨時の国費を支出したことを考えると、大嘗祭はいわば即位後初めての「新嘗祭《にいなめさい》」でもあるわけだから、毎年秋の新嘗祭があっさり私的行為とされてしまうことに違和感を持つ関係者がいてもおかしくない。

大相撲や野球などの観戦（天覧試合）や絵画展やコンサートの鑑賞、ご研究などは原則として私的行為として位置づけられるが、主催者が公的団体であり記念行事の一環としてご招待する場合などは、必ずしも私的行為と言えない場合が出てくる。しかも、こうした行事へのお出かけに、侍従が同行したり皇宮護衛官が護衛しないなどということはあり得ない。どのような行事やイベントであっても、そこにいる国民との関係において象徴天皇というお立場は変わらない。それほど天皇のお務めについての公的か私的かの線引きは難しい。ただ、天皇は存在そのものが象徴でいらっしゃるから、たとえ一般の私たちにとってはプライベートなものであっても、一瞬たりとも天皇のお立場を離れた行為というものはあり得ない。それだけに、厳密に公私の区別をすること自体、元々無理があるのかもしれない。

国際親善

天皇の役割は「外交」ではなく国際儀礼による親善

外国への天皇や皇族方の訪問や外国からの国賓をはじめとする賓客の接遇などを表す際に「皇室外交」という表現を使うメディアがあるが、「外交」とは2国間あるいは多国間の国際交渉や政治交渉のことを指す言葉であり適切ではない。やはり国際親善と言うべきだろう。現に宮内庁も外務省も「皇室外交」という言葉は一切使っていない。天皇陛下の国際親善は国内での接遇と外国訪問があるが、国内での接遇は多岐にわたり回数も多く、すべて国家間のマナーである「プロトコール」に従って行われる。

このうち、外国から国王や大統領などの国家元首クラスが「国賓」として来日した場合、天皇は迎賓館での歓迎行事につづいて皇居で「ご会見」を行うほか、宮中晩餐会を開催してもてなされる。これに準ずる副大統領や首相、皇太子、王族などの「公賓」が訪日した場合は「ご引見」があり、原則として皇居で「午餐会」（昼食会）を開催される。ご会見とご引見はどちらも陛下が皇居・宮殿で賓客とお会いになってお話をされることに変わりはなく、相手によって表現を使い分けていると考えてよい。国賓と公賓の滞在費用は日本政府が負担することになっている。

ドイツ大統領夫妻主催の晩餐会（平成５年９月。右奥から２人目が記者代表として出席した筆者）

外国大統領が「国賓」としてではなく「公式実務訪問賓客」として来日することがある。国際化が進んで大統領などの国家元首が来日する機会が増えたため、天皇陛下のご負担を含め形式的な儀礼を減らしてより実務的に外国賓客を迎えるための枠組みで、平成元（1989）年から始まった。平成29年11月の米国トランプ大統領もそうだったが、首相との政治会談など首脳外交を重視した来日であるため、天皇陛下とのご会見は行われるものの、陛下による歓迎行事や宮中晩餐会などはない。この場合は原則として首相主催の歓迎晩餐会が迎賓館で行われる。こうした公式実務訪問を含む国賓や公賓の接遇は平成20年から29年までの10年間だけでも延べ約320回にものぼる。陛下にとっては事前の準備もあって肉体的にもかなりの負担であることは間違いない。

このほか、日本に赴任した外国大使の信任状捧呈式。駐日外国大使との午餐会（昼食会）、外国の建国記念日や元首の誕生日あるいは災害へのお見舞いなどの「親書」も大切な国際親善だ。天皇誕生日には毎年、世界中の国家元首などから200通を超す祝電が届き陛下はすべてに目を通されるが、これに対するご答電（返書）も親書に含まれる。外国に赴任予定の日本の大使や帰朝した大使との接見では、相手国の様子などについてお話を聴かれるが、これも間接的な国際親善だ。また、各国の駐日大使などの外交官は、日本の伝統的文化として皇室が保存や継承をしている埼玉県と千葉県の鴨場、岐阜県・長良川の鵜飼、栃木県の御料牧場などに招待され宮内庁式部職が接待するが、これらも天皇陛下のお招きという形が採られる。

禍根を残した鳩山政権の中国副主席とのご引見〝ごり押し〟

平成21（2009）年12月15日に訪日した中国の習近平国家副主席（当時）に天皇陛下が「ご引見」されたことが、当時の鳩山由紀夫内閣のごり押しで行われたのは記憶に新しい。日本の政治史に残る汚点と言ってもよいだろう。

新聞やテレビの多くは当時、習副主席が天皇にお会いしたという一般的な意味で「ご会見」という表現を使ったが、宮内庁は天皇陛下が外国の元首級の賓客とお会いになる場合を「ご会見」、首相や大使などとお会いになる場合は「ご引見」と区別しており、習副主席の場合は天皇陛下から見れば、あくまでも「ご引見」であったことを確認しておきたい。

公式実務訪問賓客を含む国賓や公賓が来日する場合、相手国から希望があれば外務省経由でご会見やご引見の申し込みがなされるが、陛下は基本的にこれをすべて受け入れられる。賓客にとっても来日中に天皇とお話ができることは最大の名誉であり、小国であろうと大国であろうと陛下はこれを公平にもてなされる。ただし、陛下のスケジュールはタイトであり、ご高齢であることもあって事前の日程調整が極めて重要だった。そのため宮内庁は、1ヶ月前までに外務省を通じて宮内庁に文書で申請してもらうことを慣例としてきた。

平成21年の習副主席訪日の際も、外務省は訪日の打診があった10月下旬に中国側にその旨を通知していたが、中国側は国内の政治日程との絡みで習副主席訪日の日程決定自体を先延ばしにしていた。

当時の新聞等の報道によると、中国側がようやく訪日の日程を決めたのを受けて外務省は11月26日に天皇陛下のご引見を宮内庁に打診したが、宮内庁は翌日、1ヶ月ルールに照らして受けられない旨を返答。外務省から報告を受けた当時の鳩山政権は中国側に「天皇の健康状態」を理由に事情を通知し、中国側もこれを受け入れたと言われる。

しかし、12月10日になって官邸は内閣官房長官が羽毛田《はけた》信吾宮内庁長官に対して、電話で受け入れるよう指示を出した。この日は、当時の小沢一郎幹事長を団長とする民主党国会議員約140人を含む小沢訪中団約500人が北京を訪問、胡錦濤国家主席と人民大会堂で会談した日でもあった。

翌12月11日、政府は来日する習副主席が15日に天皇陛下が「ご引見」されるとの予定を発表した。これを受けて同日に行われた記者会見で、羽毛田長官は「政治的利用じゃないかと言われれば、そうかなという気もします」「心苦しい思いで陛下にお願いしました。こういうことは二度とあってはほしくないというのが私の切なる願いです」などと鳩山内閣の対応を痛烈に批判した。これを受け、「天皇の政治利用だ」として与野党から政府に対する批判が噴出した。

これに反応したのが小沢幹事長だった。12月14日の記者会見で「内閣の一部局の一役人が内閣の方針についてどうこう言うなら、辞表を出してから言うべきだ」「陛下の体調がすぐれないなら優位性の低い（他の）行事はお休みになればいいことだ」などと羽毛田長官を非難。これに対し羽毛田長官も記者会見で「自分は官房長官の指揮命令に従うと同時に（陛下の）お務めのあり方を守る立場にあります。辞めるつもりはありません」などと応酬した。

一方、2年3ヶ月前に首相を辞任していた安倍晋三元首相（当時）は12月12日、「（過去に会見を要請してきた賓客の中には）日本にとって重要な要人もいたが、（1ヶ月ルールを越えた場合は）例外なく断ってきた。陛下のご日程に政治的、外交的思惑を入れてはいけないと自制してきた」「（天皇陛下とのご引見を無理強いしたのは）胡錦濤国家主席の小沢一郎幹事長訪中団に対する異例の大歓待を引き出すための約束だったからではないか」などと批判した。

天安門事件に〝免罪符〟を与えてしまった中国ご訪問

天皇皇后両陛下は即位されてから、平成3年のタイ・マレーシア・インドネシアの東南アジアを皮切りに平成29年のベトナムまで合わせて20回の外国訪問を果たされた。天皇のご公務の中で信任状捧呈式は、憲法が規定する「外国大使及び公使を接受すること」として「国事行為」となっているが、天皇の公務としていわば義務化された、ある意味では極めて形式的な儀式であることは否定できない。

これに対して外国訪問は、象徴というお立場からの「公的行為」とされているもの、相手国からの招請が前提となっており、国際儀礼上、その国は天皇陛下を国家元首として国を挙げて接遇するものだから、その意義はとてつもなく大きい。しかも、親善訪問とはいっても、その時の国際情勢や相手国の政治情勢や治安が絡んでくるため、実現にあたっては陛下がそうした諸事情に巻き込まれないよう事前に最大限の配慮がなされなければならない。両陛下の外国訪問決定に関しては、平成6（1994）年11月24日の参院内閣委員会で当時の池田維外務大臣官房長が「国際親善の実を上げるにふさわしいものになるように、相手国からの招請であるとか、あるいは国公賓の来日等の相手国との交流の現状であるとか、あるいは相手国の状況、それから地域的なバランス、それから国内の行事等々を考えまして、さまざまな角度から検討した上で閣議で決定されて御訪問をお願いするということになっております」と述べている。

天皇皇后両陛下の外国ご訪問の中でも平成4（1992）年10月の中国訪問は、日本の天皇が初めて訪問したこと以上に、1989年に北京で起きた天安門事件で中国が政治的経済的に孤立する中での訪問だったことで、世界に大きな衝撃を与えた。同年6月4日、天安門広場で民主化を要求して長期間座り込んでいた学生、市民に対して人民解放軍が戦車などを使って一斉に排除を行い多数の死傷者が出た。中国政府は死者300人を含む死傷者7200人と発表したが、実際にはさらに多くの死者や行方不明者が出たと言われており、中国政府の言論統制もあって今も実態は不明だ。西側各国はすぐさま中国政府を非難し、高官交流停止等の制裁措置を採った。

両陛下が中国を訪問された平成4年は日中国交正常化20周年にあたり、同年4月に日本を訪れた江沢民総書記が宮澤喜一首相に両陛下の訪中を招請した。しかし、西側諸国を中心とした国際世論の反応や国内世論の分裂もあって与党自民党内でも反対の声が強く、宮澤内閣が閣議決定したのは訪中のわずか2ヶ月前だった。実現には外務省の「チャイナスクール」と呼ばれるグループや自民党の実力者だった金丸信副総裁などの力があったと指摘されている。チャイナスクールとは入省時に中国語を研修した親中派の外交官たちのことで、文化大革命時に中国で研修を受けた外交官が中心となっていた。

北京での歓迎晩餐会のお言葉の中で陛下は「我が国が中国国民に対し多大の苦難を与えた不幸な一時期」「私の深く悲しみとするところ」などの踏み込んだ表現を使われ注目されたが、そのお言葉が最終確定したのは両陛下が日本を出発される前日の10月22日だった。官邸や外務省、宮内庁との表現の摺り合わせに時間がかかったことが窺われる。陛下は「私の貴国訪問が、このようなきずなに結ばれた両国民にとり、お互いに良き隣人として将来に向かって歩む契機となれば誠に喜ばしく思います」と締めくくられた。陛下のこのお言葉に込められたお気持ちは、日本人の誰もが共有しておかなくてはならないものではあったが、結果的に中国訪問が中国政府への〝免罪符〟となり、西側諸国の視線も大きく変化していった。

当時、筆者も宮内庁担当記者としてご訪問に同行取材した。当時は、全国都道府県のうち唯一沖縄県だけが天皇訪問が実現していないこともあり、個人的には「中国より沖縄が先ではないか。中国はとりあえず首相や衆院議長が行けば十分ではないか」と考えていた。

ただ、宮内庁サイドにも中国より先に沖縄訪問をしていただくべきだとの意見が強く、実は「沖縄戦没者慰霊の日」であるこの年（平成4年）の6月23日に行われる慰霊祭に天皇皇后両陛下が出席できないかどうか検討がなされていた。慰霊祭は沖縄県の主催で、当時は大田昌秀知事だった。最終的に沖縄県側の都合ということで実現しなかった経緯があった。

余談だが、当時の外務事務次官は皇太子妃雅子さまの父上である小和田恆氏だった。小和田氏は両陛下の訪中を前に頻繁に宮内庁の藤森昭一長官の部屋を訪ねていた。訪問に向けた細部の詰めや陛下のお言葉に関する打ち合わせだと思われた。もちろん、その目的もあっただろうが、後でわかったことだが、主な目的は娘である雅子さんの皇太子殿下とのご結婚に関する話し合いだった。皇太子殿下の雅子さんに対する一途な思いは揺るぎなく、藤森長官は既に雅子さんとの結婚を前提に動き出していた。

外国訪問時の政府専用機の客室乗務員は航空自衛官

天皇皇后両陛下が外国を訪問される場合、自衛隊が所有する政府専用機が使われる。平成5（1993）年9月、天皇皇后両陛下がイタリア、ベルギー、ドイツの3ヶ国を訪問された際、筆者も同行記者として同乗した。

政府専用機は前年の平成4（1992）年に総理府（現・内閣府）の予算で導入された「ボーイング747―400型ジャンボ機」2機で、北海道の千歳基地の「特別航空輸送隊第701飛行隊」に所属し、操縦士や客室乗務員もすべて同隊に所属する自衛官だ。普段は千歳基地に駐機しており、本番前に羽田に飛んで待機する。原則として天皇皇后両陛下と首相など政府要人が外国を訪問する場合に利用するが、両陛下と首相の日程が重なった場合は両陛下が優先される。2機はセットで運用され、任務機が離陸した30分後にもう一機の副務機が離陸して後に続く。副務機は故障した場合の代替機として使われる。機内は寝室や執務室、会議室、随行員用の座席、マスコミ向けの一般客室などがあり、2階席は通信設備が置かれている。本番では整備員7人も同乗する。

現在のジャンボ機は導入から既に25年が経過しており、平成31年4月からは「ボーイング777型機」が導入され、機体整備などのメンテナンスは、これまでの日本航空に代わって全日空が行う。

筆者が当時同乗した政府専用機は前年に導入されたばかりで、記者席のあるエリアは通常の民間航空機と変わらなかった。タラップを上がると、入り口にいたのは紺青の制服を着た若い女性自衛官。敬礼で出迎えてくれた。少し違和感を感じつつも機内で待機していると、同じ自衛官が明るいエプロン姿の〝客室乗務員〟に変身して笑顔で現れた。飲み物や食事などの提供やサービス方法も普段乗っている民間機と同じだ。日本航空でベテランの客室乗務員から訓練を受けたと聞いて合点がいった。記者たちの座席の前方には、記者レクが可能なスペースがあり、ここで両陛下のご様子などの発表が行われた。

最初の訪問地はイタリアだったが、まもなくイタリア領空と知った直後、専用機の窓から外を眺めていたら、前触れもなく突然戦闘機が現れた。胴体に赤と緑が二重丸になったイタリアの国籍マークが見える。パイロットが敬礼するのも確認できた。事前に説明がなかったので驚いたが、両陛下を出迎える空軍の最高の栄誉礼だった。しばらくエスコートした空軍機は両翼を左右に振っていなくなった。

東京駅から儀装馬車で送迎する外国大使の信任状捧呈式

信任状捧呈式は、着任した特命全権大使または特命全権公使が、自国の元首から託された信任状を派遣先の元首に提出する儀式であり、日本では天皇陛下がこの儀式に臨んで信任状を受理される。信任状は一種の親書であり、形式や内容に特別な決まりはない。一般的には大使として任命した事実と、その者を駐日大使として信任されたい旨の文言が書かれている。

相手国の国家元首からの信任状を受け取る国際儀礼上の重要な儀式だから「天皇の国事行

為」と位置づけられ、憲法に「外国の大使及び公使を接受すること」と書かれている。接受とは「(外交使節などを)受け入れる」ことを意味する。

儀式は皇居宮殿の正殿松の間で行われ、今上天皇は平成20年から29年までの10年間で延べ327回の捧呈式に臨まれている。現在、日本には115ヶ国(平成29年2月現在)が大使館を置いており、大使や公使の異動は頻繁だ。このため、午前中に時間をずらして2回行われるのが慣例となっている。

陛下はモーニングコートを着用して儀式に臨まれ、外務大臣をはじめ大臣1人がモーニングコートを着て侍立する。各国大使も男性ならモーニングコート、女性ならアフタヌーンドレスなど昼の正礼装を着て臨むことが多いが、民族衣装(ナショナルドレス)も正礼装として扱われており、母国の伝統的な衣装を身に纏って出席する大使も少なくない。外務大臣である河野太郎衆院議員の公式サイト(平成29年9月6日)には「今回の南アフリカ大使は、豹と牛の皮でできた装いに盾を持つというズールー族の正式な装いでいらっしゃいました。盾とポール(槍を模したもの)を持っていると信任状を持つことができないので、盾とポールは控室に置いていかれました」と記されている。儀式にはその国の大使館の随員も最大で6人まで参列する。

正殿松の間での信任状捧呈式はおおよそ次のような式次第で進行する。

①侍立大臣と宮内庁長官が参進
②式部官長の先導で天皇陛下がお出ましになり、侍従長及び侍従が随従
③式部官長の誘導で特命全権大使が御前に参進し信任状を捧呈
④天皇陛下が信任状を侍立大臣に手渡して特命全権大使と握手してご会話
⑤随員が順次御前に参進して謁見の上で握手し退出
⑥特命全権大使が退出
⑦天皇陛下がご退出
⑧侍立大臣、宮内庁長官が退出

信任状捧呈式に臨む外国大使については、宮内庁が希望によって皇室専用車か儀装馬車を差し向けて送り迎えする。儀装馬車は、前後を皇宮警察や警視庁の騎馬でガードしながら、東京駅丸の内中央口の貴賓用玄関を出て皇居前広場を通り、皇居正門（二重橋）を経て宮殿まで走る。馬車にはエスコート役の宮内庁の式部官が同乗し、後ろから随員の馬車も走る。平成19年から東京駅と駅前広場の大がかりな改修工事が始まったため、出発地が大手町の明治生命館からに変更されていたが、平成29年12月から再びここを起点として送迎している。

信任状捧呈式で使われている儀装馬車は、胴体が海老茶色で4人乗り。車体の胴両側に金高蒔絵の菊のご紋章が付いている。宮内庁車馬課が保有する4台のうちの1台で、大正2年に製造された「儀装馬車4号」。昭和60年の文仁《ふみひと》親王成年式などの儀式にも使用された。

今や東京駅丸の内中央口の風物詩ともなっており、宮内庁ホームページの「信任状捧呈式の際の馬車列及び運行予定」のコーナーで予定を公開している。

国賓を迎える栄誉礼と巡閲に天皇が参加できない不思議な理由

天皇皇后両陛下が外国から国賓をお迎えする場合、国際儀礼に従って最初に歓迎行事が行われる。以前は港区元赤坂の迎賓館で行われていたが、迎賓館の改修を機に十数年前からは、国賓の移動時間の短縮も兼ねて皇居の宮殿前庭で行われている。儀仗とはいえ、初めて自衛隊員が業務として皇居に入ることになった。この宮殿前庭は天皇誕生日と1月2日に行われる新年一般参賀が行われる場所でもある。

国賓の歓迎式典は見ていて壮観だ。国賓が車で式場に到着すると両陛下が出迎えて挨拶を交わし握手をされる。続いて両陛下と国賓夫妻が並んで立ち、陸上自衛隊中央音楽隊によって両国の国歌が演奏される。続いて国賓に対する「栄誉礼」が行われ、「捧《ささ》げ銃《つつ》」の号令で陸上自衛隊の儀仗隊が最高の敬礼である「着剣捧げ銃」をする。銃を両手で持って体の中央前に垂直に捧げ持つ所作だ。続いて音楽隊が儀礼曲を演奏する。これは黛敏郎氏が作曲したトランペット主体の『冠譜』と行進曲風の『祖国』という曲だ。続いて、国賓による儀仗隊への「巡閲」があり、儀仗隊に視線を向けながら赤絨毯の上を歩く。これに合わせて、中央音楽隊初代隊長の須摩洋朔氏が作曲したスローテンポの『巡閲の譜』が演奏される。

そもそも儀仗には、賓客に対する敬意とともに「滞在中の安全をお護りしますので安心してください」という意味が込められているという。だから、形式的ではあるが「栄誉礼」と「巡閲」があるのだが、天皇陛下はこれには加わらない。国際儀礼上は元首が元首を迎える最高の儀礼だから、栄誉礼は一緒に並び、巡閲も迎える側の元首がエスコートするのが一般的だ。

かつてこのことが国会で取り上げられたことがある。昭和33(1958)年4月4日の参院内閣委員会で田畑金光議員が「こういうようなことは、非常にわれわれとしては何かしらん不自然な感じを受けるわけですが(中略)もっと自然な形に、あるいは陛下なり、あるいは総理大臣が一緒に案内されて儀仗兵の閲兵をやるということくらいは、これは単なる儀式じゃないかという感じもするのですが――」と政府を質した。当時の歓迎式典は国賓の特別機が到着する羽田空港で行われていた。

これに対して、宮内庁の瓜生順良次長は次のように答えている。「最初は、エチオピアの皇帝が見えられたのが、終戦後の外国元首の初めてでありますが、あの際、いろいろ検討した際に、やはり（自衛隊の）指揮者が案内されるという、そういう理屈から来ているから、どうだろうという疑問が……、そうじゃない、一緒にお歩きになるなら差しつかえないという考えもあり、ちょっと迷いがありまして、じゃ、いろいろ疑問を起こすのもどうだろうから、まあ一緒に御案内するのは、ほんとうのそこの指揮官が御案内するというのでいいんじゃないかというので、ああいうふうになったように記憶いたしておりますので、これは考えようによっては、いろいろにとれると思います」。

これはエチオピア皇帝が昭和31（1956）年11月に戦後初の国賓として来日した際の判断のことを指しており、要するに日本国憲法下の象徴天皇として軍隊組織である自衛隊に関わることへの関係者の躊躇があったということのようだ。

陛下が外国を訪問する場合はその国の軍隊の栄誉礼を受けられるわけだから、来日した国賓への栄誉礼をエスコートするのは国際儀礼上は問題ない気がするのだが。

宮中晩餐会のもてなしは小国でも公平に

国賓を迎えての宮中晩餐会は皇居宮殿の「豊明殿」で開かれる。広さは宮殿で最も広い915平方メートル（約280坪）。正面の壁に中村岳陵作の綴れ織り「豊幡雲《とよはたぐも》」（縦5メートル、横40メートル）が飾られ、天井から30個余りのクリスタルガラスのシャンデリアが吊ってある。

「豊明」の名の由来は、奈良時代以降の宮中で大嘗祭や新嘗祭などの重要な行事でも催された饗宴の「豊明節会《とよあかりのせちえ》」にちなんでいるという。

晩餐会は最大で150人程度の規模で、主催者の天皇陛下と皇后陛下、各皇族方のほか、原則として内閣総理大臣や衆参院議長、最高裁判所長官など三権の長もホスト役として出席する。お客さまとして国賓とその配偶者のほか、同行の随員や駐日大使のほかその国と交流のある民間団体の関係者なども参加する。宮中晩餐会は、相手国が米国やロシアなど大国だろうがアフリカや南米の小国だろうが、招待者の人数や内容で決して差別することはない。天皇陛下の歓迎のお言葉が長かったり短かったりすることもない。ただ、日本側の顔ぶれを見ると、相手が小国の場合だと政府関係者や政治家の人数が少ないのが気になる。主催者の天皇陛下の招待であっても、残念ながら理由をつけて欠席するケースがあるようだ。

料理は国際儀礼に則ってフランス料理が原則だ。ワインのほかに日本酒も供される。平成26(2014)年4月に国賓として訪日した米国のオバマ大統領を迎えての晩餐会では、食前酒のシェリー酒に次いでトマトジュースやオレンジジュースも出された。スープに続いて、真鯛の酒蒸しとサラダ、羊肉の蒸し焼きも供された。デザートには恒例の富士山の形に盛ったアイスクリームとフルーツが並んだ。

晩餐会で出される日本酒は錫《すず》で作られた銀色に光る「おすず」と呼ばれる徳利に入れて供

される。基本的には純米吟醸の4銘柄が交代で使われている。

料理は原則として宮内庁大膳《だいぜん》課の職員が担当するが、給仕はベテランのスタッフを抱える外部の複数の「配膳会」から男性配膳人を派遣してもらうのが慣例となっている。

晩餐会では音楽の生演奏もある。担当するのは普段は雅楽を演奏している宮内庁楽部《がくぶ》の楽師たちだ。楽師たちは燕尾服姿でオーケストラを組み、両国の国歌演奏のほか、季節に合わせた日本の童謡や招待国の民族音楽などを演奏して場を和《なご》ませ、盛り上げている。ただ、楽師だけではオーケストラを組むのに人数が足りないので、事前に登録してあるフリーの演奏家十数人に応援を頼み、事前に楽部の建物の中で音合わせをしてから本番に臨んでいる。

春の園遊会には民族衣装の駐日外交官や制服の駐日武官も

春と秋に園遊会が開かれる赤坂御用地には「赤坂御苑」と呼ばれる広大な庭園がある。周囲約700メートルの散策道が囲む「中の池」などの大小の池と芝生があり、春はツツジやショウブの花が咲き、秋はモミジなどの紅葉が鮮やかだ。皇族方が散策を楽しまれることもある。

昭和28年から続いている天皇陛下主催の園遊会では、両陛下のほか成年された各皇族方が散策道に沿って歩きながら、両脇に並んで待っている招待客に声をかけられる光景が見られる。

毎回必ず呼ばれるのが内閣総理大臣や衆参両院議長、最高裁判所長官の三権の長のほか、閣僚や高裁長官などの認証官で、国会議員や都道府県知事のほか、市町村の首長や議長も交代で招待される。ほかに、各界の功労者や文化・芸能の功労者のほか各業界団体の代表者、直近でオリンピックやパラリンピックがあった場合にはそのメダリストなども招待される。配偶者と合わせると毎回2000人近くが招待され、晴れの舞台とあって男性はモーニング、女性は着物の人が多い。中でも、春の園遊会は大使をはじめ駐日大使館の館員や駐在武官などが招かれるため民族衣装や礼装が目立ち、ひときわ華やかだ。

園遊会当日は、宮内記者会の記者たちが事前に話しあって招待者の中から選んだ数人に1ヶ所に並んでもらい、それぞれの胸に付けた小型マイクで両陛下との会話を拾っている。どのテレビチャンネルも似たようなシーンが放映されるが、取材の混乱を避けるためだから仕方がない。ただ、実際にはその場面は時間にしてごくわずかで、両陛下や皇族方は1時間以上もかけて声をかけながら歩かれる。とりわけ両陛下は、招待者の都道府県名や市町村名と氏名が書かれた名札を見て足を止められることも少なくない。被災地から呼ばれたとわかると顔を寄せて話し込み、車椅子や杖をついたお年寄りを見つけると腰をかがめて声をかけられる。

ところで、会場のあちこちに設けられたテントの屋台では、ビールや日本酒、ワインのほかソフトドリンクが出され、熱々の焼き鳥やジンギスカンがふるまわれる。各種のオードブルなども並んでいる。招待者の中には、両陛下や皇族方にお声をかけてもらおうと並んでじっと待

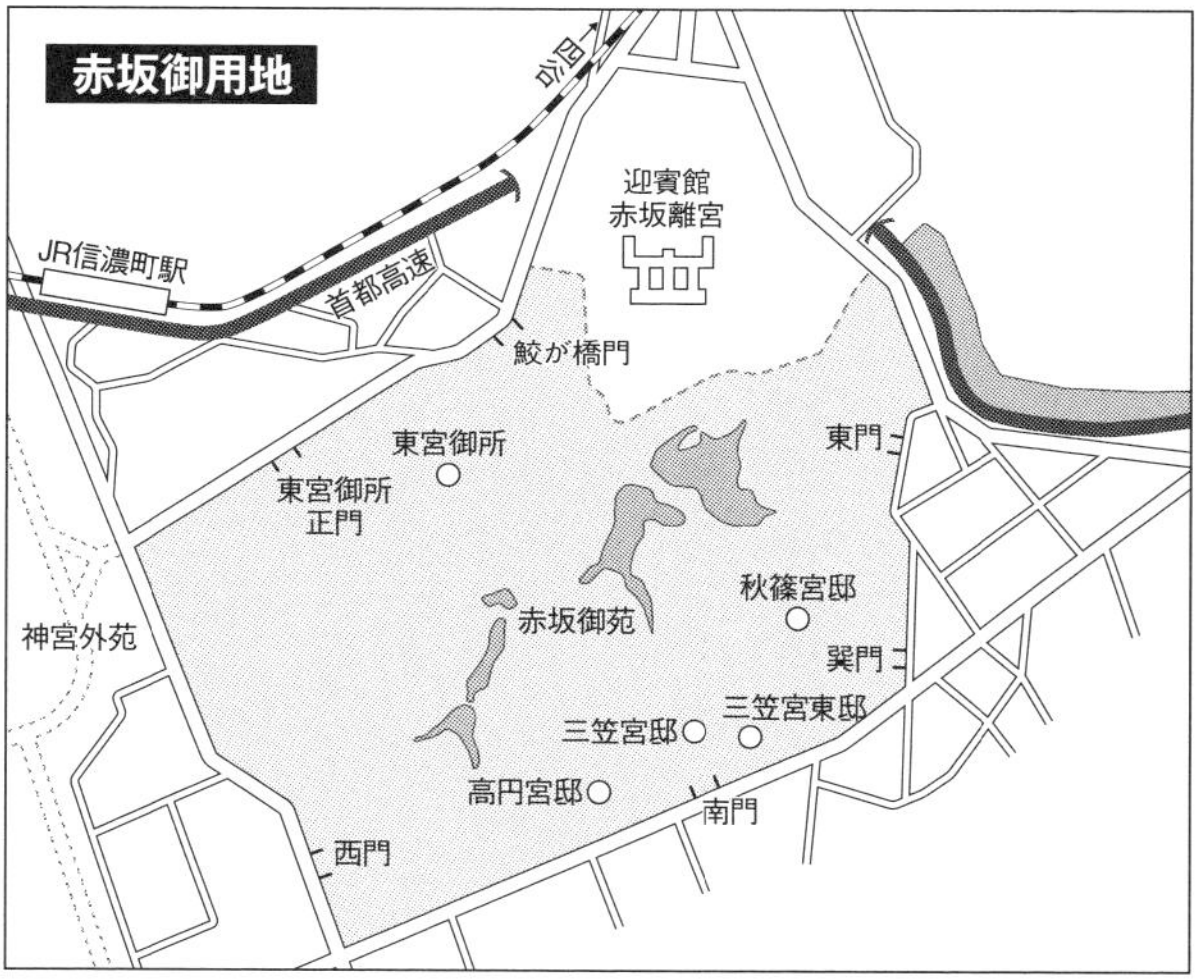

ち続ける人も多いが、あまりの人の多さにこれをあきらめ、飲んだり食べたりに精を出す人も少なくない。帰りには3ヶ所の出入り口でお土産として御紋章入りの「菊焼残月」という半月の形をしたどら焼きが配られる。

会場内では宮内庁楽部の楽師たちが古式の衣装を着て雅楽演奏を聞かせたり、皇宮警察の各部署の護衛官で構成する礼服の音楽隊が行進曲などを演奏して雰囲気を盛り上げている。園遊会の警備は、原則としてすべて皇宮警察本部の護衛官が行う。唯一の例外は首相を警護する警視庁のSPだけで、これだけ縄張りがはっきりしている警備も珍しい。春の園遊会と前後して新宿御苑でも芸能人やスポーツ選手など1万人を招待した総理主催の「桜を見る会」が開かれるが、こちらの警備は警視庁警備部の警護課と機動隊が担当する。

平成2年11月12日に行われた今上天皇の即位の礼には百数十ヶ国の外国元首や王族、各国首脳が参列した。その翌日にはこれらの参列者をもてなす園遊会がこの赤坂御用地で催された。フランクな野外パーティーで、晴天に恵まれたこともあって民族衣装やドレス姿の参加者も目立った。中でも人目を引いたのが今は亡きダイアナ妃だった。白地に赤の小さな丸い玉をあしらったスーツは日の丸をイメージしたものだった。上品な笑みが印象的だったが、夫のチャールズ皇太子と終始離れた位置にいるダイアナ妃の表情がどこか寂しげに見えたのを覚えている。

皇居勤労奉仕

皇居や赤坂御用地、多摩御陵でも続いている清掃奉仕

皇居では真夏の7・8月や年末年始を除き、ボランティアによる勤労奉仕が日常的に行われている。15人～60人の団体で宮内庁に申し込み、平日の4日間、皇居のほか皇太子ご夫妻など皇族方がお住まいの赤坂御用地（港区元赤坂）で、清掃や除草、庭園作業などをする。また、東京・八王子市の武蔵陵墓地（通称・多摩御陵）では、約30年前から両陛下や皇族方がお参りされる際の御休所などを毎月1回のペースで清掃している女性グループもある。これとは別に、

同御陵では昭和聖徳記念財団（東京・立川市）が呼び掛けた奉仕活動もある。

皇居の勤労奉仕は15歳から75歳までが対象で、団体は日本赤十字社の支部や農協の婦人団体、地域の有志など様々だ。平日の奉仕ということで女性が8割を占めているという。私立高校の生徒が学校行事の一環として参加しているケースもある。交通費や宿泊代などはすべて自費で、軍手や日よけの帽子、水筒、弁当などを持ち、白い割烹着姿や作業着で庭や建物の掃除などの奉仕作業にあたる。庭園課の職員が植物の名前や、年代物の鉢植えの説明などをしてくれたり、両陛下のお好きな草花を教えてくれることもあるという。

奉仕のお礼には、天皇陛下からの紅白のらくがん菓子などが渡されるが、かつての定番だった「賜」の文字入りの煙草は廃止された。

奉仕者にとってもっと嬉しいのは、奉仕作業の合間に天皇皇后両陛下や皇族方の「御会釈《ごえしやく》」があることだ。日程の都合で実現しない場合もあるが、陛下や殿下から、ねぎらいの挨拶があり、奉仕団の地元に関するお尋ねなどもある。皇居では、蓮池参集所と呼ばれる奉仕者の控所に両陛下が足を運ばれることが多い。

春秋の園遊会のように肩書きのある人たちが招かれる華やかな場ではないが、市井の人々と皇室の〝触れ合い〟は、こうして戦後、ずっと続いてきた。奉仕者の延べ人数は百数十万人にもなるという。

終戦直後に宮城県から駆け付けた青年団が勤労奉仕の最初

この皇居勤労奉仕は、終戦間もない昭和20年12月、宮城県栗原郡（現・栗原市）の青年男女60人が同年5月の空襲の類焼で焼けた宮殿（明治宮殿）の後片付けをしたのが始まりだ。その中心となったのが地元で青年団運動をしていた故鈴木徳一氏と後に衆議院議員となった故長谷川峻《たかし》氏。長谷川氏は東久邇宮内閣の国務相だった緒方竹虎氏の秘書官をしていたが、内閣総辞職で郷里に戻っていた。宮殿などが焼けたまま放置されていることに胸を痛めた2人は上京し、当時の宮内省総務課長に「せめて皇居外苑の草刈りをやらせてほしい」と折衝。さっそく地元で有志を募って「みくに奉仕団」を結成した。役場の職員、警察官OB、郵便局長、教員などで、農家や商店の青年もいた。

一行は米や野菜、味噌などをリュックに詰め、鎌やほうきを担いで野良着やモンペ姿で汽車に乗って上京。草鞋や素足の青年もいた。東京駅を降り立つと、占領軍である米兵に咎められることを恐れながら皇居に向かった。敗戦直後の米兵に対する恐怖心は今では想像もできないもののようだった。その経緯は『皇居を愛する人々――清掃奉仕の記録――』（昭和53年、日本教文社編）に詳しく書かれている。この中で、元青年将校だった男性は「私たちは二度と戻れないかもしれないという覚悟で上京しました。特に女性は悲壮な決意で行ったんです」と語っている。

一行は結局、外苑の草刈りではなく焼け落ちた宮殿のがれきの片付けを中心にやることになり、2泊3日で汗を流した。その様子を前出の長谷川氏は『皇居を愛する人々』の中でこう述懐している。「焼失前、あるいは平和時において天皇がその祖宗、国民に祈りを捧げたまつりごとの場所がことごとく灰燼に帰し（中略）金庫が三つも焼けただれて中が洞になっている、さらに十六個の紋章の瓦が散乱しているのである。（中略）無血の合理論者といえども、かかる場合の感慨を無視することはできぬであろう。青年たちは、なにものが今までかかる無情ぶりに放置しておったかという心の憤りを内心感じつつモッコをかつぎ……」

奉仕団にとっては思いがけないことが起きた。初日の作業開始から1時間半ほどたって、突然、天皇陛下（昭和天皇）が姿を見せられたのである。帽子に手をあてて会釈され、「汽車が大変混雑するというが、どうやって来たか」「米作の状況はどうか」などと心配され、そのやり取りは30分も続いた。団員たちの涙は止まらなかったという。午後には皇后（香淳《こうじゅん》皇后）が姿を見せて、ねぎらいの声をかけられた。

長谷川氏はその際の思いをこうも話している。「敗戦に喘《あえ》ぐ国民と、祖宗に対し、国民に対して身を切る思いをしておられる天皇が、素裸な愛情を出して共に進まれるとき、日本は再建されるを信じた」「国民と啼《な》き、国民と喜ぶ皇室、そして蓆《むしろ》旗と共にある御存在――これこそが正しい皇室のあり方であり、国民の敬愛する最高のものなのである」。

団員たちはリュックに入れて持ってきた紅白の餅を侍従を通じて献上した。昭和天皇はお子さまである皇太子（今上天皇）や義宮（常陸宮）、内親王と一緒にこれを召し上がりながら「日本にはまだ、こうした青年男女がいる」と話されたという。

この年、昭和天皇はこんな御製《ぎよせい》を詠まれた。

戦いにやぶれしあとのいまもなほ
　民のよりきてここに草とる

第3章 皇室を護り支える組織と施設

皇室の警衛（警備）

京都御所の「衛士」の伝統を継ぐ皇宮警察本部の護衛官

遥《はる》けくも遠き御祖《みおや》の血汐受け継《つ》ぎ御垣守《みかきもり》――。昭和29（1954）年に制定された皇宮警察歌はこんな歌詞で始まる。「御垣守」とは宮中（京都御所）の各門を警備する衛士《えじ》と呼ばれた人たちのことだ。「御垣守　衛士の焚く火の夜は燃え　昼は消えつつ　ものをこそ思へ」。これは「小倉百人一首」に入っている平安中期の歌人大中臣《おおなかとみの》能宣《よしのぶ》の和歌だ。燃えるような思いを篝火《かがりび》に見立てた恋の歌だが、衛士たちが夜通しで篝火を焚きながら御所を護衛する様《さま》が目に浮かぶ。

その御垣守の伝統を今に受け継いでいるのが皇宮警察だ。明治天皇が京都を出て江戸城を宮城（皇居）にされると、政府独自の軍隊を持っていなかった明治新政府は明治4（1871）年、薩摩・長州・土佐の各藩から一万人の藩兵を集め、国軍である「御親兵《ごしんぺい》」を創設して皇居の警備にあたらせた。これが皇宮警察の原型である。

この御親兵は翌年に「近衛兵《このえへい》（明治24年に近衛師団に改編）」に改組された。明治11（1878）年、この近衛兵の砲兵隊が西南戦争の恩賞への不満を理由に反乱を起こして天皇への直訴を企てた「竹橋事件」が起きたため、政府は近衛兵とは別に宮内省に皇居警備専門の「門部《かどべ》」という組織を設けた。律令制で皇居を護った世襲の武人による門部を復活させたものだった。

現在の皇宮警察に近い形となるのは明治19（1886）年になってからだ。それまでの門部が「皇宮警察署」に改編され、宮内省の中でも広範囲な施設管理業務を担当する「主殿寮《とのもりょう》」に所属した。これが現在の皇宮警察に相当し、主として宮殿の屋内の警衛《けいえい》と消防を担当した。明治40（1907）年には「皇宮警察部」に改称。当時の警備は、内部を宮内省の皇宮警察が、周囲を陸軍の近衛師団が担当する形だった。

昭和7（1932）年に海軍の青年将校らが犬養毅首相を殺害した5・15事件が起きたが、これを契機に皇宮警察官にも拳銃携行が認められた。戦後も、所属や名称がめまぐるしく変遷。

昭和22（1947）年に管轄が宮内省から内務省に移されると、内務省直属の警視庁に移管されて「警視庁皇宮警察部」となり、ここに所属する警察官は、現在の名称である「皇宮護衛官」に改められた。

翌23年にはGHQの指示で警察組織が細分化され、今度は「国家地方警察本部」に所属して「皇宮警察府」や「皇宮警察局」などと組織名が変遷した。これには少々、説明が必要だろう。日本の警察は、戦前は内務省直属の警視庁と各道府県知事が直接管理下に置く地方警察（府県警察部）があった。GHQは戦前の中央集権型の警察組織を見直して分権化を進めた。具体的には、まず全国のすべての市と人口5000人以上の町村にそれぞれ独立した約1600の「自治体警察」（自警）を設置した。それ以外の人口5000人未満の町村については、「国家地方警察福岡県本部」や「国家地方警察千葉県本部」のように各都道府県ごとに本部（通称、国警）を作り、中央の「国家地方警察本部」が統括した。国警の管轄は都市を除く農村部の治安であったが、やはり国家の警察として優位な立場にあった。内務省直轄の警視庁も国警の「国家地方警察東京都本部」と自治体警察の「警視庁」に分割された。

昭和24（1949）年に国家地方警察本部の外局として独立し「皇宮警察本部」に改称。昭和29（1954）年に現在の警察法が施行されて自治体警察と国警が統合され、警察庁の下に都道府県警察本部（東京は警視庁）が置かれるようになってからは、警察庁の附属機関としての皇宮警察本部となった。

「特別司法警察職員」で組織される警察庁直属の皇宮警察本部

現在の日本の警察組織は、頂点に政府の行政機関である警察庁があり、その下に実力組織である47都道府県警察がある。皇宮警察本部（以後は皇宮警察と略称）はやや特殊で警察庁直属の附属機関である。都道府県警察の警察官は警視正（階級）以上の一部の幹部を除いて地方公務員だが、皇宮警察の護衛官は階級に関係なく国家公務員だ。ちなみに、都道府県警察のうち、警視庁は東京都全域を管轄する警察本部だが、首都を守るという特殊性もあって人員が多く、皇室警備を含め他にはない警備・公安関係の組織も持っている。

警察の世界では皇室警備は、一般の警備と区別して「警衛」と呼ばれている。その中でも、皇室の方々を直近で護衛したり皇居内で警備をしたりしているのが皇宮警察だ。その任務について、警察法第29条は「皇宮警察本部は、天皇及び皇后、皇太子その他の皇族の護衛、皇居及び御所の警備その他の皇宮警察に関する事務をつかさどる」と規定している。

皇宮警察の英名には英国の近衛兵や親兵隊などを意味する「Imperial Guard」が当てられている。英国では王室警備を担当する各組織は国王直属の軍隊に所属しているが、皇宮警察はいうまでもなく警察組織である。一般の警察官が「司法警察職員」という法的位置づけがされているのに対し、皇宮警察の護衛官は「特別司法警察職員」だ。特別司法警察職員とは、一般の司法警察職員（警察官）と異なって特定の分野での知識や経験を活用する警察職員のことで、皇宮護衛官のほかに法務省刑務官や厚労省麻薬取締官、自衛隊警務隊の警務官などがこれにあたる。これらはすべて国家公務員で、職務上の権限は「警察官職務執行法」に基づいている。

皇宮護衛官の定員は896人（他に事務・技官が40人）。そのうち約1割が女性の護衛官だ。制服は一般の警察官と同様のものを着用するが、制服の両襟部には古くから皇室の副紋としても使われてきた「五三の桐」の護衛官章が付いている。右胸にある吊り紐（肩紐）はえんじ色で、都道府県警の警察官の白と区別されている。階級は「皇宮巡査」「皇宮巡査部長」「皇宮警視」などで一般の警察と同じ階級に分かれている。トップの本部長（皇宮警視監）は警察庁のキャリアで、大きな県警の本部長経験者が就く。

本部庁舎は皇居内にあり、組織は「警備部」「護衛部」のほか警務部門があり、「皇宮警察学校」もある。このほか皇居と赤坂御用地、京都御所に分散して「護衛署」が置かれている。

黒パトカーで巡回し消防車も所有する護衛署

護衛署は一般の警察署に相当するもので、皇居内に「坂下護衛署」と「吹上護衛署」、東宮御所などがある赤坂御用地に「赤坂護衛署」、京都御所に「京都護衛署」が置かれている。

主に管内のパトロールや門の出入りの警備などに24時間体制であたっており、制服での勤務が原則だ。皇居内は広いため巡回は黒塗りのパトカーで行うことが多いが、赤色灯はともかくサイレンを鳴らすことはめったにない。

万が一、皇居内に不審者が侵入するなどの事件があった場合、護衛官は特別司法警察職員だから逮捕して身柄を押さえるが、捜査のために身柄は近接の警視庁丸の内署や麹町署に引き渡すのが一般的だ。平成26年12月にバイクで乗り付けた男が赤坂御用地のフェンスを乗り越えて侵入して外部に引き返す事件があったが、事件捜査は警視庁赤坂署と警視庁公安部が担当した。

那須御用邸や葉山御用邸などの御用邸、奈良の正倉院、京都の桂離宮などには警備部に所属する護衛官派出所があり、両陛下や皇族方がいらっしゃらない時期も含め常時、警備を続けている。

皇居などでの消防活動も一義的には皇宮警察自身が行う。赤坂御用地と京都御所を含め各護衛署に消防車が2台ずつ配備されており、御用邸にもミニ消防車が置かれている。

「側衛」の身上は皇室と国民を隔てない〝ソフト警備〟

天皇皇后両陛下や皇族方が御所やお住まいからお出かけになったり、お子さまが通学されたりする時に直近で警備を行うのが「護衛部」に所属する護衛官で、天皇皇后両陛下を担当する護衛一課、皇太子ご一家の護衛二課、宮家担当の護衛三課に分かれている。この任務にあたる護衛官は、他の護衛官と区別して「側衛《そくえい》」と呼ばれる。季節を問わず黒や濃紺の背広で任務にあたっており、常に小型拳銃や警棒のほか無線とイヤホンを携帯しており、無線のマイクは目立たないよう掌に収めている。

側衛が何よりも警戒するのは銃による攻撃で、状況によっては二つ折の防弾盾をカバンに入れて護衛することもある。万が一、銃が使用された場合は、最も近い所にいる側衛が対象となる方をその場から離し、2発目に備えて複数の側衛が盾になって守る――というのが一般的なマニュアル。政治家などを護衛する警視庁警護課のSPの場合と同じだ。ただ、SPの場合は、テレビ映像などでわかるように大柄の私服警官が警備対象者のすぐ後ろや真横に周囲を威圧するように立って警備するケースが多いが、側衛は両陛下や皇族方と出迎えの国民との間に分け入って壁を作ることは許されない。新聞やテレビのカメラマンの取材がある場合は、これを妨げないよう気を遣う必要もある。いわゆる〝ソフト警備〟が皇室警備の身上だ。それだけに苦労も多い。

天皇皇后両陛下が秋の国体などの重要な公務でお出かけになる場合、皇居から運んだ大型の御料車が使われる。助手席には必ずベテランの側衛が座っている。両陛下の護衛が目的だが、実は運転手（宮内庁技官）に不測の事態が起きた場合に運転を代行することも想定している。

だから側衛の中には普通免許だけではなく御料車を運転できる大型免許を取得している者が少なくない。御料車を地方で使う場合は、宮内庁のドライバーがパトカーに護衛されながら運転して事前に現地入りしている。ただ、被災地の視察やお見舞いなどの場合は、こうした御料車ではなく訪問先の都道府県の公用車が使われている。

国体などの行事で御料車が走る場合、地元の都道府県警とは別に白バイが直近を並走するが、これも側衛が担当している。地方で使う場合は大型トラックに乗せて事前に現地に運んでいる。

一方、お子さま方が学校や大学に通う場合の警備も側衛が担当している。愛子さまは現在、学習院女子高等科、秋篠宮家の悠仁《ひさひと》さまはお茶の水女子大学附属小学校に通われるが、通学や下校はともかく、側衛たちの警備現場は多くの児童や生徒たちが学ぶ学校だから、決して子供たちに威圧的な印象を与えてはいけない。だから、男性護衛官に交じって警衛にあたる女性の側衛の役割は大きい。

授業中は廊下などで待機することもあるが、校門をくぐって校内に入ったら常時視界に入れて見守ることは事実上不可能だから、学校側との連携が重要だ。過去には、お茶目な宮家の女性皇族が側衛の目を盗んで友人とこっそり校門から出てしまうというハプニングもあった。

秋篠宮家の次女佳子さまは２０１７年９月から２０１８年６月までイギリス中部にあるリーズ大学に国際基督教大学の交換留学生として「短期留学」された。現地の警備は基本的には日本から派遣された要員を含め日本大使館が担当するが、日常警備は原則として英国政府の協力で現地の警察官などが行った。

外国人観光客にも人気の二重橋前の「儀仗」

側衛は両陛下や皇族方のプライベートなご動静にも対応しなくてはならない。だから、普段の公務の合間や休日などにスキーや登山の訓練をしているほか、請われてテニスや乗馬のお相手を務める場合もあるため、幅広くスポーツに打ち込んでいる人が多い。

側衛は両陛下や皇族方の直近で警備をしていることもあって、無線連絡には「略符号」を使うケースが多い。「354」はご就寝、「302」は予定地点通過を意味しており、「まるみや」は宮内庁または宮内庁職員を指す。平成24年に薨去《こうきょ》された三笠宮寛仁殿下は、気さくな人柄もあって赤坂御用地を車で出られる際に側衛の無線を取り上げ、いたずらをされることがあった。ご自分を指す略符号を使い、「K○○　○○門　299」（寛仁親王殿下が○○門をただいま出発）などど連絡を入れ、「了解」という応答にニヤリとされていたという。

皇居前広場から二重橋を見ると皇居正門前に黒い儀礼服姿の護衛官が不動の姿勢で立っている。彼らは各護衛署に所属する若い護衛官で、宿直勤務日以外に交替で「儀仗」を務めている。毎日午前9時から午後5時までの間、2人1組の護衛官が1時間ずつ門の左右にある歩哨台に立ち、30分経つと左右交替する。本場イギリスのバッキンガム宮殿前で行われている衛兵の交代式に比べると派手さはないが、二重橋前に集まる内外の観光客たちには人気のスポットになっている。身動きせずに立ち続けるためには普段から心身を鍛えておく必要があり、特別編成の「皇宮警察特別警備隊」のメンバーとして警衛署勤務の傍ら厳しい訓練を行っている。この儀仗は、天皇誕生日と新年の一般参賀でも、宮殿のお立ち台下で行われている。

皇室警備を担うもう一つの組織が警視庁の警備部警衛課

皇室警備（警衛）はお出かけ先での沿道警備を含め全国都道府県警察の協力がなければ皇宮警察だけでは不可能だ。中でも警視庁は、警視庁警備部に皇室警備専門の警察官を抱える「警衛課」という組織を持っている。約100人の警察官で構成される組織だ。お出かけ先が東京都内の場合、両陛下や皇族方をごく直近で護衛するのが皇宮警察の側衛なら、これと協力しながらやや離れた位置で私服で護衛するのが警衛課の警察官ということになる。皇宮警察と同様に各皇族ごとに担当者が決まっており、女性警察官も含まれる。

両陛下が御所を出て皇居の外に出られる場合は、警衛課の黒の警備車《ぐぶ》と白バイが事前に皇居までお迎えに入り、両陛下の乗られた御料車や侍従などが乗った供奉車や皇宮警察の警備車などを前後に挟む形で先導して走っている。警衛課は、警視庁警備部や公安部などが摑んだ治安に関する情報を基に、皇宮警察や宮内庁と協議する重要な役目も負っている。

両陛下が地方にお出かけになる場合、例えば北海道の札幌などに行幸啓される時には、警衛課の警察官は両陛下が乗られた特別機に皇宮警察の側衛らとともに同乗して千歳空港まで行き、空港で北海道警の警備部門にバトンタッチする。復路は道警の担当者が千歳空港から乗り込み羽田空港まで同乗する。

両陛下の海外訪問時に現地で反対デモや不穏な動きが予想される場合は、警衛課のベテラン警察官も現地に入り、皇宮警察の側衛とともに現地の警察当局と連携しながら護衛にあたる。

なお、両陛下が公務で東京以外にお出かけになる場合は、各道府県警は原則として警備部門の警察官や機動隊員が中心になって、臨時の「警衛隊」を組織して皇宮警察の側衛などと連携して警備にあたる。

皇室や皇居が標的となった過去の重大事件

戦前の5・15事件や2・26事件では皇居内に陸軍の反乱軍が侵入するなどしたが、戦後もさまざまな事件が起きている。とりわけ、昭和45年〜47年にかけては学生運動が過激化する中、事件が相次いだ。宮内庁や皇室が巻き込まれた主な事件を『皇宮警察史』（皇宮警察本部刊）を中心に抜粋した。

【二重橋事件】

昭和29（1954）年1月2日に宮殿東庭で行われた新年一般参賀で、二重橋を渡る参賀者が将棋倒しになって多数の死傷者が出た。この日は快晴にめぐまれて最終的に37万人余が訪れたが、開門から3時間ほど経過した正午頃から参賀者が急増して正門から宮殿前まで人で埋め尽くされて大混乱した。警備の皇宮警察と警視庁丸の内署がロープで入門を規制しようとしたが効果はなく、正門前の石橋で女性がつまずいて転倒したため列の後続が将棋倒しとなった。16人が死亡、64人が重軽傷を負うという大惨事になった。皇宮警察本部長が辞任、国会でも取り上げられた。警察の雑踏警備が見直される契機となった。

【ご成婚パレード妨害事件】

昭和34（1959）年4月10日、ご結婚の儀式を終えられた当時の皇太子殿下と美智子妃殿下が、儀装馬車に乗って皇居正門を出発し、午後2時半すぎに祝田橋付近にさしかかったところ、背広姿の19歳の少年が沿道の祝賀の列から飛び出して馬車に近づいてこぶし大の石を二度にわたり投げつけた。1個は馬車に当たり、もう1個は両殿下の顔をかすめたが、幸いにもけがはなかった。少年はさらに馬車に駆け上ろうとして取り押さえられた。パレードはテレビで全国中継されており、事件後も何事もなかったように笑顔で群衆の歓呼にこたえられる美智子妃殿下のお姿が人々に強い印象を与えた。少年は「天皇制に反感を持っており、こんなお祭り騒ぎはけしからん」などと供述した。

【新年参賀パチンコ玉事件】

昭和44（1969）年1月2日、新宮殿完成後初めての新年一般参賀が午前9時すぎから皇居宮殿東庭で行われた。長和殿のお立ち台には当時の天皇皇后両陛下や皇太子ご夫妻などがお出ましになり、人々の祝意に応えられた。午前10時頃、参賀者の中から男が大声を出しながら手製のゴム銃でパチンコ玉を投射。その瞬間、ガラスに当たる「カチッ」という音がし、「私がやった」と叫ぶ男がいたため、皇宮護衛官が現行犯逮捕した。男は天皇制反対を訴える活動をしていた奥崎謙三（当時48歳）で、前日にパチンコ玉十数個を持って神戸から新幹線で上京していた。戦時中に捕虜収容所に入った経験があり、昭和31年に殺人事件を起こして10年間、服役していた。この事件がきっかけとなり、お立ち台の前のガラスは防弾仕様に変えられた。

【葉山御用邸放火事件】

昭和46（1971）年1月27日深夜、神奈川県葉山町の葉山御用邸で火災報知機が作動。御

用邸駐在の皇宮護衛官のほか、地元や近隣の消防隊が消火にあたったが、附属邸の一部を残して全焼した。神奈川県警などが合同捜査本部を設置して捜査に当たった結果、2月に入って神奈川県警鶴見警察署に「火災は私のせいだと思う」と若い男が自首してきた。犯人は19歳の男で、葉山町に住む叔母に借金しようと訪ねたが留守だったため、泊るところがなくお金も欲しかったため門を乗り越えて侵入。金品が見つからないため頭に来てマッチで火をつけ逃げた――などと供述した。男は心神喪失で不起訴処分になった。

【坂下門乱入事件】

昭和天皇のヨーロッパ諸国歴訪を2日後に控えた昭和46（1971）年9月25日正午前、皇居坂下門前の警視庁丸の内署の坂下門見張所に白い乗用車が発煙筒を投げつけて突進してきた。皇宮護衛官が車両阻止柵を置いて不審車を停車させたところ、車から白ヘルメットを被った男4人が飛び出して発煙筒を投げつけ、ヌンチャクを振り回しながら護衛官に襲い掛かった。男たちは護衛官にけがを負わせて皇居内に侵入し宮内庁庁舎に向かったが、中央玄関内で取り押さえられた。当時、新左翼は昭和天皇の訪欧を「天皇制イデオロギー利用による反動攻勢」と捉えて皇室に対するテロ攻撃などを叫んでおり、皇宮警察本部も「護衛警備本部」を設置して厳戒態勢を敷いていた。犯人は未成年者を含む沖縄出身の中央大学や東京農大などの学生たちで、公判中は天皇の戦争責任を追及する中核派が支援活動を続けた。この事件に警備関係者は大きなショックを受け、警察庁長官以下関係者が処分された。その後、スライド式の車両用固定阻止柵が設置され、皇宮警察をはじめ全国警察の通信機器や警備資機材の充実が図られた。

【ひめゆりの塔事件】

昭和50（1975）年7月17日、当時の皇太子ご夫妻が、沖縄国際海洋博覧会の開会式出席のため皇族として戦後初めて沖縄を訪問された。那覇空港から糸満市のひめゆりの塔に向かう途中、沿道の建物の3階に潜んでいた左翼活動家が、ご夫妻の車列に向けてガラス瓶やスパナ、石などを投げつけた。被害がなかったため、ご夫妻はそのまま車でひめゆりの塔に向かい、ガマとよばれる壕《ごう》の前で拝礼されたが、その際、1週間前から壕の中に潜んでいた活動家2人がご夫妻の近くに火炎瓶と爆竹を投げつけた。献花台を直撃して炎上したが、ご夫妻にけがなどはなかった。2人は「皇太子上陸阻止」などを叫ぶ新左翼の沖縄解放同盟と共産同戦旗派のメンバーだった。沖縄県警は九州各県からの応援部隊1000人を含む3700人で警備態勢を敷いていた。警察庁警備局は当初、本土から機動隊員5000人を派遣する方針を打ち出していたが、当時の三木武夫政権は沖縄のマスコミなどが「過剰警備」を批判していたこともあって規模の縮小を判断した。沖縄に現場責任者として派遣されていた警察庁の佐々淳行警備局警備課長（当時）は事件を回想した雑誌記事で、ご夫妻の訪問前に地下壕の安全確認などを主張したが沖縄県知事ばかりか沖縄県警からも「県民感情を逆なでする」などの意見が出たため実施ができなかった――などと明かしている。

【山形国体発煙筒事件】

平成4（1992）年10月5日、山形県総合運動公園陸上競技場（現・NDソフトスタジアム）で行われた国体秋季大会開会式で、天皇陛下が「お言葉」を述べられていたところ、過激派のメンバーの男が「天皇は帰れ」「訪中反対」などと叫びながら、トラックからロイヤルボックスにいた陛下に向けて発煙筒を投げつける事件が起きた。発煙筒はトラック内に落ちて事なきを得たが、両陛下が10月23日からの中国訪問を控えていただけに、警衛警備体制の不備が問題になった。警備不備の責任をとる形で後日、県警の防犯部長が辞表を提出した。この事件では、男がトラックに侵入した直後、陛下の左隣に立っていた皇后さまが、とっさに右手を陛下に向けて差し出して護ろうとされるシーンが話題となった。

宮内庁の組織と歴史

終戦までは「宮内省」という内閣から独立した官庁

宮内庁の歴史は、天武天皇が制定を命じ、文武天皇の大宝元（701）年に完成した大宝律令にまで遡ると言われる。大宝律令とは、国家機関を祭祀を行う「神祇官《じんぎかん》」と政治をつかさどる「太政官《だいじょうかん》」（長官は太政大臣）という2つの官制に分けて設置し、太政官の下に中務省や刑部省、大蔵省などの八省を置いた「二官八省」の官僚機構で、すべての手続きを文書で行うことを原則としたと言われている。この「八省」には宮内省もあり、宮中《きゅうちゅう》の衣食住や医療などの庶務を行ったという。こうした宮内省など各省を束ねる太政官制度は、平安・鎌倉時代にも政治の最高権力機関としての地位を維持したが、室町時代以降は形式的なものになったと言われる。しかし、制度そのものは明治維新まで続いた。明治になると、新政府は明治元（1868）年に立法・行政・司法の三権の機能を兼ね合わせ、国家権力全体を束ねる組織として新たな太政官をスタートさせた。律令制に於ける太政官《だいじょうかん》と区別して「だじょうかん」と呼ばれた。翌明治2年には、太政官の上に神祇官《じんぎかん》を置く新たな太政官制が敷かれるなど、黎明期《れいめいき》にあって太政官制は頻繁に変わっていくが、明治18（1885）年には廃止されて内閣制度が始まった。

内閣制度の発足によって、宮内省は内閣に属さない独立した機関となった。当時、宮中に対して、行政府である内閣を府中《ふちゅう》と呼び、「宮中と府中の別」などという言葉が使われるようになった。

宮内省を内閣から独立した組織にした理由は、天皇が内閣から制約を受けない、あるいは天皇に政治的責任が及ばないようにとの措置だったとされ、そのトップは「宮内大臣《くない》」と呼ばれたが、国務大臣（閣僚）ではなかった。その設置目的とは矛盾するようだが、初の宮内大臣には初代総理大臣となった伊藤博文が兼務で就いた。

明治22（1889）年に大日本帝国憲法が発布されると、これと同格の皇室典範が制定され、「皇室自律の原則」が確立した。これは皇室典範等の法令が政府や議会の関与を受けることはなく、皇室が政治的にも経済的にも政府の干渉を受けないことを意味した。明治41（1908）年には、皇室令（皇室に関する法令の総称）によって「宮内省官制」が施行され、宮内大臣は皇室の事務について天皇を輔弼することとなった。

宮内大臣が宮内省という行政組織の長であるのに対し、より天皇に近い立場として「内大臣《ないだいじん》」が置かれた。律令制にあった「内大臣」を復活させたもので、これも大臣とはいえ国務大臣ではない。「侍従長」とも異なる役割を持ち、天皇の側にあって御璽・国璽を保管し、詔勅・勅書その他の宮廷の文書に関する事務などを所管した。閣僚である内務大臣（内相）と区別するため、内大臣は内府と略称されることが多かった。

終戦時には宮内省の本省のほか、宮中祭祀を行う掌典職や、東京帝室博物館（現・東京国立博物館）、帝室林野局、学習院（現・学校法人学習院）など、いわゆる外局も合わせて約60

00人余りの職員がいた。終戦後は事務をほかの省庁に移管するなどして組織を縮小し、昭和22（1947）年5月の日本国憲法の施行に伴って宮内省は「宮内府《くないふ》」となり、内閣総理大臣の管轄する機関になった。

昭和24（1949）年には総理府の外局として「宮内庁」となり、宮内庁長官の下に宮内庁次長が置かれ、長官官房、侍従職、皇太后宮職（現在はなし）、東宮職、式部職、書陵部、管理部、京都事務所が設置された。

一般職に侍従・女官などの特別職を合わせた千人余の組織

宮内庁は内閣総理大臣の管理に属する内閣府の機関であり、役所としての所掌内容は、宮内庁法第1条第2項で「皇室関係の国家事務及び政令で定める天皇の国事に関する行為に係る事務をつかさどり、御璽国璽を保管する」と規定されている。

その宮内庁は組織としては極めて特殊で、身分は国家公務員だが、宮内庁次長以下の一般職（定員971人）と、宮内庁長官を含む特別職（定員56人）で構成されている。かつては総理府（内閣府の前身）の外局だったが、平成13（2001）年に内閣府に置かれた特別な機関となった。一般職は、内閣事務官または内閣府技官と呼ばれる。国家公務員採用試験Ⅰ種に合格したいわゆるキャリア採用者が宮内庁官僚として採用されるのは稀で、平成30年段階での現役キャリアは3人だけだ。代わりに、各省庁の局審議官や局長に相当するポストのほとんどは警察庁や外務省、財務省などからの出向者が就いている。警察庁出身者（出向を含む）に限れば、平成30年現在、一般職のトップである宮内庁次長のほか、東宮侍従長、宮務主管、侍従次長、管理部長、総務課長など、一般職や特別職を合わせた最大勢力となっている。なお、一般職のトップである宮内庁次長は、各省庁の事務次官や警視総監などを経験した官僚が就いており、しばらくして特別職の宮内庁長官に昇進するケースが多い。

特別職は職務の特殊性によって一般職と区別されており、大きく2つに分かれている。宮内庁長官、侍従長、東宮大夫《とうぐうだいぶ》、式部官長、侍従次長の5人は、「国家公務員法第2条」で規定された職で、任命権者は内閣である。もう一つは「人事院規則1―5（特別職）」で規定された宮務《きゅうむ》主管、皇室医務主管、侍従、女官《にょかん》、侍医、東宮侍従、東宮女官などがそれに当たり、任命権者は内閣総理大臣である。一方、特別職の中の侍医は元々は律令制で「典薬寮」に属していた天皇の医師のことを指した。現在の侍医は宮内庁侍従職に属し、侍医長と3人の侍医が天皇皇后両陛下の日常の医務を24時間体制の交代勤務で担当している。皇太子ご一家にも同じように東宮職に所属する東宮侍医長と3人の東宮侍医がついている。国内外の公務先に同行することもある。伝統的に東大医学部の教授や東大医学部出身者が多い。

この特別職には皇室と縁のある民間人が外部から採用される場合もあるが、一般職の幹部と同じように他省庁のＯＢや現役幹部から任用されるケースが多い。いわゆる定年や任期はないが、慣例や前例に沿って70歳前後で交代するなど、非公式ながらルール化されている場合もある。

現在の宮内庁には内部部局として「長官官房」「侍従職」「東宮職」「式部職」「書陵部」「管理部」の６つのセクションがある。このうち、侍従職と東宮職は同じ宮内庁でも極めて特異な組織だ。宮内庁法第４条は、侍従職の所管事務について①御璽国璽を保管すること　②側近に関すること　③内廷にある皇族に関すること――の３つを挙げている。

戦前は明治29（１８９６）年から敗戦の昭和20（１９４５）年まで、侍従のほかに陸海軍将校が務める「侍従武官」がおり、皇太子にも「東宮武官」がいた。侍従武官は、軍事に関する内容の天皇への上奏や天皇からの命令伝達のほか、軍事演習や観兵などの行事に付き従った。終戦時の阿南惟幾《あなみこれちか》陸相は昭和４（１９２９）年８月から昭和８（１９３３）年８月まで侍従武官を務めており、当時の侍従長は終戦時の首相だった鈴木貫太郎だった。本土決戦を主張する陸軍のトップである阿南は閣議等では和平派の鈴木と対立したが、終生、その人柄に敬意を払っていたと言われ、陸軍による倒閣運動を抑え込んで最後は終戦に同意し、自決した。

「内舎人」や「女孺」は天皇・皇族のお側で仕える古代からの官職

宮内庁には、このほかにも他の役所にはない古代から続いてきた独特の職名（職種）がある。「内舎人《うどねり》」がその筆頭で、元々は律令制において天皇のお側に仕えて雑務をこなしながら身辺警護も担当する秘書のような男性官職だったと言われ、名門貴族の子弟が務める出世コースでもあったようだ。現在の内舎人は侍従職と東宮職にあって陛下や皇太子のお側でお仕えする男性の職種で、侍従の指示などでさまざまな業務を行う。「殿部《でんぶ》」はお住まいの建物の管理や清掃、お客さまの玄関での出迎えなどを行う。その下には、正式な職名とはなっていないが「仕人《つこうど》」という職名もある。

また、女官の下で皇后や皇太子妃の身の回りのお世話をする「女孺《にょじゅ》」という女性職員もいる。古くはお后などの住まいである「後宮《こうきゅう》」の役所である「内侍司《ないしのつかさ》」に所属し、掃除などの雑事にあたった女性で、地方の有力諸氏の子女が選ばれて務めた。これも正式な職名ではないが、女孺の下に「雑仕《ざつし》」と呼ばれる女性もいる。これらの職員は天皇皇后両陛下や皇太子ご一家のプライベートな生活についてもお手伝いする立場だけに、採用にあたっては、一般の公務員以上にその人の信用や人柄などが重視される。このほか、「出仕」という女性の職名もある。出仕という言葉自体はいわゆる宮仕えのことだが、常時置かれるわけではなく、過去には東宮職などでお子さまに勉強を教えるなどの生活面のサポートも行った。

総務課の「報道室」は広報や報道を担当し3人の専門官も

長官官房には、秘書課、総務課、宮務課、主計課、用度課、宮内庁病院がある。「秘書課」は皇室に関する制度や法律などの調査・統計や立案など極めて重要な任務を任されており、このほか公文書の審査や官報掲載の文書事務、職員の人事・給与、福利厚生など幅広い。とりわけ、皇室制度や法律に関する事務を総括する職位として、秘書課長の上位に「審議官」がいる。

また、「総務課」は、天皇皇后両陛下が各種行事に参加されたり地方へお出かけになる行幸《ぎょうこう》啓《けい》に関する手続きや準備などを担当し、宮内庁の事務責任者として総務課長が「行幸啓主務官」として随従する。国内外への両陛下のお出かけや行事への出席は、その主催者や自治体などが、陛下の側近である侍従などに直接〝お願い〟するのではなく、総務課を窓口とするのが原則になっている。同様に拝謁や農産品などの献上も総務課が窓口になっている。また、災害地への天皇陛下のお見舞い金や賜《たまわ》り物も総務課が行う。

天皇誕生日や新年の一般参賀に関する事務管理、皇居や東宮御所での勤労奉仕の申し込み受付も総務課が行っている。

このほか、総務課には広報や報道の担当セクションとして「報道室」がある。ここには、いわゆる新聞やテレビをはじめとするマスコミの対応をする「報道専門官」２人のほか、宮内庁ホームページを含む対外広報活動を行う「広報専門官」がいる。

最近では、週刊誌報道などで事実と異なる記事や誤った事実を前提にして書かれた記事については、報道室が抗議や反論を行うケースも少なくなく、宮内庁ホームページの「広報・報道」のコーナーには「あまりにも事実と異なる報道がなされたり、更にはその誤った報道を前提として議論が展開されているような場合には、必要に応じ宮内庁として、正確な事実関係を指摘することといたしました」との枕ことばの後に、具体的な抗議事例などが過去に遡って列挙されている。

宮内庁病院は入院設備もあり東大などから医師派遣も

「宮内庁病院」は、両陛下や皇族方の診察や入院治療を目的に建てられた。現在の建物は昭和39年に建て替えられたもので、鉄筋コンクリート2階建て。宮内庁職員や皇宮護衛官のほか、セキュリティの問題もあるため宮内庁職員の紹介があれば一般の人も受診は可能だ。内科、外科、産科、眼科、歯科、放射線科などがある総合病院で、常勤の医師のほか大学病院から派遣された非常勤の医師もいる。入院設備もあり、2階には皇室専用の特別室がある。皇太子徳仁親王、秋篠宮文仁親王、眞子内親王、佳子内親王、敬宮愛子内親王など各皇族方はこの病院で誕生されている。

昭和天皇の手術のほか、今上陛下の手術や検査では、東大病院などから派遣された専門医がこれにあたっている。

儀式を担当する式部職は律令制の「式部省」に遡る

「式部」という呼称は、古くは奈良・平安時代の律令制で礼式や叙位、任官などを統括した役所である「式部省」に見られる。宮内庁の式部職の役割は、大きく儀式・儀礼に関すること、外国との交際・接受に関すること、雅楽に関することの3つに大別される。

責任者として、外国大使などを経験した元外務官僚が就く「式部官長」がおり、その下に儀式と外事（国際親善）を統括する式部副長が1人ずつ いる。さらに、式部官といわれる専門の職員もいる。

皇居では、総理大臣の親任式や内閣改造のたびに行われる国務大臣の認証官任命式、文化勲章の親授式など、様々な儀式が行われる。また、国賓を対象にした宮中晩餐会など外国からの賓客に対する接受の儀式も多く、日本に赴任した外国大使がその国の元首からの信任状を陛下に伝達する信任状捧呈式なども頻繁に行われている。そうした儀式の準備や進行を担当するのが式部職の職員の役割だ。

外国大使など各国の外交官に対する鴨場での接待や雅楽の伝統を今につなぐ「楽部《がくぶ》」も式部

職の管轄だが、これらについては後述する。

貴重な古文書保存や陵墓管理のほか『昭和天皇実録』の編纂も

書陵部の職務は、貴重な古文書の保存管理、『昭和天皇実録』の編纂、歴代天皇や皇族方の〝戸籍〟に相当する「皇統譜」の保管など幅広い。

もう一つ重要な任務として、御陵や陵墓参考地（宮内庁によって天皇・皇族の墳墓とされた が被葬者を特定する資料に欠けるもの）の管理があり、陵墓課が調査や考証なども行っている。それらは、奈良県橿原市の神武天皇陵から東京都八王子市の昭和天皇陵（武蔵野陵）まで各地に点在しており、多摩陵墓監区事務所や畝傍陵墓監区事務所など5ヶ所の監区事務所に宮内庁職員が勤務している。こうした陵墓については次章で触れたい。

なお、書陵部の中の編集課は研究職として採用された課長を中心にスタッフが歴史的に貴重な資料の分析や古文書の解読なども行っている。また、平成30年度末までに完結予定の『昭和天皇実録』の編纂は長期にわたる一大事業であり、個人所有の日記や私的文書などの発掘も含め総力で取り組んでいる。

管理部には、皇居の樹林や庭園などの管理・保護をしている「庭園課」があり、宮殿での儀式などで盆栽を飾る際には、庭園課が育てているものを使う。律令制の「大膳《おかしはで》」の名が残る

「大膳課」は、宮中晩餐会や午餐会（昼食）、茶会などの調理のほか、両陛下や皇族方の日常のお食事の調理等も担当している。「車馬課」は、字の通り陛下の御料車や宮内庁の公用車、外国大使の信任状捧呈式などで使われる馬車や馬の管理や飼育をしている。

雅楽の楽師は千数百年の伝統を継ぐ「重要無形文化財保持者」

雅楽の専門家集団である楽部は組織上は、外国賓客の接遇を含む皇室関係の儀式全般を担当する「式部職」という組織に属している。

雅楽を演奏するのは「楽師」と呼ばれる専門の演奏家で、宮内庁の国家公務員（技官）だ。トップは首席楽長と呼ばれ、その下に2人の楽長がおり、総勢で25人（定員26人）。全員が男性で定年は特別に65歳となっている。その活動は事務長以下の宮内庁の事務職員が支えている。雅楽ミュージシャンとして幅広く活動している東儀秀樹さんも以前は宮内庁の楽師だった。楽師の建物は一般公開されている皇居東御苑の一角にあり、建物の1階に雅楽の舞台がある。楽師たちはそれぞれ練習用の部屋も持っている。

昭和30年以降、宮内庁の雅楽は国の重要無形文化財に指定されており、楽師自身はその重要無形文化財保持者に認定されている。平成21年にはユネスコ無形文化遺産保護条約「人類の無形文化遺産の代表的な一覧表」に記載決議がなされ、今後伝承されていくべき日本の伝統文化として国際的にも認知された。

千数百年の伝統を持つ雅楽だが、宮内庁の楽師は、元々は京都などで代々続いてきた楽家《がっけ》の出身者で占められており、現在も東京都内を含め楽家につながる家柄の出身者が多い。どうやって楽師になるのか。難しい演奏技術を時間をかけて身に付けなければならないため、小学校を卒業すると同時に選考をうけて3年間の「予科」の楽生となり、普段は地元の中学校に通いながら週に一度だけ宮内庁楽部に来て、数時間の訓練を受ける。ここを卒業すると非常勤の職員として「本科」の楽生となり、6年間にわたって養成教育を受ける。楽生手当をもらいながら高校は定時制（夜間）に通ったり、通信教育で学ぶ。現在2人の本科楽生がいるが、2人とも中学時代の予科から修業を続けている。

本科を卒業すると実技を含め試験に合格してはじめて楽師としてデビューする。洋楽と違って微妙な音程は譜面に書かれていないため、楽師の先生の口伝を暗譜しながら、楽器を演奏したり、謡《うた》いを歌ったりすることを学んでいる。楽生の採用は、楽師が定年になるのを見越して行っている。

雅楽は、笙《しょう》や篳篥《ひちりき》などの「管」や琵琶や和琴《わごん》などの「弦」、鉦鼓《しょうこ》などの「鼓」からなる「管弦」と、様々な装束を着ての「舞《まい》」、また独特な節回しで歌う「謡《うたい》」の3種からなっている。最大の特徴は、決まった拍子で演奏される洋楽と違って指揮者がおらず、各演奏者の呼吸によってリズムやテンポが作り上げられることだ。雅楽は音色や舞の動き、さらには装束の色彩や文様などが一体となった芸術であり、世界でも最も古い楽団と言ってよいかもしれない。日本には元々、古代からのオリジナルの神楽歌《かぐらうた》や大和歌《やまとうた》や舞いがあったと言われ、5世紀以降に仏教伝来と前後して中国や朝鮮半島、現在のベトナムなどから音楽や舞いが伝わり、これらが日本古来のものと融合して、平安時代の10世紀頃に完成したとされる。そもそも、神楽の語源は「神座」（かむくら・かみくら）で、「神が宿るところ」という意味だったと言われる。そこで、神と人が一体となって歌い舞うことが神楽と呼ばれるようになったとされる。『古事記』や『日本書紀』にあるように、天照大神《あまてらすおおみかみ》が天の岩戸に隠れた時にアメノウズメが神懸りして舞ったのが神楽の起源とされる。律令時代には、国家機関の「雅楽寮《うたまいのつかさ》」が置かれて多くの歌師《うたのし》や舞師《まいのし》を抱えていたほか、皇室とも縁のある深い大寺院も独自の楽人を抱え、法要などで演奏させていた。

晩餐会では洋楽も演奏する日本唯一の〝和洋楽団〟

宮内庁の楽師たちは、永く続いてきた伝統として雅楽を絶やさず後世に伝えることが使命であり、日々ひたすら練習に明け暮れている。本番の演奏で最も大切なのは皇居の宮中三殿で行われる諸々の宮中祭祀で、神々に対して楽曲と歌を中心とした荘厳な「御神楽《みかぐら》」を奉している。例えば、11月23日に天皇陛下が五穀を神々にお供えして、その年の豊穣を感謝する宮中祭祀

「新嘗祭《にいなめさい》」では、皇居の杜の中にある宮中三殿で闇を照らす篝火《かがりび》が焚かれ、楽師の歌う声と管弦の音が未明まで静かに響く――。

宮内庁の楽師たちは、雅楽だけではなく洋楽器の演奏もこなす。和洋の演奏ができる日本で唯一の〝楽団〟だ。楽生の時にソルフェージュ（楽譜の読み書き訓練）やピアノを全員がマスターし、バイオリンやビオラなど何かもう一つ得意な楽器を持っている。その洋楽演奏の出番として最も大切なのは、国賓を迎えて皇居・宮殿で行われる天皇陛下主催の宮中晩餐会だ。晩餐会以外にも、天皇陛下が各国の駐日大使を4人くらいずつ招いてお昼に行われる午餐会でも、同じように洋楽演奏を行っている。

宮内庁楽部は、秋には楽部の常設の舞台での演奏を抽選で一般公開しているほか、地方や国立劇場での公演も行っている。海外では、外務省などの要請で昭和34年にニュー・ヨーク国連総会議場で公演を行ったのが初めてで、芸術祭や皇族ご訪問などに合わせてヨーロッパや米国、韓国などで何度も公演を行っており、国際親善に大きく貢献している。雅楽の舞台は日本から折り畳み式の仮設舞台を船便で送って現地で組み立てている。最近では平成30年9月にもフランスのパリで公演した。

皇居と宮内庁管理施設

皇居東御苑には「刃傷松の廊下」跡も

皇居の住所は東京都千代田区千代田1番1号。郵便番号は100－8111。広さは約115万平方メートルで、縦横1キロ四方の広さよりやや広いイメージだ。ここには、天皇皇后両陛下がお住まいの御所、公式行事などが行われる宮殿、宮中祭祀が行われる宮中三殿、宮内庁庁舎、皇居警備の皇宮警察本部、宮内庁病院などがあり、天皇陛下が稲を育てられる水田や、皇后さまの御養蚕所もある。

皇居の5分の1近くを占めるのが「皇居東御苑《ぎょえん》」。ここには、各都道府県の花木を植えた庭園のほか、旧江戸城の本丸跡や「刃傷《にんじょう》松の廊下」跡などもあり、月・金曜を除く昼間は一般公開されている。東御苑には、このほか皇室に代々受け継がれた絵画や工芸品などを公開している三の丸尚蔵館、雅楽を奏でる楽師たちの「楽部《がくぶ》」もある。

皇居は深い緑に覆われた自然の宝庫でもある。数千種の動植物が生息しているとされ、貴重な昆虫や手つかずの巨木など、研究者にとっては垂涎の自然が残されている。昭和の日（旧みどりの日）やこどもの日、敬老の日には、一般の応募者を招いての自然観察会も開かれている。

その皇居を挟むように南北に位置するのが観光名所である皇居前広場や観光バスの駐車場などがある「皇居外苑」、そして日本武道館などがある「北の丸公園」。いずれも環境省の管轄で、合計面積は皇居とまったく同じ115万平方メートルだ。

皇居とは文字どおり天皇の日常のお住まいと宮殿を言うが、歴史的には、古典文学などで我々が目にするように、畏れ敬う意味も込めて「内裏《だいり》」「九重《ここのえ》」「禁裏《きんり》」「百敷《ももしき》」「禁中《きんちゅう》」などとも呼ばれていた。

無血開城した江戸城は明治天皇の遷都で「皇城」に

現在の皇居は、誰もが知っているように徳川幕府の居城だった旧江戸城である。その江戸城をめぐる幕末から東京遷都までの動きは慌ただしかった。孝明天皇の崩御にともなって明治天皇（睦仁《むつひと》親王）が16歳で即位されたのは慶応3（1867）年1月だった。そのわずか1ヶ月前に徳川慶喜が15代将軍に就いた。既に1年前には倒幕に向けた薩長連合が成立し、坂本龍馬が襲撃され九死に一生を得た寺田屋騒動が起きるなど、風雲急を告げる時代背景があった。

明治天皇即位から9ヶ月後の慶応3年10月、徳川慶喜は朝廷に大政奉還し、270年にわたって続いた徳川幕府が倒れた。その後、新政府と旧幕府軍の「鳥羽・伏見の戦い」などがあり、西郷隆盛と旧幕を代表する勝海舟の直談判を経て、慶応4（1868）年4月、徳川将軍家は

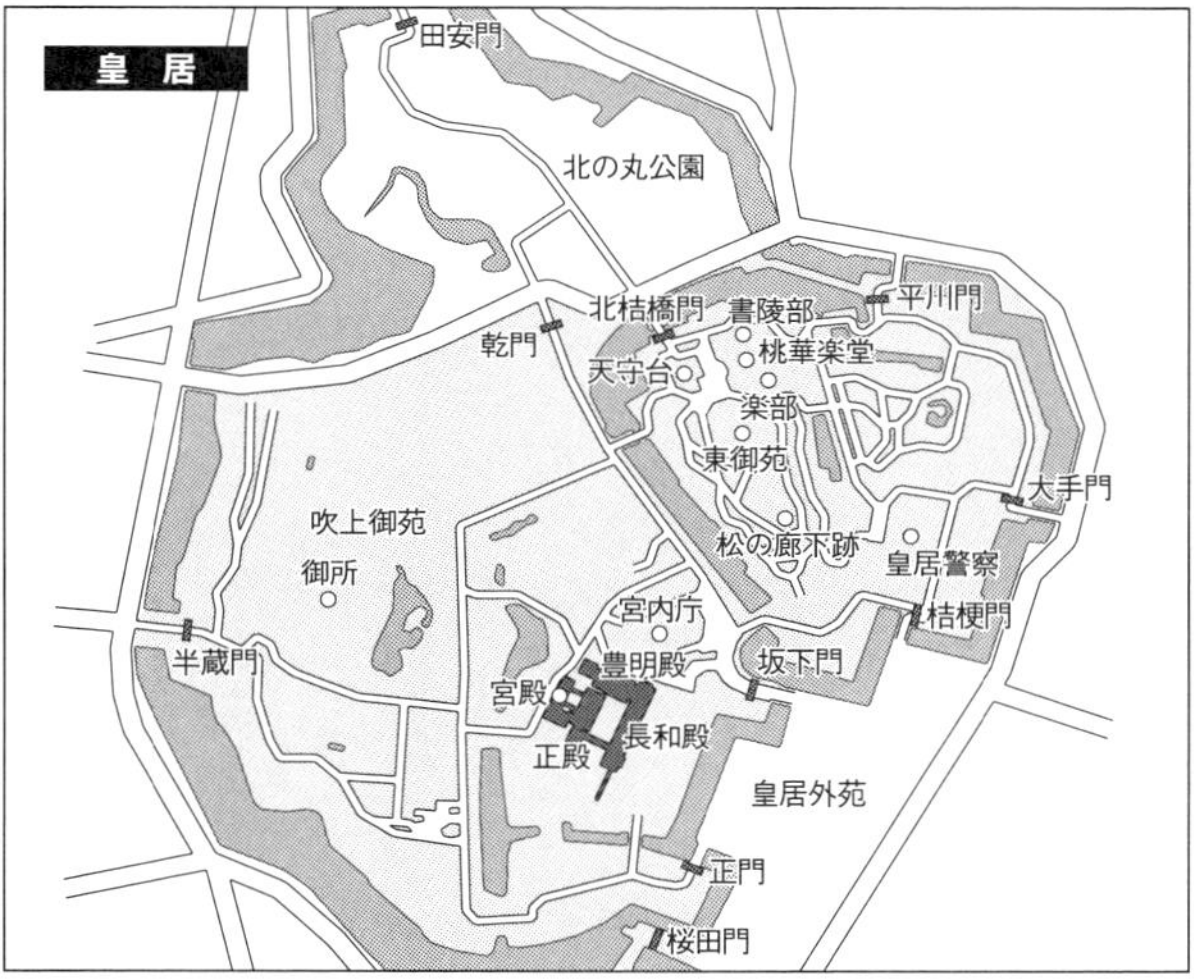

江戸城を朝廷に明け渡した。いわゆる江戸城無血開城である。

同年7月には明治天皇の「江戸ヲ称シテ東京《とうけい》ト為スノ詔書」が出された。東西を平等に扱いつつも東京で政治を行う旨の詔だった。8月末には明治天皇の即位の礼が京都御所の紫《し》宸殿《しんでん》で行われ、9月8日には改元の詔書が出された。慶応4年1月1日に遡って明治元年1月1日とすることとなった。その直後に会津藩が官軍に降伏して戊辰戦争が終わった。

明治天皇が京都を出て江戸に発たれたのはそれから間もない明治元（1868）年9月20日。鳳輦《ほうれん》と呼ばれる輿《こし》に乗った天皇を護衛したのは長州藩や土佐藩などの精鋭兵による新政府軍で、岩倉具視や中山忠能、木戸孝允らを筆頭に3300人が付き従った。

京都を発たれる際の様子が、旧宮内省が編集した『明治天皇紀』に記されている。「沿道老弱男女相雑りて車駕を拝観し（中略）葛道（先払い）禁制なしと雖も、雑沓狼藉の事なく、粛然として紀律あり、拝するに拍手を以てし其の音絶えず」。まだ、正式には東京遷都が決まっていなかったこともあるかもしれないが、人々は都を発つ天皇を静かにお見送りしたことがわかる。

江戸への道中、明治天皇は熱田神宮を参拝し、浜名湖近くの東海道の白須賀宿《しろすがしゅく》（静岡県湖西市）から初めて太平洋（遠州灘）を目にされた。浜名湖を船で渡ると、行幸のために橋が架けられた大井川から富士山を眺められた。大磯（神奈川県大磯町）の浜辺では地元漁師たちの地引網をご覧になった。京都を発って23日目の10月13日、江戸城を目前にしたご一行は品川宿に設けられた行在所《あんざいしょ》で宮中のきらびやかな衣装に着替え、沿道の群衆に迎えられて江戸城の二重橋を渡った。東京湾では外国艦船も祝砲でお迎えした。この日をもって、江戸城は「東京城《とうけい》」と改称された。

明治天皇はここに2ヶ月滞在され、その間の11月23日の新嘗祭では、京都の吉田神社に臣下を遣わして儀式を行わせ、自らは城内に遥拝所《ようはい》を設けて祭事を行われた。宮殿の造営を命じて京都に還幸されるが、これには大久保利通ら2100人余りが随行した。

翌明治2（1969）年3月、明治天皇は再び東京に向けて再び行幸された。最初の行幸を終えて京都に戻られてから3ヶ月も経っていなかった。新政府の中枢である太政官を東京に移すことも命じられた。こうして明治天皇は東京に向けて出発、途中で伊勢神宮を参拝し、3月末に東京に到着された。しばらくすると、五稜郭の戦いなどで旧幕軍が敗退して一連の戊辰戦争が終結、同年中に美子《はるこ》皇后も熊本や姫路などの藩兵に護られて女官らとともに東京に入られた。事実上の東京遷都であり、この時から東京城は「皇城《こうじょう》」と呼ばれた。

ところで、東京遷都を具体的に政府に建言したのは、戊辰戦争で旧幕軍と戦っていた佐賀藩の江藤新平らと言われる。江藤らは新政府の重鎮である岩倉具視に対し「東国の人心を鎮撫《ちんぶ》せんことを欲せば、宜《よろ》しく速かに江戸に幸（行幸）して之を東京と為し、京都を西京と為し、両京間に鉄路を敷設し、以て皇国将来東西両分の患を絶つべし」と訴えた。戊辰戦争で東西に二分された感のある人心を遷都によってまとめようとの思いだったに違いない。

その一方で、岩倉具視は東京遷都に反対で、三条実美に対し「今後千百年を経《へ》るとも、決して遷鼎《せんてい》して京都を廃するが如きなかるべし」と要求していた。これは、当時の京都の公家の心情を代弁したとされている。これとは別に、当時は、大久保利通が「大阪遷都」を主張していたほか、木戸孝允が、京都を「帝都」とした上で大阪を「西京」、江戸を「東京」とする案を描いていたという。

敗戦まで「宮城」と呼ばれていた皇居

以後、旧江戸城西の丸は明治天皇の御所として使われたが、明治6（1873）年に火災で焼失。明治天皇は皇后（昭憲皇太后）とともに当時の赤坂離宮（現・迎賓館周辺）に移って、ここを皇居として使われた。

明治21（1888）年に皇居に宮殿（明治宮殿）が完成すると、皇城は「宮城《きゅうじょう》」と称される。以後、太平洋戦争（大東亜戦争）後の昭和23年に「皇居」と呼称が変わるまで宮城と呼ばれた。

時は下って大戦末期の昭和20（1945）年5月。皇居の明治宮殿は米軍の空襲による飛び火で焼失した。昭和17（1942）年の大晦日には既に御所の近くに「御文庫《ごぶんこ》」と呼ばれた堅牢な建物が作られており、終戦間近の昭和20年6月には、この御文庫と地下道で繋がる防空壕も作られた。防空壕と言っても100坪もある会議室などを備えた大規模なもので、終戦の「御聖断」が下された御前会議もここで開かれた。

戦後は、昭和44（1969）年に新宮殿に移るまで、現在の宮内庁庁舎（昭和10年建設）の3階が仮宮殿として使われた。昭和天皇と香淳皇后の御所は、これに先立って昭和36年に旧御文庫に隣接して建てられ、皇居内の地名である「吹上」にあることから吹上御所と呼ばれた。昭和天皇の崩御によって、吹上御所は吹上大宮御所となり、皇太后となった香淳皇后が亡くなるまでお住まいになった。

今上天皇と皇后さまの御所は、昭和天皇の吹上御所の近くに平成5（1993）年に建てられた。

江戸の元祖は〝入り江の戸口〟に館を構えた平安末期の江戸氏

江戸城の歴史にも触れてみたい。「江戸」は鎌倉時代の『吾妻鏡《あずまかがみ》』に初めて出てくる地名で、〝入り江の戸口〟という意味とされる。平安時代末期の武蔵国の豪族で、桓武平氏の流れを汲むと称する秩父氏の当主秩父重綱の子の「重継」が、武蔵国江戸郷と言われたこの地（現・皇居東御苑）に館を構え、江戸重継を名乗ったと言われている。江戸氏は鎌倉幕府と縁が深かったが、鎌倉幕府が倒れると次第に勢力を失い、代わってここに城を構えたのが、関東管領だった上杉家の一族に仕える太田資長《すけなが》（出家して「道灌」）。長禄元（1457）年に平城《ひらじろ》を構え、周囲に寺社を勧請《かんじょう》するなどした。現在の千代田区永田町にある山王日枝神社もその一つで、江戸時代には氏神様として歴代将軍が大切にした。昭和天皇の崩御後に皇居・宮殿で行われたお通夜の儀式「殯宮祇候《ひんきゅうしこう》」でも、その前後には日枝神社の神職が宮殿前でお祓いの儀式を行った。

当時は既に戦国時代に突入。道灌は江戸城から30回以上にわたって出撃して上杉家を守るために戦ったが、招かれた主君の別邸で暗殺された。55歳だった。この後、江戸城とその周囲は、没落した上杉家に代わって勢力を伸ばした後北条氏が支配した。

その後北条氏も豊臣秀吉に滅ぼされ、秀吉から江戸開拓を命じられた徳川家康が天正18（1590）年、駿府から荒れた江戸城に入城し入り江の埋め立て事業などを行った。天下統一を成し遂げ、慶長8（1603）年に征夷大将軍になると各地の大名に普請を課して城域の大整備に着手した。

皇居・宮殿の重要な儀式は檜の床の「正殿松の間」で

皇居の中で、象徴天皇としての陛下の国事行為をはじめとする様々な儀式や行事が行われ、国賓など外国からの賓客をもてなすのが宮殿だ。いわゆる戦火で焼けた明治宮殿の跡地に、東京オリンピックが開催された昭和39年に着工、昭和44年に完成した。

再建にあたって閣議決定された基本理念には「威厳よりも親愛、荘重よりも平明」が謳われた。宮殿という性格もあって鹿島建設や竹中工務店など大手ゼネコン5社による共同体での建設となった。総費用は133億7500万円だった。

建物は鉄筋コンクリート2階、地下1階建てで、総面積は2万2949平方メートル（6654坪）。長い軒を持つ緑青の勾配屋根の頂には鳳凰が飾られており、全体に和風建築の雅な趣を残しながらも、近代的で機能的な作りが特徴だ。

陛下が天皇として最も重要な儀式に臨まれるのが「正殿松の間」。ほぼ正方形で広さは約1

12坪。床には87枚の檜板が張られている。総理大臣の任命式や閣僚などの親任式、外国大使の信任状捧呈式のほか、歌会始《うたかいはじめ》なども行われる。陛下の即位の礼もここで行われた。

テレビの映像などではカットされているが、親任式に臨む閣僚が陛下の前に進み出る際には、静けさの中で「コンコン」と靴の音だけが響く。こうした儀式において、厳粛な雰囲気を壊さないよう記者やカメラマンは、壁内に目立たないように設置された「報道室」のマジックミラーを覗き込んで取材をしている。

松の間の両隣には、陛下と国賓などとの会見や記念撮影などを行う「竹の間」、皇后さま専用の賓客との会見場である「梅の間」もある。表御座所《おもてござしょ》には、陛下の執務室があり、ここで閣議決定された文書などに目を通し、署名や押印をされる。このほか、総理大臣などからの説明などの内奏を受けられる拝謁室や、侍従長などから報告を受けられる公務室などもある。

赤坂御用地は紀州徳川家の中屋敷跡

皇太子ご一家の現在のお住まいである東宮御所や秋篠宮家などの宮邸がある赤坂御用地（東京都港区元赤坂）は、皇居から南西方向へ直線で1キロ余りしか離れていない。位置的には、ちょうど皇居と明治神宮を結んだ線の中間にあり、広さは皇居（東御苑を含む）の半分ほどだ。

江戸時代に紀州徳川家の江戸中屋敷だったところで、明治維新後に政府が接収し皇室の所有となった。敷地は緑濃い木々に覆われ、東宮御所のほか、秋篠宮邸、三笠宮邸、故・寛仁親王ご一家の三笠宮東邸、高円宮邸があり、このほかに皇族方が臨時に使われるための赤坂東邸がある。

現在の東宮御所は、天皇皇后両陛下（当時、皇太子明仁《あきひと》親王と美智子妃）のご成婚から丸一年後の昭和35年4月にお2人のために建てられたもので、改修などをして現在の皇太子ご一家が引き続きお住まいになっている。ここは、大正天皇が崩御された後、お妃の貞明皇后が昭和26年までお住まいになった大宮御所の跡地でもある。

秋篠宮邸は、旧秩父宮邸を改修して平成9年から秋篠宮ご一家がお住まいで、高円宮邸は高円宮憲仁《のりひと》さまが平成14年に逝去された後、お妃の久子さまが当主として宮家を継いでお住まいだ。

なお、天皇陛下の弟である常陸宮正仁《まさひと》さまとお妃の華子《はなこ》さまの宮邸は、当初から赤坂御用地ではなく渋谷区東4丁目（旧常盤松《ときわまつ》町）にある。ここが常陸宮邸となる前は、ご成婚前の皇太子明仁親王（天皇陛下）がお住まいになり、戦前は旧宮家の東伏見邸だった。昭和62年に宣仁《のぶひと》親王、平成16年に喜久子妃が逝去され断絶した高松宮家の邸宅は東京都港区高輪1丁目にあった（現在は高輪皇族邸として宮内庁が管理）。ここは赤穂浪士が切腹した肥後細川家の下屋敷跡地にあり、戦後になって高松宮さまが広大な敷地の多くを地元自治体に払い下げられた。

なお、今上天皇は即位後も、現在の皇居の吹上新御所が平成5年夏に完成するまで従来の東宮御所にお住まいになり、ここは、赤坂仮御所と呼ばれていた。今上天皇は譲位して上皇となられてからは、上皇后とともにいったん、旧高松宮邸の「高輪皇族邸」に移って仮住まいをされ、かつて皇太子同妃時代にお住まいで、新天皇となる皇太子ご一家の東宮御所の改修が終わるのを待って引っ越されることになっている。

皇居には山岡鉄舟が指南した武道場「済寧館」と「枢密院」も

皇居の東側の一角には、皇宮警察本部を挟んで、現存する日本最古の武道場と言われる「済《さい》寧《ねい》館」があり、戦前まで天皇の諮問機関として大きな力を持った「枢密院」の庁舎が残っている。

済寧館は宮内省の官吏や皇居の警備関係者に武道による修養を促すために明治天皇が建設の勅命を出し、明治16（1883）年に現在の皇居東御苑の一角に竣工した。山岡鉄舟ら十余人が剣術・槍術の指導を行ったと言われる。「済寧」は中国古典の詩経にある「済々たる多士、文王以て寧し」から採られたもので、この句は四字熟語の「多士済々」の出典ともなっている。その後、関東大震災で損壊するなどして改築や移転が行われ、現在の建物は昭和8（1933）年に現在地（皇宮警察本部横）に完成した。建坪は300坪余りで、切妻千鳥破風造と言われる伝統的な建築様式の武道場である。建設から85年も経っており、現存して実際に使われている武道場としては、日本で一番古いと見られている。館内には一般の武道場のような神棚はなく、神に見立てた玉座（天皇のお席）がある。館内には横山大観筆の富士山の絵画が飾られている。皇宮警察の剣道着は道着も袴も白で、「皇室に仕える清浄無垢な身」を表しているという。この武道場では、非常時を想定した側衛による制圧訓練なども行われている。

一方、枢密院は現在は皇宮警察が庁舎として使っているが、建物自体は戦前のまま残されている。旧枢密院はネオ・ルネッサンス様式と呼ばれる大正中期デザインで、現在の国会議事堂が建設されるのに伴い、大正10（１９２１）年に皇居内に新しく建てられた。鉄筋コンクリート2階建て、広さは約１７４０平方メートル。現在の国会議事堂のモデルになった建物と言われている。

枢密院は明治21（１８８８）年に明治憲法草案を審議するために創設された。翌明治22年に公布された大日本帝国憲法で天皇の諮問機関と位置づけられ、初代議長に伊藤博文が就いた。議長以下、副議長や二十数人の顧問官で構成されていた。明治の元勲や官僚、学者らがメンバーに就き、国政に隠然たる力を持った。国務大臣も顧問官になっていた。昭和の戦前から戦中にかけ、天皇の諮問に応じて後継総理大臣の指名や重要課題について意見した「重臣会議」ができると、総理経験者のほか枢密院議長も加わった。昭和22年の日本国憲法施行に伴い廃止された。

戦後は最高裁判所などが仮庁舎として使い、昭和37年からは皇宮警察が倉庫や庁舎の一部として、さらに外観を維持したまま改修し、平成25年からは庁舎として使っている。

迎賓館敷地にはかつて明治天皇の仮御所や昭和天皇の東宮仮御所が

赤坂御用地の北側に接して内閣府所管の迎賓館があり、国賓や公賓の接遇に使われている。ここも紀州徳川家の中屋敷の一部だった。維新後、明治天皇は京都を発って江戸城に入り西の丸を御所とされたが、明治6（1873）年に火災で焼失した。このため、皇后（昭憲皇太后）とともに現在の迎賓館のある場所に移り、明治21年に明治宮殿が完成するまで仮御所として使われた。

明治42年には、この地に皇太子嘉仁《よしひと》親王（大正天皇）の東宮御所としてネオ・バロック様式の壮大な建物が完成した。鹿鳴館を設計した建築家ジョサイア・コンドルの弟子である片山東《とう》熊《くま》の設計で、これが現在の迎賓館の原型となった。実際には東宮御所として使われることは少なく、大正天皇の即位と同時に離宮となり、赤坂離宮と称された。

大正13年、当時の皇太子裕仁《ひろひと》親王と良子《ながこ》妃が結婚されると、ここは東宮仮御所として使われ、昭和元年の昭和天皇即位後は再び離宮となった。

戦後は皇室から国に移管され、国立国会図書館や東京オリンピック組織委員会などにも使われた。

昭和49年には大掛かりな改修を経て迎賓館として生まれ変わった。長く赤坂離宮として親しまれてきたこともあり、現在も正式呼称は「迎賓館赤坂離宮」である。構造は鉄骨煉瓦石造の地上2階、地下1階で、延床面積は約1万5000平方メートル。平成21年に国宝に指定された。

那須・葉山・須崎の御用邸と戦前の旧御用邸

御用邸は天皇皇后両陛下や皇族方がご静養の場所として使用される別邸で、皇室用財産として宮内庁が管理している。現在は栃木県那須町の「那須御用邸」、神奈川県葉山町の「葉山御用邸」、静岡県下田市須崎の「須崎御用邸」の3ヶ所がある。

大正15（1926）年に作られた「那須御用邸」とその広大な敷地は日光国立公園の中にあり、ブナの自然林など希少な動植物の生態系が残されている。主に両陛下や皇太子ご一家が避暑地として使われているが、天皇陛下の「人々が自然に直接触れる場に活用して欲しい」とのご意向で敷地の半分の約560ヘクタールが宮内庁から環境省に移管され、平成23（2011）年5月、遊歩道などのある「那須平成の森」として開園した。

御用邸の敷地では平成20年（２００８）までは毎年秋、地元栃木県による野鳥繁殖事業の一環として、両陛下がヤマドリとキジの放鳥をされていた。テレビで毎年放映されたこともあり、初秋の風物詩ともなっている。敷地内には温泉が湧いており、露天の温泉に熊が浸かっているのが目撃されたこともある。宮内庁は陛下のご意向を受けて、東日本大震災の発生から間もない平成23年春、福島県などから那須町などに避難していた人々に職員用の温泉風呂を開放、約４５０人が利用した。昭和天皇が崩御前に最後に静養されたのも那須御用邸だった。

「葉山御用邸」は明治27（１８９４）年に作られ、海（相模湾）に近く温暖な気候に恵まれているため、２月や３月など冬場に利用されることが多い。近くには葉山町が管理する「葉山しおさい公園」があるが、国が御用邸の附属邸跡地を無償貸与した。公園にある「葉山しおさい博物館」は、昭和天皇が付近の海で採取して研究されたカニなどの海洋生物の標本などが展示されている。

ところで、大正天皇は晩年、各御用邸で転地療養を続けておられたが、大正15年12月25日に葉山御用邸で崩御された。ただちにこの御用邸の一室で昭和天皇による「践祚の儀」が行われた。

この御用邸は前述したように放火事件の現場にもなり、昭和46年1月27日深夜に火災が発生し、附属邸の一部を除いて全焼した。なお、隣接する旧葉山御用邸の附属邸跡は昭和62年に

「葉山しおさい公園」として整備され、地元の神奈川県葉山町が管理している。園内には昭和天皇が採取された海洋生物などを展示する博物館もあり一般公開されている。

「須崎御用邸」は、昭和46年、廃止された沼津御用邸の代替として作られた。敷地は38ヘクタールあり、相模湾の入り江に面しているため、晴れた日には伊豆七島が望める。海洋生物に詳しかった昭和天皇は御用邸に研究施設を設け、ご専門のヒドロゾアや貝、カニなどを研究。沖合に船を出して採取もされた。

過去に御用邸だったが廃止されて地元自治体などに払い下げられて記念公園になったり、公的機関に生まれ変わったものも少なくない。そのほとんどが明治時代に作られたもので、静岡県熱海市の「熱海御用邸」は昭和6年に当時の熱海町に払い下げられ、跡地には熱海市役所がある。

群馬県伊香保町の「伊香保御用邸」は昭和26年に廃止され、今は群馬大学伊香保研修所が建っている。静岡県沼津市の「沼津御用邸」は昭和46年に廃止されたが、建物の一部が保管され、「沼津御用邸記念公園」になっている。

栃木県日光市の「山内御用邸」の跡地には、日光東照宮の社務所が建っている。神奈川県箱根町の「宮ノ下御用邸」は後に高松宮家別邸となり、現在は富士屋ホテル別館菊華荘になっている。栃木県日光市の「田母沢御用邸」は昭和22年に廃止され、今は日光田母沢御用邸記念公園になっている。ここでは終戦間際、小学生だった今上天皇が疎開されていた。

神奈川県鎌倉市の「鎌倉御用邸」は昭和6年に廃止され、跡地には市立御成小学校と鎌倉市役所がある。静岡市の「静岡御用邸」は昭和5年に廃止され、建物は先の大戦中に空襲で焼けた。跡地は静岡市役所になっている。神奈川県小田原市の小田原城内には「小田原御用邸」があったが、昭和5年に廃止された。

栃木県那須塩原市の「塩原御用邸」は終戦後の昭和21年に廃止された。明治、大正、昭和の天皇が使われた御用邸の一部は近隣に移設され「天皇の間記念公園」になっている。

成田空港は昭和44年まで宮内庁の「下総御料牧場」だった

宮内庁の御料牧場は栃木県高根沢町と芳賀町にまたがる標高145メートルの丘陵地にある。総面積は約252ヘクタールで、内訳は耕地や放牧地が134ヘクタール、樹林地が66ヘクタール、建物や道路敷などが52ヘクタール。〝皇室の牧場〟として、乗馬用の馬のほか、外国大使を接受する際などに使う馬車の輓馬の生産・飼育のほか、羊や豚などの飼育、牛乳や卵、野菜などの生産を行っている。バターやチーズ、ヨーグルト、ハム・ソーセージなどの加工品も作っている。駐日外国大使館員の接待場所にもなっていて、化学肥料や農薬の使用を抑えた食材を作っており、皇室の方々の日常の食事のほか、宮中晩餐会や園遊会のおもてなしの食材にも使われる。平成23（2011）年3月11日に東日本大震災が発生すると、天皇皇后両陛下のご意向で、御料牧場で生産された卵や豚肉、サツマイモなどの食料が避難所に提供された。

明治政府は明治8年、文明開化を促す目的で羊毛生産に力を入れ、その象徴的な場所として、現在の千葉県成田市三理塚に「下総牧羊場」と種畜場を設置した。元々、ここには江戸幕府直轄の馬牧場があった。牧場は内務省から農商務省に所管が移り、明治18年には宮内省に移管され、昭和17年に「宮内省下総御料牧場」となった。昭和になると牧場は羊から馬に比重が移り、この牧場から第一回東京優駿大競走（昭和7年）の優勝馬である「ワカタカ」が生まれた。

新東京国際空港（現・成田国際空港）の建設にともない昭和44年に栃木県塩谷郡高根沢町に移転した。下総御料牧場が成田空港に選ばれたのは①成田が羽田と米軍横田基地の空域と交錯しない、②牧場が広大で周囲に山林などがない、③天候が比較的安定している——などが理由だったが、牧場が国有地だったことが最大の利点だった。新空港としては他にも、現在の成田空港に隣接する千葉県富里市や茨城県の霞ヶ浦が候補に上がっていた。

御料牧場跡地には成田市が建てた「三里塚御料牧場記念館」がある。

御料場のある岐阜・長良川の鵜匠は宮内庁の嘱託職員

宮内庁は外国大使などの外交団や王室関係者などの接待に使う鴨場を持っている。千葉県市川市の「新浜鴨場」と埼玉県越谷市の「埼玉鴨場」の2ヶ所がそうだ。鴨猟が解禁される11月中旬から翌年2月中旬まで、アヒルの囮《おとり》を使って、叉手網という独特の網で鴨を傷つけることなく捕獲し、捕獲したら足に調査用の標識をつけて放すもので、いかにも日本的な優しさを持った伝統行事として駐日外国大使などに喜ばれている。

こうした鴨場には皇族方が接待役として参加されることもある。この鴨場が一躍注目されたのは、ご結婚前の皇太子さまが雅子さまを誘って2人だけで散策された平成4年10月の新浜鴨場での〝鴨場デート〟。皇太子さまは、マスコミに感づかれないように宮内庁職員が運転する小さなワゴン車に乗り込んで鴨場に向かい、侍従のマイカーに乗って来た雅子さまと現地で合流。警視庁や千葉県警の警備のない前代未聞のお忍び行動だったが、実際には皇宮警察本部の幹部護衛官が、鴨場の職員の格好をして遠巻きに〝警衛〟していたのが真相だ。

岐阜の長良川で行われている鵜飼漁は律令時代以来1300年余の歴史があり、鵜飼人（鵜《う》匠《しょう》）が宮中に属する役人だった時期もあったと言われる。時代の変遷を経て明治維新までは尾張徳川家が保護してきたが消滅の危機に。しかし、明治23年に当時の岐阜県知事の要請で宮内省が鵜匠に職員の身分を与え、長良川に皇室用の御料場を設けた。

これが今日まで続いており、上流の禁漁区にある御料場では、夏場に延べ8回にわたって漁が行われ、皇室に納められる。宮内庁が駐日外国大使などを対象に行う観覧船での接待にも使われている。鵜匠は現在6人おり、宮内庁式部職の嘱託職員となっている。岐阜市の管理で行っている一般の有料の観覧は、禁漁区以外で5月から10月までほぼ毎日行われ、これも同じ鵜匠が漁をしている。

ちなみに鵜飼の鵜はカワウではなくウミウで、茨城県日立市の海岸に飛んで来る渡り鳥を捕獲して調教している。ウミウの寿命は20年～25年と長く、毎年1羽～2羽ずつ世代交代しているという。

1000年の都・京都御所の御門には幕末動乱の弾痕も

桓武天皇が都を奈良の平城京から平安京に遷したのは西暦794年。以来、明治2（1869）年に明治天皇が現在の皇居（当時は皇城《こうじょう》）に入られるまで、京都は、1000年あまりにわたって天皇のお住まいである御所（内裏、禁裏など呼ばれた）があったところである。

その御所は、遷都の当時は今より1・7キロも西側にあり、南北朝時代の14世紀頃に京都市上京区の現在地に移ったと言われている。当初の敷地は100メートル四方ぐらいしかなかったが、時の権力者であった足利義満や織田信長、豊臣秀吉などが整備拡大し、現在の東西250メートル、南北約450メートルの長方形になったという。

建物は何度も火災による焼失と造営が繰り返されており、現在の建物のほとんどは江戸末期の安政2（1855）年に再建されたものだ。少し離れて、皇太后などのお住まいだった「京都大宮御所《おおみやごしょ》」がある。これに隣接して、退位した天皇（上皇や院など）のお住まいだった「仙洞《せんとう》御所」もあったが、建物は現存していない。これらの御所の敷地と建物は、国の「皇室用財産」として宮内庁が管理しており、無料で公開している。

ところで、これらは東西約700メートル、南北1300メートルの広大な「京都御苑」中にある。京都御苑は環境省が管理する公園で、観光客にも人気のある観光スポットだが、江戸時代までは御所を囲むように200もの宮家や公家の屋敷が立ち並んだ、いわゆる公家町だった。市中との境界には、幕末の動乱の激戦地となった「蛤御門《はまぐりごもん》」など9つの門がある。現在もそのまま残る蛤御門には弾痕が残っている。京都の人たちの中には、この御苑全体を「御所」と呼んでいる人も多い。

京都御所について、もう少し詳しく触れたい。その敷地は四方を築地《ついじ》塀で囲まれ、6ヶ所に門がある。南面にある「建礼門《けんれいもん》」は正門にあたる最も格式の高い門で、現在も天皇皇后両陛下や外国元首が通る時にだけ開門される。平清盛の娘で、安徳天皇の母である建礼門院徳子《けんれいもんいんとくこ》の院号も、この門に由来している。

それにしても思うのは、京都御所が塀に囲まれただけの無防備な造りであることだ。敵が攻めてくることなどまるで想定していない。世界史的には王や皇帝は民衆の蜂起にも備えて堅牢な城に住むのが一般的だった。

江戸城という徳川幕府の砦であった現在の皇居はともかく、この〝無防備〟こそが皇室が永く続いてきた所以なのかもしれない。

京都御所には天皇の即位や立太子など重要な儀式を行った紫宸殿《ししんでん》がある。即位に関しては、明治になっても旧皇室典範（明治22年制定）に即位の礼と大嘗祭は京都で行うと規定されていたため、大正天皇と昭和天皇の即位に関わる儀式はここで行われた。戦後の新皇室典範ではこの規定が消えたため、平成2年の今上天皇の即位の礼は、日本の歴史で初めて東京（皇居・宮殿）で執り行われた。

即位の礼の儀式では、天皇の玉座「高御座《たかみくら》」と皇后の「御帳台《みちょうだい》」が使われるが、今上天皇の即位では、紫宸殿で昭和天皇が使われたものを解体して塗り直すなどして皇居に運び込んだ。

京都大宮御所にはあのダイアナ妃も宿泊

京都御所の南東には京都大宮御所と仙洞御所がある。「京都大宮御所」は、江戸時代初期に幕府が、2代将軍徳川秀忠の娘で後水尾上皇の中宮だった東福門院のために建てたのが最初で、当初は女院御所と呼ばれた。ちなみに、大宮御所とは皇太后や太皇太后のお住まいのことで、現在の皇居では、昭和天皇崩御に伴って、皇太后になられた香淳皇后がそのまま吹上御所に住まわれ、吹上大宮御所と称された。

現在の京都大宮御所の建物は、江戸時代最後の天皇である孝明天皇の皇后だった英照皇太后のお住まいとして慶応3（1867）年に建てられたものだ。

現在は天皇皇后両陛下や皇太子ご夫妻が京都を訪問された際に宿泊所として使われるが、平成25（2013）年の耐震診断で大地震での倒壊の恐れが指摘されたため、耐震工事が行われた。

昭和50（1975）年5月に来日されたエリザベス女王はエディンバラ公とともに京都大宮御所に宿泊、昭和61（1986）年5月にはチャールズ皇太子と当時のダイアナ妃（故人）も宿泊された。

「仙洞御所」は寛永4（1627）年、退位した後水尾上皇のために造営されたもので、正式名称は桜町殿という。「仙洞」とは仙人の住む所という意味で、以後、上皇や院など退位した天皇の御所として使われた。嘉永7（1854）年に火災で焼失して以後は再建されておらず、跡地には広い池を中心に庭園が広がっている。

京都には、ほかに宮内庁が管理する施設として、「桂離宮」と「修学院離宮」があり、前者は有料、後者は無料で、原則として事前予約が必要で、人数制限付きで公開されている。

桂離宮は京都市西京区桂にあり広さは約7万平方メートル。江戸時代の17世紀に初代桂宮

（八条宮）の智仁親王が宮家の別邸として創設。明治に入って桂宮家が廃絶したため、皇居の離宮となった。中世の枯山水のように建物の内側から眺めるのではなく、広い庭園を巡りながら空間の展開を楽しむ平安文化を残した回遊式庭園として世界的に知られている。

修学院離宮は左京区修学院の比叡山の麓にある。谷川を堰き止めて作った人工の池を中心に広がる広大な3つの庭園からなり、広さは桂離宮の87倍近い約54万平方メートルもある。17世紀中頃に後水尾上皇の指示で造営された。「御茶屋」と呼ばれる庭園と建物が三つあり、その周囲に水田があるが、これは御茶屋と一体として景観を保護するため、宮内庁が昭和39年に買い上げたもの。現在も、地元の農家と契約して耕作してもらっている。

聖武天皇の遺品を納めた東大寺の宝庫「正倉院」

奈良・平安時代には都や地方の役所、大きな寺院には、租税として集められた米穀や重要な品々を納める「正倉《しょうそう》」というものがあり、幾つかの正倉の集まった場所を塀で囲んだものが正倉院と呼ばれた。しかし、年月を経て各地の正倉院は朽ち果て、東大寺正倉院の正倉一棟だけが往時のまま残り、正倉院とはこの東大寺宝庫（正倉）を指す言葉となったという。

校倉造《あぜくらづくり》の正倉院は、屋根は瓦葺の寄棟造。正面が約33メートル、奥行き9・4メートル、床下の柱は2・7メートル。聖武天皇や光明皇后の遺品や天平時代を中心とした美術工芸品や書物などが納められ、明治初年までに十数回の補修を繰り返しながら、永年にわたって宝物を保管してきた。現在はすべての宝物が近くに建設された鉄筋コンクリート造の東宝庫と西宝庫に移されて収納されている。

正倉院の歴史は、聖武天皇の崩御（756年）から四十九日法要にあたる忌日に、光明皇后が冥福を祈って御遺品や薬物種を東大寺の本尊である盧舎那仏（大仏）に奉献されたのが始まりで、前後5回にわたって皇后が奉献されたものが、後に正倉院に納められた。

以来、皇室の監督下で東大寺が管理してきたが、明治8年に内務省の管理下に置かれ、明治17年に宮内省の所管に。現在は、宮内庁の正倉院事務所が管理している。

平成9年になって建物が国宝に指定され、翌年には「古都奈良の文化財」の一部としてユネスコの世界文化遺産にも登録された。宝物は、当然ながら国宝に値するものばかりだが、宮内庁により充分に管理がなされているとの考えからか、国宝には指定されていない。

第4章 宮中祭祀と陵墓・伊勢神宮と出雲大社

宮中祭祀

数々の神事が行われる宮中三殿「賢所、皇霊殿、神殿」

宮中祭祀が行われる「宮中三殿」とは、具体的には皇室の祖先神である天照大神を祀る「賢所《かしこどころ》」、歴代天皇や皇族など二千数百柱の御霊《みたま》を祀る「皇霊殿《こうれいでん》」、天神地祇《てんじんちぎ》（天と地のあらゆる神々）の八百万神《やおよろずのかみ》を祀る「神殿《しんでん》」の三つの御殿のことを指す。

ただ、宮中祭祀が行われる塀の中の神域には、中心となる宮中三殿だけでなく新嘗祭に使われる「神嘉殿《しんかでん》」などいくつかの重要な付属の建物もあり、関係者はこの神域全体を総称する表現として、同じ「賢所」という漢字二字を使って「けんしょ」と言っている。本書では読者の

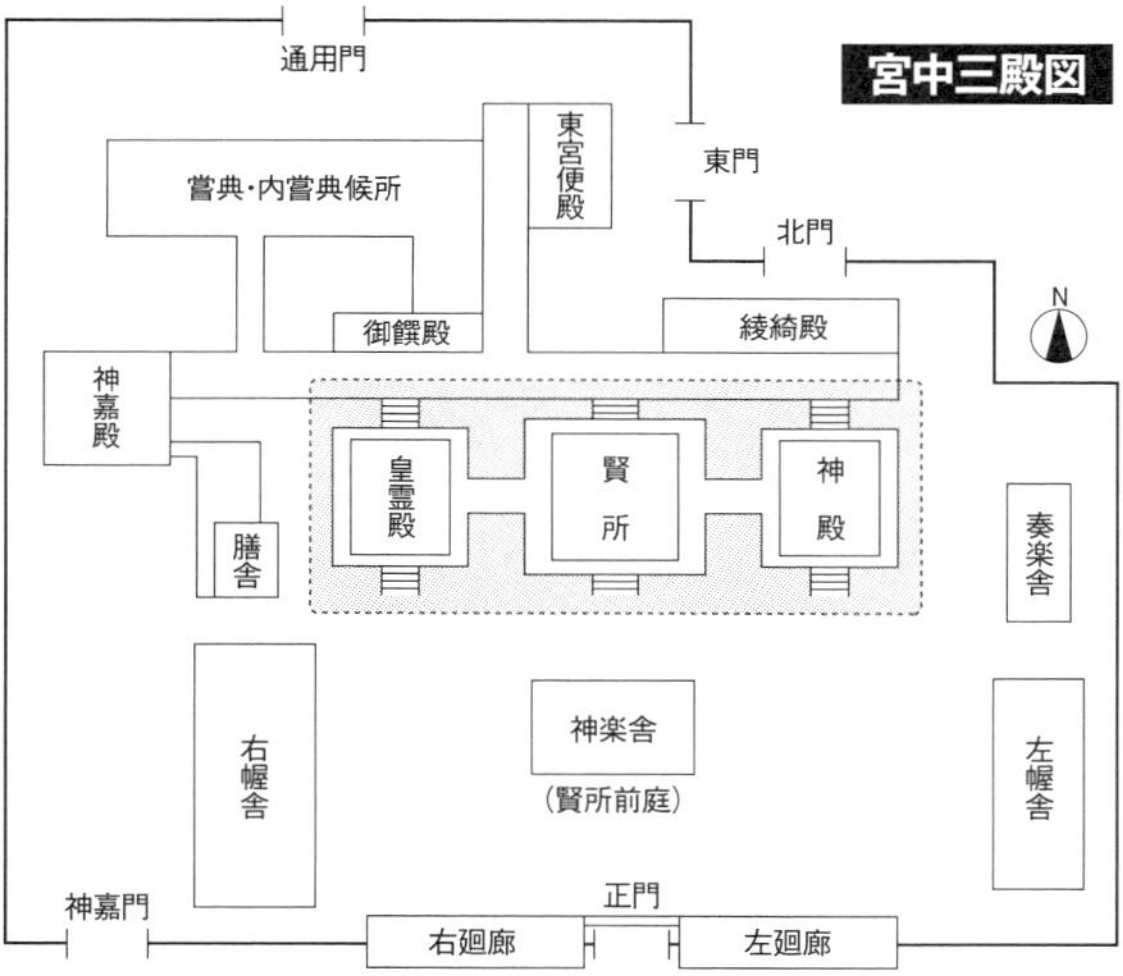

混乱を避けるため、実態に則して宮中三殿の御殿の一つである賢所を言う場合は賢所（かしこどころ）、宮中祭祀が行われる塀の内側の神域全体を指す場合は「賢所（けんしょ）」と区別して表記する。

その賢所《けんしょ》は周囲を築地塀《ついじべい》に囲まれており、広さは約2200坪。宮中三殿や神嘉殿などの御殿のほか、天皇が装束の着替えをされる「綾綺《りょうき》殿《でん》」「神楽舎」、列席者が参列する「幄舎《あくしゃ》」、神々に供える神饌をつくる「御饌殿《みけでん》」などの付属の建物がある。

現在の宮中三殿は明治21（1888）年の竣工。大正12（1923）年の関東大震災後に補修が行われ、平成20年には耐震補強などの改修が行われた。東日本大震災が起きたのは平成23年だから、耐震補強が済んでいなかったら古い木造建築だけに甚大な被害を被っただろうと言われている。昭和19年から終戦までは空襲を避けるため皇居内の防空壕に作られた御仮殿に移す動座がなされた。三殿は賢所《かしこどころ》を中央にして一列に並び、いずれも屋根が銅葺《どうぶ》きで、総檜《ひのき》の入母屋《いりもや》造。それぞれが廊下でつながっている。神社と違って鳥居はない。

このうち、中央の賢所《かしこどころ》には皇祖の天照大神《あまてらすおおみかみ》が祀られており、その御霊代《みたましろ》である「八咫鏡《やたのかがみ》」が奉安されている。かつては、恐れ畏《かしこ》むという意味から「畏所《かしこどころ》」「威所《かしこどころ》」などとも呼ばれ、平安時代には天皇のお側に仕える女官《にょかん》である「内侍《ないし》」が奉仕したため、「内侍所《ないしどころ》」と呼ばれた。この賢所は、明治天皇が京都御所から江戸城に入って遷都された際、京都御所から遷座された。ここでは、天皇が臨まれる祭祀以外にも、男性皇族がお妃を迎える場合の「結婚の儀」や、皇族方の成年式、女性皇族が結婚して皇室から離れる場合の「賢所に謁するの儀」などの臨時の祭祀も行われる。

皇霊殿は、神武天皇から昭和天皇までの124代の歴代天皇や皇后、その他の皇族の御霊が祀られており、明治天皇のご意思で初めて創建された。それぞれの御霊は、天皇の崩御や皇族の薨去《こうきょ》から1年後に喪が明けてから合祀される。神殿も明治天皇が初めて造られた拝殿で、神話でいう高天原（天上界）の天津神《あまつかみ》や地上界の国津神《くにつかみ》など、いわゆる八百万《やおよろず》の神々が祀られている。ただ、古代には宮中に天皇の健康をお護りすると言われた神産巣日神《かみむすびのかみ》や高御産巣日神《たかみむすびのかみ》な

今上天皇の即位の礼（平成２年11月）

ど八つの神を祀った八神殿（独立した八の社殿）があったが衰退し、江戸時代には京都の吉田神社に祀られていた。明治天皇が創建された神殿には、この八神も合祀されている。

歴代天皇の「先ず神事」の精神

宮中祭祀とは、皇居で天皇陛下ご自身が臨まれる祭祀のことを言い、その起源は『日本書紀』に記されている神話の「神勅」によると言われる。神勅とは、瓊瓊杵尊《ににぎのみこと》が高天原から高千穂峰に天孫降臨する際、天照大神が三種の神器とともに授けた三つの言葉のことを言う。このうちの二番目は「此の宝鏡を視《み》まさんこと、常に吾を視るがごとくすべし。ともに床《みあらか》を同じくし、殿を共にして、齋鏡《いはいのかがみ》とすべし（この鏡を私だと思って、いつも同じ床、同じ屋根の下に置いて祀りなさい)」というもので、「宝鏡奉殿《ほうきょうほうでん》の神勅」と呼ばれる。

現在のような祭祀の形態は延長5(927)年に制定された延喜式で完成したと言われており、その考え方は13世紀前半の第84代順徳天皇が書き残した『禁秘抄《きんぴしょう》』に残されている。譲位した皇子の仲恭天皇を含め後代の天皇に対して、天皇として行うべき模範的な事柄を伝えるため、それまで宮中に伝承されてきた故実や作法の古例を纏《まと》めた貴重な文書だ。宮中祭祀についてはこう記されている。

「凡そ禁中《きんちゅう》の作法、神事を先にし、他事を後にす。旦暮《だんぼ》あけくれ敬神之叡慮《えいりよ》解怠《けたい》無く白地《あから》さまにも神宮並《なら》びに内侍所《ないしどころ》の方を以て、御跡《みあと》と為《な》さず」。現代風に訳すと「宮中で行うべきことの第一は神事(祭祀)であり、その他のことは後にしなければならない。朝夕に神を敬うことを怠らず、伊勢神宮や天照大神を祀る賢所《かしこどころ》に足を向けるようなことがあってはならない」とでもなろうか。

この「先《ま》ず神事」の精神は代々の天皇に引き継がれてきた。敗戦を経て宮中祭祀の法的位置づけは「天皇の私的行為」に変わったが、それでも、昭和天皇、今上天皇、そして新元号1(2019)年5月に即位される新天皇へと受け継がれる。

ちなみに、この『禁秘抄』は宮中行事の式次第や改元、公文書の手続き、天皇として習得すべき学問や芸術に至るまで幅広く書かれており、鎌倉幕府に対抗して朝廷の威厳を保つ目的もあったと言われる。順徳天皇はこれを著した直後に譲位して上皇となり、父の後鳥羽上皇とともに鎌倉幕府打倒の承久の乱を起こしたが失敗し、佐渡に流された。この地で21年後に失意のうちに崩御された。

天照大神が瓊瓊杵尊に授けた三種の神器の由来と意味

三種の神器とは八咫鏡《やたのかがみ》、八尺瓊勾玉《やさかにのまがたま》（曲玉）、草薙剣《くさなぎのつるぎ》のことで、『古事記』や『日本書紀』の神話において、瓊瓊杵尊《ににぎのみこと》が天上界の「高天原《たかまがはら》」から地上界の「葦原中国《あしはらのなかつくに》」を治めるために日向の高千穂峰に降臨する際に、皇祖神である天照大神から授けられたとされるもので、歴代の天皇が皇位の印として代々受け継いできた。

このうち、八咫鏡と八尺瓊勾玉は、神話のいわゆる〝岩戸隠れ〟の場面に出てくる。この岩戸隠れは神社の祭礼や地方の集落などで演じられる神楽の中でも最も有名な場面だ。

『古事記』と『日本書紀』では神名の表記やストーリーに若干の違いはあるが、概要はこうだ。天照大神が弟の須佐之男命《すさのおのみこと》の乱暴狼藉に嘆き悲しんで「天の岩屋戸《いわやど》」の戸を閉めて籠ってしまった。天も地も闇に包まれてしまい、さまざまな悪いことが起きた。神々が集まり、どうやって天照大神に出てきていただくか相談した。榊を根ごと掘り返して枝に八咫鏡と八尺瓊勾玉を掛け、占いをして祝詞をあげた。この八咫鏡は石疑姥命《いしこりどめのみこと》という鍛冶の神が川上の鉄で鋳造して磨きあげたとされている。そして、女神の天宇受売命《あめのうずめのみこと》が裸になって踊り、神々はこれに拍手喝采をしながら大声で笑った。この天宇受売命は今も各地の神社で芸能の神として祀られている。

外の賑やかな様子が気になった天照大神が岩屋戸を少し開けその訳を尋ねると、天宇受売命が「あなたさまより最も尊い神さまが現れたので喜んでいるのです」と答えた。控えていた別の神が八咫鏡を戸の隙間から差し出すと、天照大神は鏡に映った自分の顔をその尊い神だと思って、その姿をもっと見ようと戸をさらに開いた。それを待ち構えていた天手力男命《あめのたぢからおのみこと》が戸をこじ開け、天照大神が現れると、世界は再び明るくなった。天照大神が再び籠らないよう岩屋戸に注連縄《しめなわ》をして、須佐之男命を高天原から追放した――。

神社などの注連縄はこの神話が起源とも言われる。

八咫鏡の「咫《た》」は、元々は手を開いた中指の先から親指の先までの長さのこと（古代には「尺」とも言われた）だが、この「八咫」とは具体的な長さではなく、大きいという意味の形容語として使われているとも言われる。神話の神武東征で神武天皇を道案内した3本足の「八《や》咫烏《たがらす》」の「八咫」もそうだ。もっとも、八咫烏は若い人には日本サッカー協会のシンボルマークと言った方が馴染みがあるかもしれない。

この八咫鏡は代々、宮中で祀られてきたと言われるが、『日本書紀』によると、第10代崇神天皇が天照大神の余りにも強い神威を畏れて宮中の外でまつることにし、皇女の豊鍬入姫命《とよすきいりひめのみこと》に託して笠縫邑《かさぬいむら》という所に移されたという。その後、第11代垂仁天皇の時代に皇女の倭姫命が伊勢の五十鈴川のほとりに社《やしろ》を建てて八咫鏡を奉安した――。これが伊勢神宮のことだと言われ、実際に内宮に八咫鏡と言われる神鏡が祀られている。

そうだとすると、皇居の賢所にある八咫鏡は何なのか。これは皇居から外に出される際に「形代《かたしろ》」として残されたものだと言い伝えられている。これをわかりやすくするため「レプリカ」や「複製」と表現している一般向けの本もある。しかし、分霊した神の霊が宿っている状態を表す意味からも、形代とした方が日本人の古くからの宗教観に近いのではないだろうか。

皇居の八咫鏡は、賢所の拝殿の最も奥にある「内々陣」に置かれた空櫃《からびつ》に納められていると言われる。神社の拝殿の奥に置かれ外からも見ることのできる御神体とはまったくイメージが異なる。空櫃は布で覆われており、ここにはたとえ天皇であっても入ることは許されない。

一方、八尺瓊勾玉は直訳すると「八尺の美しい勾玉」の意味だ。勾玉は古代から装身具としてだけでなく祭祀にも用いられ、古墳などから出土したものは緑色の翡翠でできたものが多い。曲玉とも表記され、語源はその形から「曲がった玉」という意味だと言われる。「八尺」は前述の「八咫鏡」と同じ意味の形容語で、勾玉に付けられた長い緒（紐）のことを指したと言う説がある。別名で「玉」という意味の「璽」とも呼ばれ、草薙剣と合わせて「剣璽」と言う。

草薙剣は、神話の〝八岐大蛇退治《やまたのおろち》〟に登場する。高天原を追放された須佐之男命は、出雲国の斐伊川の上流に来たところで一人の娘を囲んで泣く老夫婦に出会う。その訳を尋ねると、老夫婦には8人の娘がいたが、八岐大蛇という八つの頭と八つの尾を持つ化け物が毎年やって来て娘を食い殺し、ここにいる櫛名田比売《くしなだひめ》という娘だけになってしまったという。須佐之男命は「娘を私にくれるなら退治してやろう」と約束して娘を櫛の姿に変えて髪に挿し、八つの樽に酒を入れて待ち構えた。八岐大蛇が酔って眠ってしまったところを切りつけて切り刻んだところ、尾から剣が出てきた。これを天叢雲剣《あめのむらくものつるぎ》と命名し、高天原にいる姉の天照大神に献上した――。

『日本書紀』によると、この天叢雲剣も第10代崇神天皇の時代に宮中の外で祀ることになり、八咫鏡と同じように形代を残して笠縫邑《かさぬいむら》に移され、八咫鏡とともに伊勢神宮に奉安された。第12代景行天皇の時代になり、皇子の日本武尊《やまとたけるのみこと》が天皇の指示で東国征討に向かう際、伊勢神宮の斎王である大和姫から護身用としてこの天叢雲剣を授かった。

途中、駿河の野で火攻めに遭うが、大和姫に授かった剣で周囲の草を刈って迎え火を点けて難を逃れた。このため天叢雲剣は草薙剣とも呼ばれ、その地は焼津と呼ばれるようになったという。日本武尊は東征にあたって妃に草薙剣を預けたが亡くなったため、妃が尾張国に剣を奉安して熱田神宮が創建されたと言い伝えられている。

「鏡」は宮中三殿の賢所に「剣」と「璽」は天皇の御所に

これまで書いてきたように、八咫鏡は宮中三殿の賢所に奉安されているが、「剣璽」と総称される草薙剣と八尺瓊勾玉（璽）は「常に天皇とともにある」のが原則で、古くは剣璽は天皇の寝室に置かれていたと言われる。天皇皇后両陛下の現在のお住まいである皇居の吹上御所には、ご寝室に隣接して「剣璽《けんし》の間《ま》」と言われる部屋がある。関係者によると、正面に両扉が付いた奉安のための場所があり、ここに箱形の入れ物に納められた剣と漆塗りの木箱に入った璽が並び、それぞれ袱紗に覆われているという。また、昭和天皇の時代には剣璽の間には、天皇の臍の緒を納めた長櫃も置かれていたという。

天皇が皇居から出られる際に剣璽を携えることを「剣璽ご動座」と言い、戦前までは原則として天皇が地方へお泊りで行幸されて皇居を留守にされる場合は、侍従が剣璽を捧げ持って随行するのが習わしだった。しかし、戦後は昭和21年2月から始まった昭和天皇の全国御巡幸で皇居を離れる機会が大幅に増えるなどしたために昭和21年6月の千葉県へのご巡幸を最後に取り止めになった。警備上の理由とされているが、ＧＨＱは当時、各地で熱狂的に迎えられる昭和天皇のご巡幸に神経を尖らせており、皇位を神聖化する行為だとして禁止したとも言われている。

その後は、神宮（伊勢神宮）への参拝時にのみ行われている。今上天皇が剣璽ご動座をされたのは即位の礼と大嘗祭を終えて神宮で拝礼された平成2年11月の「神宮に親謁の儀」が初めてで、平成5年10月の式年遷宮と20年後の平成25年10月の式年遷宮でご動座をされた。それぞれ、通常の行幸の際の侍従とは別に剣璽担当の侍従2人が随行し、神宮では内宮の行在所《あんざいしょ》(天皇の仮御殿)に安置された。

譲位や崩御で皇位継承者(皇嗣)が践祚される際、皇位継承の証として剣璽を受け継ぐ儀式があり、これを「剣璽等承継の儀」という。「剣璽等」には、天皇の刻印である「御璽」と国家の象徴として用いる刻印の「国璽」が含まれる。昭和天皇の崩御の際はその瞬間に皇位が引き継がれるため、崩御発表から3時間半後の午前10時から宮殿の正殿松の間で侍従長が新天皇の前に置かれた机に剣璽等を置く形式的な短い儀式が行われ、テレビ中継された。この承継儀式は「天皇の国事行為」として国費で行われたため、「剣璽」は宮中三殿とともに皇室経済法で「皇位とともに伝わるべき由緒ある物」と定義された。

なお、三種の神器のうち、八咫鏡は賢所に奉安されているため、剣璽等承継の儀と同時刻に掌典長により「賢所の儀」が行われ皇祖神の天照大神に対し践祚の旨が告げられる。

三種の神器については、昭和天皇が初等科卒業後に学んだ「東宮ご学問所」の「倫理」の教授杉浦重剛《じゅうこう》が、「皇位の御証《みあかし》として授け給ひたるのみにあらず(中略)知仁勇の三徳を示されたるものなり」などと説いた記録が残されている。杉浦は膳所《ぜぜ》藩(滋賀県大津市)の出身で長く私立中学校の校長を務め、学徳兼備の高潔な人物と評価されていた。

宮中三殿の神域に住み神々の最も近くで奉仕する「内掌典」

宮中祭祀に奉仕するのは、掌典《しょうてん》や内掌典《ないしょうてん》などと呼ばれる人たちで、身分は国家公務員ではなく天皇陛下に直接雇われた「内廷《ないてい》職員」。内廷組織の「掌典職」に所属し、責任者の掌典長以下、掌典次長、掌典、内掌典、掌典補等などの20人弱の職員がいる。人件費等は陛下が私的に支出することが可能な内廷費でまかなわれている。ただし、「掌典補」については、儀式に関する職務が重なる場合があるため宮内庁式部職との兼務となっている。

戦前の掌典職は、宮内省の外局の国家機関として位置づけされていたが、昭和22年の日本国憲法施行で宮内省が廃止（宮内府）されたのに伴い、公的位置づけを外された。

現在の掌典長は外務省でポーランド大使や儀典長を務め、侍従の経験もある楠本祐一氏。前任の手塚英臣氏は天皇陛下の学習院時代のご学友で、侍従次長を経て掌典長を務めた。過去にはやはり侍従として天皇に長く仕え、戦前の子爵や伯爵だった人なども務めている。

掌典は、文字通り、典（儀式）を掌《つかさど》るという意味。祭祀の主宰はあくまでも天皇であり、掌典や内掌典、掌典補はそれをお手伝いする立場にある。

掌典は、宮中三殿での奉仕以外にも、伊勢神宮のほか、熱田神宮や出雲大社、靖国神社、明治神宮、石清水八幡宮、香取神宮など勅祭社《ちょくさいしゃ》と呼ばれる16の神社について、勅使（天皇の御名代）として毎年、派遣される。また、歴代天皇の御陵での式年祭にも御名代として赴く。

一方、内掌典は、宮中三殿の神域内で住み込みで祭祀に奉仕している未婚の女性で、掌典職の中では、最も神々に近い位置にいる。現在は5人が奉仕している。普段はビン付け油で髪を固めて和服に緑の帯を結び、賢所や皇霊殿で神々にお食事を差し上げる日供《にっく》などを行っている。

特に、賢所の祭祀では内掌典はとても大切な役割を担っている。天皇陛下が内陣と言われる所で天照大神に対して国家安寧などをお願いされる「御告文《おつげぶみ》」を奏された後、内掌典はその奥の内々陣といわれる所で、金の鈴に繋がった綱を引いて陛下のお側で「シャン　シャン　シャン」と連続して鳴らし続ける。これを「おすず」と言う。閑かな宮中三殿に、幻想的な鈴の音が10分ほど小刻みに響く。陛下はこの間、賢所の御座でじっと平伏されたままだという。鈴の音が何を意味するのかは確かではないが、天照大神が陛下の御告文にお応えになっているのだとも言われている。

宮中三殿で毎朝行われる「日供《にっく》」はとても大切なお務めだ。内掌典《ないしょうてん》は賢所と皇霊殿で、掌典《しょうてん》は神殿で、それぞれ身を清める潔斎をしてから神饌と呼ばれる神々のお食事をお供えする。内容は洗って乾かした洗米、塩、水、酒に魚や野菜などだ。魚は原則として毎朝、鮮魚店が車で届けている。酒は酒造メーカーが神酒用として特別に醸造した4種が使われており、これらは宮中晩餐会でも交代で使われている。洗米のお下がりは毎月一度、天皇陛下の元に届けられているという。

このほか毎月の1日、11日、21日のお供えは「旬祭《しゅんさい》」と呼ばれ、例えば初がつおやたらの芽など季節の旬の食べ物が加えられる。

宮中祭祀に詳しい関係者は「日供は祭祀の原型とも言える。神さまに毎朝、心を込めて神饌をお届けすることは祭祀の基本であると同時に最も大切な務めだ。一般家庭では珍しくなったかも知れないが、祖先と一体になるために仏壇や神棚に毎朝お供えをすることはとても大切であり、その精神においては宮中も家庭も同じと言ってよいかも知れない」と話す。

天皇の御告文では国民を「おおみたから」

現在の宮中祭祀は、明治41(1908)年に制定された「皇室祭祀令」(昭和22年廃止)を根拠にしている。「大祭《たいさい》」と「小祭《しょうさい》」があり、大祭とは天皇が「皇族及官僚ヲ率《い》キテ親《みずか》ラ祭典ヲ行フ」とあり、掌典長の祝詞《のりと》の後、天皇ご自身が神霊に対して五穀豊穣などを祈願する文を告げられる。これを「御告文《おつげぶみ》」と言う。この中では、国民のことを「おおみたから」と表現されているという。具体的には、毎年の元始祭(1月3日)、紀元節祭(2月11日)、春季皇霊祭・春季神殿祭(春分の日)、秋季皇霊祭・秋季神殿祭(秋分の日)、神嘗祭《かんなめさい》(10月17日)、新《にい》嘗祭《なめさい》（11月23日夜から24日）、神武天皇祭（4月3日）、昭和天皇祭（1月7日）などがそうである。

一方、小祭は宮中祭祀令で「皇族及官僚ヲ率キテ親《みずか》ラ掌典長ガ祭典ヲ行フ」とされ、毎年行われるが大祭と違って天皇は拝礼されるだけである。歳旦祭《さいたんさい》（1月1日）、祈念祭《きねんさい》（2月17日）、賢所御神楽《かしこどころみかぐら》（12月中旬）、天長節祭《てんちょうせつさい》（天皇誕生日）などがこれにあたる。崩御された天皇から前四代（昭和天皇、大正天皇、明治天皇、孝明天皇）についてご命日に行われる例祭もそうである。

また、これらの毎年の祭祀とは別に、歴代天皇の崩御から一定期間が経過した区切りの年に「式年祭」と呼ばれる祭祀も行われる。これらは崩御《ほうぎょ》の年から3年、5年、10年、20年、30年、40年、50年、その後は100年ごとの命日に行われる。平成31年1月7日には「昭和天皇30年祭」が武蔵野陵であり、天皇皇后両陛下が参列される。

宮中祭祀に関連して「勅使」という言葉がよく使われる。これは全国の神社のうち「勅祭社」と言われる神社に天皇が差し向けるお遣いのことで、勅使は天皇からお預かりした「祭文」を例大祭などで読み上げることになっている。毎年1回のところや10年に1回のところなど様々で現在は16社が勅祭社になっている。ただ、靖国神社だけは春と秋の2度の例大祭に勅使が派遣される。また、別格の伊勢神宮は勅祭社ではないが、神嘗祭など年に3回も勅使が派遣されている。

一年で最初の宮中祭祀は元日早朝の「四方拝」

宮中祭祀の中で、一年の最初に行われるのが「四方拝《しほうはい》」だ。大祭でも小祭でもないが、あさまだき元日の早朝に行われる大切な儀式だ。皇室祭祀令で「歳旦祭ノ当日ニハ之ニ先タチ四方拝ノ式ヲ行ヒ」とあり、まだ闇に包まれた早朝、宮中三殿の西の神嘉殿の前庭で行われる。白砂を敷いた庭上に三尺角の菰（畳）を敷いて陛下の拝座とし、その周りは4対の屏風で囲まれており、伊勢神宮の方角である西南方向に少しだけ隙間が開いている。

近年はご高齢のためこの祭祀にはお出にならないが、暗く寒い庭には庭燎《ていりょう》（焚火）が明々と焚かれ、午前4時半頃に潔斎し、鮮やかな赤茶色の黄櫨《こうろ》染御袍《ぜんのごほう》と呼ばれる装束に着替えて儀式に臨まれる。潔斎とは心身を浄めて穢れを除くためのものだ。五時半頃から庭上の拝座に着いて伊勢神宮を遥拝《ようはい》され、続いて神武天皇陵などの御陵、天神地祇（天と地のあらゆる神々）を拝礼される。

多くの人々が寝入っているこの時間、陛下は一年の災いを祓い、五穀豊穣と国家の安寧と国民の幸せを祈って拝礼される。元旦には四方拝に続いて「歳旦祭」が行われ、同じ装束で宮中三殿に上がり、神々に五穀豊穣を祈られる。掌典長の祝詞の後、拝礼して玉串を捧げられる。

陛下に続いて皇太子殿下も正式な装束を身に着け、同じように拝礼される。

1月3日には天皇陛下がご自分で御告文を奏上される「元始祭」がある。明治天皇が始められたと言われ、記紀神話にあるように、天照大神《あまてらすおおみかみ》が孫の瓊瓊杵尊《ににぎのみこと》を天上の高天原《たかまがはら》から地上の豊葦原中国《とよあしはらのなかつくに》に遣わされ、国土を治めたその由来を祝う祭典だ。陛下に続いて皇后さまも十二単《じゅうにひとえ》に似た長袴《ながばかま》の装束で拝礼される。

昭和天皇は昭和64年1月7日に崩御された。この日は毎年、昭和天皇祭があり、皇居の皇霊殿と武蔵野陵（東京・八王子市）で同時に祭事が執り行われる。天皇陛下は皇霊殿で祭事に臨まれ、勅使が武蔵野陵に遣わされるが、式年の節目には陛下ご自身が御陵で御告文を奏される。

毎回、夕刻午後5時からは皇霊殿で「御神楽《みかぐら》の儀」があり、天皇陛下や皇族方の拝礼の後、篝火《かがりび》が焚かれる中、宮内庁楽部の楽師が和楽器の演奏に合わせて舞い、御霊を慰める。

2月17日の「祈年祭」は、「としごいのまつり」とも言われる。この場合の「とし」とは稲の稔《みのり》のことで、旧暦で3月初旬から中旬頃にあたるこの時期に、農作業の準備が始まることから、これを祝い豊作を祈る祭典となった。全国の神社でも祭典が行われ、収穫の後に行われる11月の「新嘗祭《にいなめさい》」と対になっている。

3月の春分の日に行われる「春季皇霊祭・春季神殿祭」は歴代天皇や皇祖の神々をあがめ感謝する祭事。陛下による御告文や皇族方の拝礼の後、雅楽が奉納され、和琴《わごん》などの伴奏に合わせて優雅な舞が行われる。

この祭典は私たちが春分の日に墓参りをして祖先の霊に感謝するのとよく似ている。春分の日や秋分の日は、お彼岸と呼ばれるように仏教のイメージが強いが、古くは春や秋の穏やかな日に祖先や神々に感謝するという日本古来の信仰形態であり、これを後になって仏教が取り込んだとも言われる。「秋季皇霊祭・秋季神殿祭」も9月の秋分の日に同様に行われる。

10月17日の「神嘗祭」は伊勢神宮で古代から行われている「神嘗祭」に合わせ、明治天皇が同名の祭祀を皇居でも始められた。伊勢の神嘗祭と区別するため「賢所神嘗祭」と言う。

伊勢の神嘗祭は、稲穂の収穫を祝う最も重要な祭祀で、戦前の皇室祭祀令には「神嘗祭ハ神宮ニ於ケル祭典ノ外仍《ほかなお》賢所ニ於テ之ヲ行フ」とある。祭祀令には「神嘗祭ノ当日ニハ天皇神宮ヲ遥拝シ且之ニ奉幣セシム」ともあり、神宮（伊勢神宮）ではこの日の午前10時から、天皇から届けられた捧げ物を神に供える「幣帛奉幣《へいはくほうへい》の儀」があり、皇居の水田で収穫された根付きの稲穂も供えられる。陛下の勅使である掌典が祝詞に相当する「御祭文」を奏上する。

この時間に合わせて天皇陛下は神嘉殿で神宮に向かって遥拝され、続いて賢所に移動して「賢所神嘗祭」に臨まれる。天皇陛下が天照大神に拝礼して御告文《おつげぶみ》を奏上して玉串を奉奠《ほうてん》される。かつて昭和天皇はこんな御製を詠まれた。

わが庭の初穂ささげて来む年の
　みのりいのりつ五十鈴の宮に

11月23日の「勤労感謝の日」は新嘗祭の日

天照大神が瓊瓊杵尊《ににぎのみこと》に天孫降臨を命じるにあたり、高天原《たかまがはら》の神聖な田の稲穂を持たせたという記述が『日本書紀』にある。日本の稲作は、そんな神話が起源となっている。11月23日に神嘉殿という拝殿で行われる「新嘗祭」は、神々の子孫である天皇陛下が新米を供え、共に召し上がるという古代から続く祭祀で、太陽暦が採用された明治5（1872）年に、太政官布告によって紀元節（現・建国記念日）や天長節（天皇誕生日）などとともに祝祭日と定められた。皇居で宮中祭祀としての新嘗祭が行われる一方、神社や全国各地の氏神様をまつる社《やしろ》でも秋の稔に感謝する「新嘗祭」が行われ、多くの人々が参拝して収穫を祝った。

祝日としての新嘗祭は、米軍占領下の昭和23年7月に「国民の休日に関する法律」が施行されて「勤労感謝の日」に変わった。この法律には、「勤労をたつとび、生産を祝い、国民たがいに感謝しあう」とその意義が書かれているが、この日がどんな由来によるものかは解《わか》らなくなってしまった。米国のLabor Day（労働の日）とThanksgiving Day（感謝祭）を併せて「Labor Thanksgiving Day」とし、これを翻訳したとも言われる。同じように11月3日の「明治節（明治天皇誕生日）」も「文化の日」に変えられたが、この日が明治天皇の誕生日を記念する日だったことを知る人は少なくなった。平成30年が明治150年にあたることから、この日を「文化の日」ではなく「明治の日」にしようという動きも出ている。

新嘗祭は五穀豊穣を感謝し天照大神を饗応する儀式

新嘗祭は、毎年11月23日の夕刻から翌24日の未明にかけ「神嘉殿」で行われる。この神嘉殿は宮中三殿とは回廊でつながっており、新嘗祭のためだけに使われる御殿である。ここに皇祖神の天照大神に降臨していただき、天皇陛下が米などの新穀や野菜、魚などの神饌をお供えし、そのお下がりをいただく儀式だ。五穀豊穣を神に感謝し、皇祖神と供食することで神霊と一体となり、天皇としての霊威を新たにする――ものとされている。

新嘗の「新」は「新穀（新米）」、「嘗」は「なめる（食す）」という意味であり、わかりやすく言えば、「天照大神にお泊りいただいて、天皇が夜と朝のお食事（神饌）をさしあげてもてなす（饗応する）」ことと解釈されている。『日本書紀』には既に飛鳥時代の皇極天皇元（642）年に天皇が新嘗祭を行ったとする記述がある。

新しい天皇が即位された年だけは新嘗祭ではなく一代一回限りの「大嘗祭《だいじょうさい》」が行われるが、儀式自体はほぼ同じ内容だ。新嘗祭はしきたりで女性皇族の参列はできないが、大嘗祭は皇后のお出ましがある。萱葺《かやぶ》きで皮付き丸太を使った大嘗宮と呼ばれる建物を造営し、古式に則った儀式が夜を徹して厳かに行われる。これについては、「即位の礼」とともに第5章に記した。

新嘗祭は古来皇室と国民を繋ぐ祭祀でもあった。今も「献穀」という形で全国から新米が皇居に届けられ、これに天皇が皇居の田んぼで収穫された米を混ぜて炊き、儀式で神に供えられたものを実際に召し上がる。その献穀は、各都道府県の農業団体などが地元で献穀する農家を選び、5月前後に神職や地元の人々が集まって「お田植祭」を行う。そして、秋には収穫のための「抜穂祭《ぬいぼさい》」を行い収穫した新米などを皇居に納める——というものだ。新嘗祭を控えた10月末になると、献穀した農家の代表者が上京して皇居で天皇陛下に作柄などをご報告、陛下は感謝とねぎらいの言葉をかけられる。11月3日に47都道府県から集まった献穀をご覧になる。

こうした伝統的な儀式は、日本の稲作文化の歴史とその重みを知るためにも貴重な機会なのだが、宗教的儀礼というだけでマスコミに敬遠されているのが実情だ。

11月23日の新嘗祭当日は、午後6時から2時間ほど「夕の儀《よい》」があり、3時間おいて午後11時から翌24日の午前1時まで同様の「暁の儀《あかつき》」が行われる。それぞれの儀式の間、神嘉殿の前庭では篝火《かがりび》が焚かれ、宮内庁楽部の楽師が和琴や笛の音に合わせてゆっくりとしたペースで神楽歌を歌い続ける。

夕刻から行われる「夕《よい》の儀」は午後6時頃、掌典長の祝詞に続き、掌典の「オーシー」という警蹕《けいひつ》で始まる。警蹕とは貴人が出入りする時に声を出して先払いし、周囲の者をかしこまらせることで、この声に続いて、神饌と同時に絹の純白の祭服を身に着けられた陛下が回廊を経て神嘉殿へ。先導するのは掌典長で、その後に侍従が三種の神器の一つである御剣《ぎょけん》(草薙剣)を捧げ持つ。陛下の後には、やはり三種の神器の八尺瓊勾玉を持つ侍従が続く。

続いて、同じく純白の装束の皇太子殿下が東宮大夫の先導で続き、殿下の後ろには皇位の象徴であり、立太子の際に陛下から授けられた「壺切御剣《つぼきりのぎょけん》」を持った東宮大夫が続く。

神嘉殿の前庭には幄舎《あくしゃ》と呼ばれる建物が設けられ、内閣総理大臣以下の閣僚や関係者が多数参列する。筆者も平成に入って間もなく、報道関係者の代表として「夕の儀」を前庭の端《はし》で拝見した。11月末だからあたりはすっかり暗く肌寒い。前庭では篝火が焚かれ、楽師のゆっくりした謡《うたい》の声が流れる中、掌典の持つ蠟燭のほのかな明かりに導かれて天皇陛下が静々と進まれる様子がうっすらと見えた。松の枝が風にそよぐのも聞こえ、悠久の時の流れを感じさせる不思議な感覚に浸った。

そこから先の天皇の所作は参列者からは見えない。関係者によると、神嘉殿の内奥の広い板間の中央には神座があり、八重畳とお枕が置かれているため寝座とも言われる。わかりやすく言うと、これは天照大神がここでお泊りになることを意味している。天皇陛下は純白の絹のお召し物で着座され、ご自分でお供えの神饌を皿に盛られる。そのお手伝いをするのが「采女《うねめ》」

で、この役割は女官が務める。1人はかごに入った神饌を運び、もう1人は皿を陛下にお渡しする。皿は竹と柏の葉で作られた葉盤《ひらで》と呼ばれるもので、陛下が竹のお箸でお供え物を盛りわける。全国から集まった献米と皇居の米を混ぜて炊いたご飯、野菜、魚など約30種類にもなる。白酒《しろき》、黒酒《くろき》と呼ばれる神酒も併せて供えられる。このご所作は「ご親供《しんく》」と呼ばれ1時間半もかかるという。

これが終わると陛下は神に感謝する御告文《おつげぶみ》を奏され、続く「御直会《おんなおらい》」で、お供えした神饌と同じものをご自分も召し上がる所作をされ、実際にご飯を召し上がる。

この間、皇太子殿下は回廊で着座して控えているが、御簾《みす》の外にいらっしゃるため陛下のご所作は見えない。陛下の所作が終わると神座に向かって外から拝礼され退出される。続いて神嘉殿の前庭に参列されていた男子皇族（秋篠宮殿下）、総理以下の三権の長や国務大臣らが庭上から拝礼する。この祭祀では女性皇族のご参列はない。

板間での長時間の儀式に備え陛下は日ごろから正座の〝鍛錬〟も

「暁の儀」は同様にして午後11時から翌午前1時まで行われるが、陛下ご自身は平成26年11月の新嘗祭からお出ましをやめられた。昭和天皇も69歳だった昭和45（1970）年から取りやめられている。新嘗祭は「夕の儀」だけでも2時間もかかる。この間はずっと正座されたままだ。どこまでも厳かで大切な祭祀であり、ご高齢の陛下にはいかにも過酷な儀式だ。それでも、陛下が、ご自分から暁の儀を取りやめられたわけではなかった。深夜の長時間の儀式は負担が大きいとする医師の説得を受けてのことだった。

陛下がいかに祭祀を大切にされていたかがわかるエピソードがある。侍従長を平成8年から19年まで務めた渡邉允氏は著書『天皇家の執事』で、床の絨毯に正座してテレビをご覧になっている陛下の姿を拝見したエピソードを紹介。陛下がその理由を「新嘗祭の時に足のしびれや痛みなどに煩わされず、前向きで、澄んだ、清らかな心で祭祀を執り行いたいと考えているからだ」と仰ったことを紹介している。

別の元侍従が現役時代の体験を筆者に話してくれたことがある。陛下は地方行幸啓をはじめ行事については念入りに侍従たちと打ち合わせを行い、意見を求められる。普段は陛下の居間のソファーで低いテーブルを挟んで行われるが、ある時、始まってすぐ陛下がソファーから身を起こして床に座られたことがあった。侍従は陛下が祭祀に備えてなさっていることだとわかったが、同じように床に座るのも不自然なので、恐縮しながらもそのままソファーに座って30分余りも打ち合わせを続けたという。

半年ごとの穢れを祓う「節折」と「大祓」

皇室では賢所《けんしょ》で行われる神事ではないものの、宮中に古くから伝わる厳かな儀式がある。宮内庁はこうした儀式を宮中祭祀とともに「祭儀」としてホームページで紹介している。その典型的な儀式が節折《よおり》だろう。

節折は1年の折り返しである6月30日と大晦日の12月31日に宮殿竹の間で行われる。儀式の後には、そこで使われた物が賢所《かしこどころ》に届けられ、「大祓《おおはらい》」という神事がある。両者は一体として行われる〝祭儀〟ということになる。

節折は古くから宮中で行われてきた儀式で、いったん途絶えたものを明治天皇が復活された。天皇陛下は小直衣《このうし》という略儀の装束を身につけて臨まれる。最初に御服に見立てた絹が入った柳筥《やなぎばこ》に息を吹きかけられ、次に榊でお体を祓われる。そして、侍従が篠竹をお体にあてて身長や両手を計り、墨を付けたところを掌典補が音を立てて折る。この所作は5度行われ、篠竹9本が使われる。節折という儀式名は竹を折ることに因んでいる。さらに素焼きの壺にご自身で息を3回吐かれる。こうした一連の所作がもう一度行われて儀式は終わる。

その後、節折に使われた竹や榊などは「御贖物《みあがもの》」として空櫃《からびつ》に入れて賢所《かしこどころ》に運ばれ、大祓という神事が行われる。「贖」は罪や穢《けが》れを意味する。空櫃には皇后さまと皇太子さまがそれぞれ御所で白い衣装を着脱されたものも一緒に入れられる。

神嘉殿の前庭の幄舎を斎場として使い、皇族の代表者と宮内庁職員や皇宮護衛官などが参列。掌典が「大祓詞」を読んだ後、大麻《おおぬさ》で参列者をお祓いする。「大麻」は、地鎮祭などで神官が低頭した参列者の前で振って浄める神具をイメージするとよい。こうした大祓は民間の神社でも行われており、無意識のうちに犯した罪や穢れを祓うという意味が込められている。神事の後、御贖物は浜離宮から海に流していたが、昭和50年からは皇居内のお濠に沈めているという。

陵墓

山形から鹿児島まで点在する899の陵墓

宮内庁は天皇陵をはじめ全国899の「陵墓」を管理している。その多くは、初代天皇とされる神武天皇から昭和天皇までの124代の歴代天皇に皇后などを合わせた188の「陵《みささぎ》」及び555の皇族の「墓《ぼ》」だ。これに火葬跡地の「火葬塚」や遺髪などを納めた「塔」、さらには伝承などで陵墓の可能性のある46の「陵墓参考地」も含まれる。同一ヶ所に複数の陵墓があるケースもあり、場所数としては460ヶ所になる。近畿地方を中心に北は山形県から南は鹿児島県まで1都2府30県に点在する。

陵墓の中には、1つの御陵に複数の天皇が埋葬されているケースもあり、被葬者の人数は陵墓の数よりもっと多くなる。例えば、第40代天武天皇と女帝の第41代持統天皇は「檜隈大内陵《ひのくまのおおうちのみささぎ》」(奈良県明日香村)という一つの御陵に合葬されている。持統天皇は天武天皇の皇后だったが、天武天皇の崩御を受けて即位した。京都市深草真宗院山町にある「深草北陵《ふかくさのきたのみささぎ》」には、第89代後深草天皇など北朝の天皇を含む12人の天皇が埋葬されている。

こうした陵墓の中には、江戸時代まではお一人の天皇について複数の御陵とされる場所があったり、被葬者が特定されていないケースも少なくなかった。このため近代国家建設を急ぐ明治政府は、天皇の祖先である御陵の所在地が確定していないケースを放置しておくことは国民にとっても対外的にも望ましくないとして、明治初期から中期にかけて、『古事記』や『日本書紀』を含む古文書の記述や地誌などをもとに天皇陵をはじめ被葬者を特定する「治定」(「ちてい」または「じじょう」)という作業を行った。明治22年には十数ヶ所の天皇陵を中心とした陵墓の確定を行っており、『明治天皇紀』(明治二十二年六月三日条)には、その経緯について、「是れより先、条約改正の議起るに際し、伯爵伊藤博文以為らく、万世一系の皇統を奉戴する帝国にして、歴代山陵の未だ明らかならざるものあるが如きは、外交上信を列国に失ふの甚しきものなれば、速かに之れを検覈し、以て国体の精華を中外に発揚せざるべからずと、廟議亦之れを可とす」と記されている。

「祭祀が続く陵墓は静安と尊厳の保持が重要」宮内庁見解

宮内庁が管理する陵墓については文化財保護法の適用外となっており、いわゆる考古学的な発掘などは行っていない。ただ、外堤や墳丘の裾が崩れるなどした場合に、保全のための修復工事を行う準備として試掘を行う場合があり、外部の考古学や土木工学の専門家による「陵墓管理委員会」からアドバイスを受けながら慎重に実施している。

陵墓については、一般への公開や研究者による学術調査なども制限されている。それでも、昭和54（1979）年からは古墳に限って史学系の研究者を対象に工事に伴う現場調査の見学を認めるようになった。また、平成19（2007）年からは対象をすべての陵墓に広げ、研究者の専門分野の枠も外した。一方、考古学者などからは特定の陵墓について被葬者が違っているのではないかとの指摘もある。これについて宮内庁は、天皇陵を示す新たな古絵図や墓誌など現状を覆すだけの確実な資料がない限り「治定」の変更は難しいとの立場だ。陵墓の公開等についての宮内庁の正式見解は、平成24年2月、衆院議員による質問主意書に対して政府が出した次のような答弁書に示されている。「陵墓等については、現に皇室において祭祀が継続して行われ、皇室と国民の追慕尊崇の対象となっているので、静安と尊厳の保持が最も重要と考えている。（中略）学術研究上の観点からの必要不可欠な立入りの要請に対しては、陵墓等の本義に支障がない限りにおいて、これを許可しているものである」。なお、同庁は平成30（2

018）年10月末から、後段で触れる仁徳天皇陵とされる大山古墳を対象に、地元の堺市と共同で発掘調査を行った。これは、周囲の護岸工事をする際、埴輪などの埋葬品を傷めないための事前措置であるという。

なお、宮内庁は初代神武天皇から第124代昭和天皇までの御陵については、ホームページ上で、陵名の読み方や陵形、所在地、地図、写真などを掲載している。陵名の読み方については、例えば崇峻天皇陵は「倉梯岡《くらはしのおか》陵《みささぎ》」、明治天皇陵は「伏見桃山《ふしみのももやま》陵《みささぎ》」、昭和天皇陵は「武蔵《むさし》野《のの》陵《みささぎ》」というように正式にはすべて訓読みすることになっている。また、天皇や皇后の御陵については掌典職が、崩御《ほうぎょ》から3年、50年、100年などの区切りに式年祭を行っており、天皇陵には今上《きんじょう》天皇が勅使を派遣されている。

書陵部陵墓課が管理する陵墓には非常勤の「守部」も

実際に陵墓を管轄しているのは宮内庁書陵部の陵墓課という組織だ。前身は幕末の元治元（1864）年に律令制度にならって置かれた。戦後は宮内府図書寮、宮内庁書陵部監理課などを経て昭和34年に現在の陵墓課になった。陵墓の実際の管理は、東京・八王子市の武蔵陵墓地にある「多摩陵墓監区事務所」や京都市の神武天皇の伏見桃山陵にある「桃山陵墓監区事務所」など全国5つの陵墓監区事務所が分担している。

陵墓監区事務所から離れた遠隔地の陵墓については、宮内庁から委嘱された「守部《しゅぶ》」と言われる管理人（非常勤の国家公務員）が陵墓の清掃などを行っている。守部は歴史的には「もりべ」と言われた陵墓の番人のことを指す。

宮内庁によると、陵墓の形状は時代によって異なり、古くは仁徳天皇陵（大阪府堺市）など円墳や前方後円墳など広大なものが多いが、薄葬《はくそう》思想や仏教の影響で火葬が行われると陵墓の規模は次第に小さくなった。平安時代末期からは法華堂・多宝塔・石塔などを用いて寺院内に葬ることが多くなり、明治天皇の父君である孝明天皇陵からは、四角の下段に半球形を乗せた二段式の「上円下方」の高塚式となっている。薄葬とは葬儀を簡素化することで、大化改新では大化２（６４６）年に「薄葬令」が出され、朝廷での身分に応じて陵墓の大きさや、造営の労務者の数などが決められた。

大阪の仁徳天皇陵と応神天皇陵などの古墳群は世界遺産候補

陵墓の中で最も大きいのは大阪府堺市にある第16代の仁徳天皇陵だ。陵名は「百舌鳥耳原中陵《もずのみみはらのなかのみささぎ》」。古墳名としては「大山古墳《だいせん》」とも呼ばれる前方後円墳で、墳丘の長さは４８６メートルもある。次に大きいのが同じ大阪府の羽曳野市にある第15代の応神天皇陵で、陵名は「恵《え》我藻伏崗陵《がのもふしのおかのみささぎ》」。長さ４２５メートルの前方後円墳で、誉田御廟山古墳《こんだごびょうやまこふん》とも呼ばれる。仁徳天皇は応神天皇の皇子で、これらの古墳は親子2代の天皇陵に治定されている。仁徳天皇陵（大山古墳）は4世紀後半から6世紀前半にかけて築造された広大な「百舌鳥《もず》古墳群」（堺市）の中に位置しており、古墳群のシンボルともなっている。応神天皇陵（誉田御廟山古墳）は同時期の「古市《ふるいち》古墳群」（羽曳野市・藤井寺市）の中にある。両古墳群には合わせて88基の大小の古墳があり、このうち46基を宮内庁が管理している。宮内庁はそのうち、仁徳天皇陵と応神天皇陵を含む11の古墳を天皇陵に治定している。

この古墳群が今、大きな注目を浴びている。平成29（2017）年7月に日本の文化審議会世界文化遺産部会が「世界文化遺産国内推薦候補」に決定したからだ。新元号1（2019）年夏にはユネスコ世界遺産委員会で審査される予定で、世界文化遺産に指定されるべく、大阪府や地元自治体が活動を続けている。ただ、気になるのは最大の古墳である仁徳天皇陵（大山古墳）について、周囲の堀の改修で出土した埴輪の様式などの分析で埋葬の年代と天皇の系譜が合致しないなどの疑問が指摘されている。その場合、実際の被葬者は誰かとなると、〝説〟はあってもまだ宮内庁の治定を覆すだけの根拠はない。被葬者が誰であるかは世界遺産登録の絶対条件ではないとされ、被葬者が誰かの議論とは関係なく地元では登録への期待が高まっている。

悲劇の幼帝安徳天皇の陵墓参考地は5ヶ所も

第81代安徳天皇は源平合戦の壇ノ浦で、天皇を奉じる平清盛の妻二位尼《にいのあま》に抱きかかえられて入水し、わずか6歳で崩御した。寿永4（1185）年に「私をどこへ連れて行くのか」と尋ねる幼帝に対し、二位尼が「これから極楽浄土へ行きます。浪の下にも都があります」と答えて共に身を投げたという「平家物語」のこのストーリーはよく知られている。

その安徳天皇の御陵は山口県下関市の赤間神社の隣接地にある「阿彌陀寺陵《あみだじのみささぎ》」となっているが、実はここが御陵に治定されたのは明治22（1889）年になってからのことだ。入水した安徳天皇の遺骸《なきがら》は海中深く沈んだままで、平家と戦った源頼朝が慰霊のために建てたのが阿弥陀寺だった。実はこの御陵のほかに、安徳天皇の御陵だと言い伝えられてきた場所が熊本県や高知県など5ヶ所にあり、宮内庁はそれらを「陵墓参考地」として管理している。わずか6歳で最期を遂げた悲劇の幼帝だけに、当時の人々の思いが多くの伝説として残っていることが背景にある。

陵墓には神話の瓊瓊杵尊や海幸彦など「神代三代」の陵も

宮内庁が管理している陵墓の中には、初代天皇とされる神武天皇から遡ること3代の皇室の祖先神も含まれている。『古事記』や『日本書紀』に書かれている「神代《かみよ》三代」と言われる神々のことで、高天原の天照大神に命じられて地上の国を治めるために天下ったいわゆる天孫降臨の「瓊瓊杵尊《ににぎのみこと》」、その3男で山幸・海幸の物語で知られる「彦火火出見尊《ひこほほでみのみこと》（山幸彦）」、その子で初代神武天皇の父とされる「鸕鶿草葺不合命《うがやふきあえずのみこと》」のことを言う。

瓊瓊杵尊の御陵は「可愛山陵《えのやまのみささぎ》」、山幸彦は「高屋山上陵《たかやのやまのうえのみささぎ》」、鸕鶿草葺不合命は「吾平山上陵《あいらのやまのうえのみささぎ》」と呼ばれ、すべて鹿児島県内にある。このうち、瓊瓊杵尊については、『日本書紀』や平安時代中期に編纂された律令制度の細則である『延喜式』に御陵が「日向国」にあると記されており、鹿児島県と宮崎県にまたがる南九州に御陵と伝わる場所がいくつか存在した。明治7（1874）年になって、現在の鹿児島県薩摩川内市にある新田神社境内の小丘が「可愛山陵」に治定された。これは明治天皇の命令で決定する「勅定《ちょくじょう》」という形が採られた。

陵墓のうち、火葬塚と言われるものは、火葬跡地に遺灰や遺骨の一部を埋葬して供養した場所で、遺骨などは他の墳墓に納めた。元々は天皇とその近親者が対象の格式の高い埋葬方法だったと言われる。新潟県の佐渡島にある「順徳天皇御火葬塚」（佐渡市真野）もその一つだ。第84代順徳天皇は父の後鳥羽天皇（上皇）の鎌倉幕府打倒計画に参画、承久3（1221）年に皇子（仲恭天皇）に譲位して挙兵したが敗れて佐渡に配流された。在島21年後の仁治3（1242）年、失意のうちに46歳で崩御。火葬されて遺骨は翌年に京都（大原陵）に葬られた。地元では「真野《まの》御陵」と呼ばれ、近くに天皇を祀った神社「真野宮」がある。この承久の乱では父後鳥羽上皇も島根県の隠岐島に流され、在島19年後の延応元（１２３９）年、60歳で崩御。遺骨の大部分は現地で火葬されて葬られたが、明治天皇が大阪の水無瀬神宮に合祀、御陵は順徳天皇と同じ大原陵にある。隠岐島の御陵跡は「後鳥羽天皇御火葬塚」として宮内庁が管理している。

東京・八王子の武蔵陵墓地には大正天皇と昭和天皇の御陵

高尾駅に近い東京・八王子市には昭和２（１９２７）年に大正天皇の陵所として作られた武蔵陵墓《りょうぼ》地がある。元々あった皇室御料地に、買い上げた隣接の民有地を足して整備されたもので、広さは46万平方メートル。今は大正天皇の多摩陵《たまのみささぎ》と貞明皇后の多摩東陵《たまのひがしみささぎ》、昭和天皇の武蔵野陵《むさしののみささぎ》と香淳皇后の武蔵野東陵《むさしののひがしのみささぎ》がある。入り口から続く約４００メートルの参道には、１５０本の北山杉が植えられている。御陵の前にはそれぞれ鳥居があり、周囲にはご生前に好まれた草木が植えられている。一年を通して午前9時から午後4時まで拝礼できる。一般には今でも「多摩御陵」の通称名で呼ばれることが多い。敷地内は地元の警視庁高尾署の制服警官が交代で警備している。

宮内庁は平成25年、将来的に天皇皇后両陛下の御陵が武蔵陵墓地に造営されることになった場合の天皇陛下のご意向を公表した。陛下は今後も現在の規模で何代かにわたって御陵が造営された場合、用地が足りなくなって国民に負担をかけることを心配され、規模を小さくすることや、そのために江戸時代以来の火葬を復活させることなどを決意された。これを受け、既に将来の御陵の区画選定や、そこに至る道路の設置などが行われている。

　陛下は合葬についても検討されたが、これについて宮内庁は次のように発表した。「(合葬について皇后さまは) それはあまりに畏《おそ》れ多く感じられるとされ、また、御自分が陛下にお先立ちになった場合、陛下のご在世中に御陵が作られることになり、それはあってはならないと思われること、さらに、遠い将来、天皇陵の前で祭事が行われることになる際に、その御陵の前では天皇お一方のための祭事が行われることが望ましく、陛下のお気持ちに深く感謝なさりつつも、合葬は御遠慮遊ばさねばとのお気持ちをお示しであった」。

江戸期に〝皇室の菩提寺〟と言われた京都の泉涌寺にも御陵

京都市東山区にある「泉涌寺《せんにゆうじ》」は皇室と縁の深いお寺であることから「御寺《みてら》泉涌寺」とよばれている。現在は真言宗泉涌寺派の総本山だが、かつては天台、真言 (東密)、禅、浄土の四宗の兼学道場として栄えた。空海の創建とも伝えられるが、諸説あってはっきりしない。

　この寺の広大な域内には宮内庁が管理する「月輪陵《つきのわのみささぎ》」と「後月輪陵《のちのつきのわのみささぎ》」「後月輪東山陵《のちのつきのわのひがしのみささぎ》」「観音寺陵《かんおんじのみささぎ》」がある。各御陵は国有地であって宮内庁書陵部の月輪陵墓監区事務所が管理しており現在は泉涌寺とは直接関係ない。しかし、武家社会になって天皇が政治から遠ざけられ仏教との縁が強くなると、この泉涌寺に天皇陵が造られ葬儀が行われるようになった。とりわけ江戸時代には正に皇室の菩提寺と言われる存在となった。

その歴史を少し辿ってみよう。鎌倉時代の第86代後堀河天皇は病弱だったこともあり祈願のため泉涌寺を重んじたと言われるが、皇位をわずか2歳の四条天皇に譲って太上天皇（上皇）となり2年後に23歳の若さで崩御する。ここで葬儀が行われ寺域に造られた観音寺陵に埋葬された。次代の四条天皇はわずか12歳で崩御して月輪陵に葬られた。この後も崩御した天皇の葬儀は泉涌寺で行われたが、ご遺体が火葬されるようになったため、御陵は「深草北陵《ふかくさのきたのみささぎ》」に移った。

江戸時代に入ると第１０８代後水尾天皇以後は再び泉涌寺の月輪陵に埋葬されるようになった。ただ、第１１９代光格天皇はそれまでの皇統と異なる傍系の宮家から迎えられて即位した天皇であることから、次代の仁孝天皇とともに新たに造られた「後月輪陵」に埋葬された。幕末最後の天皇である孝明天皇も新たに造られた「後月輪東山陵」に葬られた。江戸時代は皇后や皇族もこれらの御陵に一緒に葬られた。

明治天皇陵は伏見桃山陵と呼ばれ、敷地は豊臣秀吉が築いた伏見城の本丸跡地。明治天皇は皇居（当時宮城）の明治宮殿で崩御され、大正元年9月に東京・青山の帝国陸軍練兵場（現・

は皇后である昭憲皇太后の伏見桃山東陵がある。ご遺志に基づいて京都に御陵が造営されたという。隣には皇后である昭憲皇太后の伏見桃山東陵がある。

東京・護国寺境内の「豊島岡墓地」は明治以降の皇族の墓所

明治になって東京が首都となり、明治6（1873）年に明治天皇の第一皇子が死産されたのを受け、政府が皇居に近い護国寺の境内に皇族用の墓地を作った。これが東京都文京区大塚の護国寺駅そばにある皇族専用の豊島岡《としまがおか》墓地である。広さは8万4772平方メートルで、隣接する現在の護国寺とはコンクリート壁や池で隔てられており、一般の人は入れない。

現在の墓数は61で、戦後は秩父宮雍仁《やすひと》親王（昭和28年1月薨去）と勢津子妃（平成7年8月薨去）ご夫妻、高松宮宣仁《のぶひと》親王（昭和62年2月薨去）と喜久子妃（平成16年12月薨去）ご夫妻がそれぞれ合葬され、高円宮憲仁親王（平成14年11月薨去）、三笠宮寛仁親王（平成24年6月薨去）、桂宮宜仁親王（平成26年6月薨去）の墓所がある。どなたも火葬されて埋葬された。

また、貞明皇后や香淳皇后の大葬もここで行われ、それぞれ多摩陵墓地（東京・八王子市）の大正天皇陵と昭和天皇陵に並んで陵が造られ埋葬された。

皇族以外にも、明治天皇の生母の中山慶子、その父の中山忠能も皇族に準ずる立場で埋葬されているほか、終戦処理内閣の総理大臣を務めた後に他の皇族とともに皇籍を離脱した東久邇宮稔彦王もここに眠っている。

神宮（伊勢神宮）

ご神体は宮中から遷して祀った天照大神の八咫鏡

皇室の歴史を古代まで辿っていくと必ず出てくるのが伊勢神宮だ。『古事記』や『日本書紀』によると、元々宮中にあった天照大神のご神体である神鏡（八咫鏡）を遷して祀ったのが伊勢神宮の始まりであり、代わりに残された「形代」が皇居の三種の神器の一つだとされている。伊勢神宮と皇室の縁はそれほど深い。今でも、伊勢神宮の大きな祭事では最高位の「祭主」が天皇の代わりにご祭神《さいじん》に奉仕することになっており、皇室とは切っても切れない関係にある。その伊勢神宮とはどのような存在なのか——。

伊勢神宮には皇室の祖先神である天照大神《あまてらすおおみかみ》をご祭神とする「皇大神宮《こうたいじんぐう》」と、天照大神のお食事を司る神である豊受大御神《とようけのおおみかみ》をご祭神とする「豊受大神宮《とようけだいじんぐう》」の二つの正宮がある。一般的には前者は「内宮《ないくう》」、後者は「外宮《げくう》」と呼ばれ、同じ三重県伊勢市内の離れた２ヶ所の杜《もり》の中に別々に祀られている。内宮と外宮には正宮のほかに14の別宮があり、神宮外にも伊勢市内を中心に摂社、末社などの小さな社があって、すべて合わせると１２５社にもなる。ここで、毎年、大小約1500もの祭事が行われている。神宮全域の広さは合わせて5500ヘクタールあり、伊勢市の6分の1を占める。東京の世田谷区とほぼ同じ面積で9割を山林が占めている。「祭主」のほか「大宮司」「小宮司」以下約600人の職員が奉仕している。神職（神主）が75人ほどいて、巫女や雅楽・舞楽の楽師、衛士、宮大工などの技師、山林の作業員、広報を含む事務職員などがいる。そうした大組織の事務を束ねるのが内宮の神域にある「神宮司庁」で、明治4（1871）年に神社の国家管理の一環として政府が設置、後に内務省の管轄となった。戦後は宗教法人となり事務を統括している。

天皇の〝代理〟として祭事を行う「祭主」は黒田清子さん

祭主は、神嘗祭などの大祭で天皇陛下の代理として祭事を務める。平成29年6月から今上天皇の長女の黒田清子さん（紀宮《のりのみや》）が就いている。それまでは昭和63年から今上天皇のお姉さまの池田厚子さんが就いていたが、高齢のため途中から黒田さんが臨時祭主を務め、その後を継いだ。戦後は皇族出身の女性が就任しているため「斎宮《いつきのみや》」と混同されることもあるが、斎宮は神宮に仕えた未婚の皇族女性のことで南北朝時代に廃絶した。

大宮司は伊勢神宮だけに置かれている神職のトップで、代々、皇室と縁のある家系の男性が就いている。現在の大宮司は平成29年7月に前任の鷹司尚武《たかつかさなおたけ》氏から受け継いだ小松揮世久《きよひさ》氏が務めている。小松氏は旧皇族で平安神宮宮司を務めた故・小松輝久氏の孫。前任の鷹司氏は昭和天皇の三女の故鷹司和子氏の養子で、鎌倉時代の藤原家に繋がる五摂家の一つである鷹司家の当主である。

「伊勢神宮」と呼んでいるのは実は通称であって、正式名称が「神宮《じんぐう》」であることは意外に知られていない。「○○神宮」と言えば、古くは平安時代の延喜式の神名帳にも載っている鹿島神宮（茨城県）や香取神宮（千葉県）があり、明治天皇を祀る明治神宮（東京）のほか、平安神宮（京都）や霧島神宮（鹿児島）など由緒ある神社が知られている。しかし、これらは、「○○神社」や「○○大社」「○○八幡宮」と同じく神社の社号であり、神社関係者が「神宮」と表記したり表現する場合は、唯一伊勢神宮のことを指している。

伊勢神宮は全国の神社の「心理的統合の象徴」

伊勢神宮は、全国の神社の中でどういう位置にあるのだろうか――。全国の神社の大半にあたる約8万社を包括している組織（宗教法人）として神社本庁（東京・代々木）がある。その神社本庁は伊勢神宮を「本宗《ほんそう》として奉戴する」としている。「本宗」とは聞き慣れない言葉だが、最も尊い「最高至貴」の神様を祀る〝総親神《おやがみ》さま〟あるいは〝総氏神さま〟というようなイメージだろうか。

諏訪大社宮司などを務めた澁川謙一氏は、著書『小論集―一神道人の足跡』（神社新報社）の中で、本宗を次のように定義している。「唯一にして格別なる敬意の対象であり、（神社）本庁が全国神社を統合していくのに、他の如何なる神社を以《もっ》てしても代えることの出来ない存在であり、その地位にかんがみて、本宗は心理的統合の象徴である」。

明治以降、全国の神社の中でも特に皇室と縁が深く、必ずしも毎年ではないが祭礼に際して天皇が勅使を遣わす神社は「勅祭社《ちょくさいしゃ》」と呼ばれる。賀茂神社や熱田神宮、出雲大社、鹿島神宮、明治神宮、靖国神社など16社がそれだ。ところが、天皇が神嘗祭など5つの大祭が行われるたびに勅使を遣わされる伊勢神宮が、他の神社とともに勅祭社とは呼ばれることはない。伊勢神宮はあくまでも他の神社とは違う別格の存在なのだ。

神社にお参りして御神札やお守りを求める時、その神社のお札と一緒に「天照皇大神宮」と記されたお札がおいてある。これは神宮大麻と呼ばれる御神札で、伊勢神宮が神社本庁を通じて全国の神社で頒布《はんぷ》しているもの。大麻は「おおぬさ」と読み、元々は御祓《おはら》いの神具のことだったが、御神札の意味にもなった。

鎮座の地を求めて倭姫命が辿りついたのが「うまし国」伊勢

神宮の歴史は、倭姫命《やまとひめみこと》を抜きにしては語れない。13世紀に神官によってまとめられたと伝わる『倭姫命世記《やまとひめのみことせいき》』がその由緒来歴を著している。その物語はこういうものである。

歴代天皇は御所で天照大神（神鏡）を祀ってきたが、第10代崇神《すじん》天皇はその霊力があまりにも強いため皇居とは別の地でお祀りすることを決めた。その地を探す役目を託された皇女の豊《とよ》鍬入姫命《すきいりひめのみこと》は天照大神とともに、大和をはじめ、尾張の地など鎮座にふさわしい地を探し求めて巡幸した。やがて豊鍬入姫命が老いて、これを受け継いだのが姪である倭姫命。命が数十年かけて辿りついたのが、美しい海があり澄んだ五十鈴川が流れる伊勢の地だった。

『日本書紀』には、ここに神宮を創って祀った時に、天照大神から倭姫命に次のような神託があったと記されている。「この神風《かむかぜ》の伊勢の国は常世の浪《なみ》の重浪帰《しきなみよ》する国なり。傍国《かたくに》の可怜《うま》し国なり。この国に居《を》らむと欲《おも》ふ」。意訳すると、伊勢は常世の国（はるか海の彼方にある理想郷）からの波が何重も寄せる国であり、辺境ではあるが美しい国だ。ここに鎮座しよう――。

倭姫命は神宮（内宮）を建てて天照大神を祀り、祭祀や神職の制度を定めたと伝えられるが、そうした由来を受け、内宮では古代から女性皇族が「斎宮《いつきのみや》」と呼ばれる御所に住み、祭祀を務めてきた。その流れは形を変えて今に受け継がれ、神官の最高位である大宮司の上に祭主《さいしゅ》が置かれている。

外宮と内宮のほぼ中間にある倉田山の近くに尾上《おべ》御陵と呼ばれる小さな古墳があり、ここが倭姫命の陵墓と伝えられている。しかし、天照大神をこの地にお連れした倭姫命を祀る社はなく、明治末になって地元住民の声を受けた宇治山田市（当時）が神社建立を国に請願。大正10（1921）年に内宮の別宮として古墳の近くに倭姫宮という神社が建てられた。

外宮に豊受大御神が祀られた由来については、神宮の社伝がこう伝えている。第21代雄略天皇の夢に内宮の祭神である天照大神が現れ、「自分一人では食事も安心して食べられない。自分の御饌津神《みけつかみ》（五穀の食事を司る神）として丹波国の豊受大御神を近くに迎えて欲しい」と神託された。雄略天皇はこれを受けて、内宮の近くに新たに宮殿を建てて豊受大御神を迎え、祀った――。『古事記』では、豊受大御神は伊弉冉尊《いざなみのみこと》が火の神である加具土命《かぐつちのみこと》を産んだ時に火傷で病み伏している時に生まれた稚産霊《わくむすび》の子とされている。

豊受大御神の「受《うけ》」は食物を意味している。外宮にある御饌殿《みけでん》では朝夕の二度、神官によって1日も欠かさず神饌が供えられる。これは日別朝夕大御饌祭《ひごとあさゆうおおみけさい》と言われる神事で、豊受大御神が祀られて以来、天照大神のほか、豊受大御神や内宮、外宮の神々に対して、約1500年にわたり続けられているという。御饌殿は言わば神々の食堂であり、天照大神は内宮から外宮の御饌殿にお遷《うつ》りになって神饌をいただかれるということになる。

御饌殿は外宮の正殿の裏にあり、一般の参拝者には屋根の部分しか見えない。神饌のお供えは午前8時と午後4時（冬期は3時）で、前日から潔斎して朝5時に木と木を摩擦させて火をおこし、竈《かまど》で時間をかけて煮炊きする。

神饌は、魚や海藻などを除き、米や塩、野菜などのほか神饌を盛る土器も含め、ほとんどが神宮の神域で作られている。関係者によると、お供えするのは、御飯、鰹節、鯛、海藻、野菜、果物、お塩、水、清酒。神官が「皇室のご安泰と国家の繁栄と天下四方の国々の国民に至るまでお守りくださり、今年も五穀が豊作で平和な世界でありますように」との趣旨のお祈りをして、八度拝という神宮独特の丁重な拝礼を繰り返してから神饌をお下げするという。一回の時間は40分ほどかかるという。

オバマ大統領「癒しと安寧をもたらしてきた神聖なこの地」

「何事のおわしますかは知らねども　かたぢけなさに涙こぼるる」

どういう神さまがいらっしゃるのか目には見えないけれども、ただただありがたい気持ちになって涙がこぼれてくる——。そんな和歌を詠んだのは、平安末期の武士で、出家して真言宗の僧侶になった歌人の西行法師。諸国巡りの途上に伊勢神宮を参拝した時のものだ。

それから1000年近く経った平成28年5月。同じ伊勢神宮に、サミットで来日した各国の首脳たちが参拝した。そして、それぞれの思いを記帳した。伊勢神宮によると、当時の米オバマ大統領は「幾世にもわたり、癒しと安寧をもたらしてきた神聖なこの地を訪れることができ、非常に光栄に思います」と記したという。

平安時代の僧侶と米国の大統領。長い時を隔てた2人には何の接点もあり得ないが、同じ空間で感じた思いにはきっとどこか重なるものがあったに違いない。オバマ大統領ら首脳を安倍首相とともに案内した当時の大宮司の鷹司尚武氏は「文藝春秋」（平成28年8月号）で次のように語っている。「首脳たちが体感したように、『ここからが神域です』と言われなくても、『清々《すがすが》しい』『瑞々《みずみず》しい』ということを体感できる佇まいがある。伊勢と言う場所は、日常と非日常が狭い空間の中に混在して、目に見えない空気感の違いを出している。これは千年以上続いているからこそ生まれるものなのだろうと思います」。

1300年続く式年遷宮は20年に一度の神威の再生

式年遷宮は、壬申の乱を経て即位し、天皇として初めて神宮を参拝した天武天皇の発意で始まったと言われ、続く持統天皇の西暦690年に初めて内宮で行われた。戦国時代の混乱期に120年ほど中断したが、これを除けば20年に一度、約1300年にわたって続いてきた。遷宮は社殿を造りかえてご神体に遷っていただくもので、内宮と外宮の正殿の敷地（宮地《みやどころ》）は東側と西側にやや離れて2面あり、交互に建て替えて、遷御が済むと古い社殿は取り壊される。この時、建物だけでなく社殿に置かれた装束や神宝などご神体の身の回りの物もすべて新調される。

なぜ式年遷宮なのか。関係者はその意義について「御神体のお住まいを繰り返し再生していくことで、そのご神威が、いつも変わらず瑞々しいままであってほしいとの先人の思いが込められている」と説明する。これは、日本人が古代から培ってきた「常若《とこわか》」あるいは「生命の甦《よみがえ》り」の思想にも通じる。20年という年限は、社殿の屋根を覆う萱《かや》の耐用年数であり、宮大工などの技術や伝統文化を確実に維持継承していくための区切りの年数とされている。

明治時代、式年遷宮を前に内務大臣と宮内大臣が御用材の不足を補うため、「土台をコンクリートで固めれば200年は保てる」との考えを明治天皇に上奏したことがあった。天皇は、20年ごとの式年遷宮がいかに大切かを説き、後に次のような御製を詠まれた。

いにしへの姿のままにあらためぬ
　神のやしろぞたふとかりける　＊たふとかり＝尊かり

平成25年10月に行われた遷宮は62回目。中心となる神事は「遷御《せんぎょ》の儀」と呼ばれ、静かな闇の中で衣冠束帯を身に着けた100人を超す神職などの奉仕者が、松明の灯りだけを頼りに御神体に付き従い、古代絵巻のような荘厳な儀式が執り行われた。この後、1年余りかけて14の別宮でも同様の遷宮儀式が続いた。

この時の遷宮の一連の儀式と行事は、平成16年1月に大宮司が天皇陛下から、準備を進めるようお言葉をいただき、4月に正式な御聴許《ごちょうきょ》（お許し）が出てスタートした。ここから起算すると一連の遷宮儀式は足掛け10年にも及ぶ大事業となる。総費用は約550億円で3分の1は遷宮奉賛会などを通じた浄財で賄われた。遷宮には1万本の丸太が必要で、古くは五十鈴川の水源である5500ヘクタールもの神宮宮域林でヒノキを賄っていたが、採れなくなったため江戸時代からは木曽地方の用材を使っている。大正時代に「神宮森林二百年計画」が始まり、現在も植樹が続いている。今回の遷宮では700年ぶりにこの一部が使われたという。

一連の祭事や行事は合わせて30回以上にもなるが、地元の人や特別に許可された人々が参加できる行事もある。平成18年5月～7月、19年5月～7月には、二度の「御木曳《おきひき》行事」があり、建材のヒノキを五十鈴川で川曳きするなどの盛大な行事が行われた。平成21年11月には、内宮の入り口にある宇治橋を架け替えて「宇治橋渡始式《わたりはじめしき》」があり、地元で選ばれた渡女《わたりめ》と呼ばれる老女や一族3代の夫婦が装束を着て神職とともに渡った。遷御の直前の平成25年7月～8月には、正殿前の敷地に白石を手で置いて敷きしめる「御白石持行事《おしらいしもち》」があった。

出雲大社も平成25年に60年ぶりの大遷宮

ここで出雲大社にも触れておきたい。神代《かみよ》を記した『古事記』の上巻の3分の1は、出雲が舞台だ。その主人公は、大黒さまとして今も親しまれる大国主命《おおくにぬしのみこと》。地上を治め国づくりを成し遂げるが、皇室の祖先神に国を譲り、自らは大きな社《やしろ》に引きこもる。これが出雲大社の始まりだ。

現在の島根県東部地方にあたる出雲国《いずものくに》は、古代から地元の豪族の「出雲氏」が行政機関の長である国造《くにのみやつこ》として支配してきた。その出雲氏は、〝国譲り神話〟の主人公である大国主《おおくにぬし》命を祀る役割を任された天穂日命《あめのほひのみこと》という神を始祖に持つと伝えられ、代々、出雲大社の祭祀を担ってきた。

その出雲氏は14世紀の南北朝時代には千家《せんげ》氏と北島氏に分かれ、それぞれが国造を名乗るようになり、出雲大社の祭祀についても、江戸幕末までは両家が分担してきたという。その経緯は省くが、明治期に入ってからは千家氏のみが出雲大社の宮司として祭祀を担うようになった。

出雲大社の宮司、千家尊祐氏の長男でナンバー2にあたる権《ごん》宮司の国麿《くにまろ》さんが高円宮家の次女の典子《のりこ》さんと結婚したのは平成26年10月。千家さんは国学院大学神道学科を卒業後、乃木神社や石清水八幡宮で神職として修業し、平成17年から宮司の跡取りとして出雲大社に奉職した。

一方、典子さんは、故高円宮さま（平成14年薨去《こうきょ》）と現在の宮家の当主である妃殿下の久子さまの間に女王《じょうおう》として生まれた。三姉妹の次女で学習院大学文学部心理学科に進学し、臨床心理学を学んだ。出雲大社では、宮司の妻は職員から「姫君さま」と呼ばれる習慣があり、典子さんは「若姫君さま」と呼ばれることになった。

出雲大社では、ほぼ60年〜70年に一度、遷宮が行われている。しかし、必ず20年ごとに遷宮が行われる伊勢神宮と違って式年遷宮とは言わない。直近の遷宮は、偶然にも伊勢神宮の式年遷宮と同じ平成25年5月に60年ぶりに行われ、「平成の大遷宮」と呼ばれた。平成20年にご祭神の大国主命を本殿から仮殿に移し、翌年から本殿の修造工事が行われてきた。平成28年4月以降、第2期として平成31年3月まで平成の大遷宮の事業を継続するとしている。

出雲大社の本殿の高さは全国の神社の中でも最も高い24メートルを誇り、参拝に訪れた人々を圧倒する。約180坪という広さの大屋根には約70万枚もの数の檜皮《ひわだ》が敷き詰められ、軒先の檜皮の厚さは1メートルもある。神楽殿の南側にはこれまた類を見ない高さ47メートルの国旗掲揚台があり、広さは75畳分もあるという。恐らく日本で一番大きい「日の丸」だろう。

古代の社殿は、実はもっと大きかったとする説がある。江戸時代の国学者・本居宣長は、有職故実や文学・芸能など多方面について書き著した随筆集『玉勝間』の中で、本殿の高さが中古(平安期)には16丈(約48メートル)、上古(平安以前)には32丈(約96メートル)もあったという伝承を紹介している。また、出雲大社に残されている古代に書かれた本殿の平面設計図「金輪御造営差図《かなわのごぞうえいさしず》」には、3本の巨木を1つに束ねて柱として組み、合わせて9本の柱が本殿を支える図が記されている。

平成12（2000）年には、社殿の地下に祭礼準備室を建てるための発掘調査中、直径1・4メートルの柱を3本束ねた巨大な柱が地下に埋まっているのが見つかった。これこそ古代の大社殿の柱であり、まるで「16丈（48メートル）」説が裏付けられたかのような騒ぎとなり、人々のロマンを掻き立てた。しかし、事後の細かい分析では、1248（宝治2）年造営の本殿の跡であり、現在とほぼ同程度の規模である可能性が高いと見られている。それでも、16丈説そのものが否定されたわけではなく、建築士が、長い柱の上に社殿が載った古代の出雲大社の〝再現〟模型を創るなど、人々の古代への想いは尽きない。

大国主命は高天原の子孫に国を譲った出雲神話の主人公

大国主命《おおくにぬしのみこと》はインドや密教に起源を持つ大黒天《だいこくてん》と同一視されることが多い。大国と大黒が同じ響きであることも関係しているが、古くから人々に「大黒さま」として大衆的な人気を得てきた。縁結びの神さまとして親しまれるその大国主命が登場する神話の舞台を少し詳しく覗いてみたい。

大国主命の元の名は大己貴《おおなむち》。『古事記』では天上界を追われて出雲に降り立った須佐之男命《すさのおのみこと》(天照大神の弟神）の6代目の子孫とされる。意地悪な兄たちが因幡《いなば》（鳥取県東部）の八上比売《やかみひめ》に求婚に出かけた際、重い荷物を持たされて後からついて行った。

途中、皮をはがされて苦しむウサギに出会う。わけを訊くと、「サメをだまして怒りを買い、皮をはがされた。通りがかりの大国主命の兄たちから『海水に浸《つ》かれば治る』と言われた」と言う。大国主命は、真水で洗って蒲《がま》の穂《ほ》に寝れば治ると助言。果たしてウサギの傷は治り、「あなたが八上比売と結婚するでしょう」と予言する――。これがあの「因幡の白ウサギ」の場面だ。

大国主命は兄たちの苛《いじ》めで命を落とすが、先祖神の助けで蘇り、助言を得て須佐之男命のいる地下の根堅洲国《ねのかたすくに》へ。ここで須勢理毘売《すせりびめ》という娘に出会って見初《みそ》めるが、須佐之男命は多くの試練を与えて追い込む。しかし、須勢理毘売の助けでこれを克服し、一緒に地上に逃げ戻る。怒った須佐之男命が追い掛けるが、途中で追うのをやめて「大国主」という称号を与えた。

大国主命は地上に戻って兄たちを倒し、子孫を増やして国づくりを進め、国土を豊かにしていく。

一方、高天原（天上界）では、天照大神を中心に、神々が降《くだ》って地上を治める計画を立て、使者を遣わすなどしたがうまくいかない。最後に建御雷神《たけみかづち》という勇猛な神が遣わされ、大国主命に国譲りを迫った。しかし、息子の建御名方神《たけみなかた》が反対し、建御雷神は力比べをして打ち負かした。これが相撲の〝起源〟とも言われる。大国主命は国を譲ることを承諾し、その条件として、「我が住処《すみか》を、皇孫の住処の様に太く深い柱で、千木が空高くまで届く立派な宮を造っていただければ、そこにおりましょう」と述べた。これに応えて「天之御舎《あめのみあらか》」（出雲大社）が造られた。

ところで、旧暦10月の「神無月《かんなづき》」は、八百万神が出雲に集まって留守にするので「神無」になったと言い伝えられる。しかし、これは中世以降の俗解と言われ、「無」は「の」であって、本来は「神の月」だったとも解釈されている。出雲地方では神無に抗するように、旧暦10月を「神在月《かみありづき》」と呼ぶが、これはお札《ふだ》を配って歩いた出雲の御師《おんし》たちが広めたと言われる。

第5章　昭和から平成、そして新たな御代へ

昭和の終焉と平成の始まり

111日間に及んだ昭和天皇のご闘病で取材記者も総動員

昭和天皇は昭和62（1987）年4月29日の86歳の天皇誕生日に皇居で開かれた祝宴の昼食会で嘔吐された。検査の結果、十二指腸から小腸の辺りにかけて通過障害があり、「腸閉塞」と診断された。9月22日に皇居内の宮内庁病院で開腹手術を受けられ、病名は「慢性膵臓炎」と発表された。歴代天皇では初めてお体にメスが入る手術だった。12月には公務に復帰されたが、翌昭和63年夏の那須御用邸での静養中にも嘔吐や発熱が続き、9月18日に大相撲9月場所を観戦予定だったが中止になった。翌日の深夜に突然大量に吐血され、以後、翌昭和64年1月

昭和天皇が出席された最後の園遊会（昭和63年5月）

7日の崩御までの111日間、重体のまま御所で闘病された。

これに先立つ昭和62年9月の手術前後からマスコミ各社は社会部を中心に皇室担当記者を大幅に増やしていた。それまで皇室取材とは何の縁もなかった警視庁担当の事件記者まで宮内記者会に〝異動〟し、朝駆けや夜回り取材を続けていた。筆者もその1人だったが、昭和天皇が吐血されたのを境に新聞・通信・テレビ各社は恐らく後にも先にもないであろうほどの大がかりな取材体制を敷いた。各社とも地方支局や系列のテレビ局などから応援をもらい、医学に詳しい科学部の記者も動員した。宮内庁総務課長によるご容体発表が定期的に行われたが、各社ともより詳しいご容体を知ろうと、昭和天皇の侍従や侍医の動静をマークし、自宅にまで張り込んだ。さらには、宮内庁幹部や皇宮警察本部の護衛官の動きを追い、皇居の各門では皇族方の出入りや血液を運ぶ日本赤十字社の緊急車両のチェックまで行っていた。宮内記者会に登録した記者の数は1000人近くにまで増えていた。

中でも宮内庁に常駐する記者たちの日常は異常だった。自宅に戻れないため皇居周辺のホテルなどを確保していたが、実際には交代で短時間仮眠するだけだった。やがて来るであろう瞬間に備えて関連儀式の内容や歴史などを取材して確認する作業もあり、いわゆる予定稿の追加やチェックも欠かせなかった。そんな記者たちがひしめく宮内記者会の狭いスペースは、簡易ソファーを持ち込んで仮眠する記者たちも少なくなく、深夜はまるで野戦病院のようだった。

ご平癒祈願の記帳は全国で900万に及んだが過剰自粛も

一方、昭和天皇のご闘病中のいわゆる歌舞音曲などの自粛が、次第に国民生活にも及びはじめた。この秋、セ・リーグは中日ドラゴンズが優勝したが、「祝勝会」を「慰労会」に変更しビールかけをやめたため話題になった。これ自体は誰に迷惑をかけるものでもなかったが、トヨタが新車販売の「生きる歓び」というコピーを撤去したり、地域のまつりで「まつり」の文字を消すなどのやや過剰な反応も見られるようになり、学校の文化祭や運動会が中止になるケースも出てきた。要は程度の問題なのだが、こうした過剰な自粛が却って国民から皇室を遠ざける結果になることが危惧された。それを最も心配されたのが当時の皇太子さまであり、宮内庁を通じて国民に過度の自粛を心配している旨のメッセージを出されたのだった。

そうした中、皇居の坂下門では連日、昭和天皇のご平癒を願って記帳する人々の列が続いていた。取材の合間に坂下門で記帳する人々を何度も見に行った。ビジネスマンらしき若い男性グループや杖をついた老夫婦、袈裟をまとった僧侶もいた。週末にはボーイスカウトの子どもたちや若いカップルの姿もあった。記帳者の中に美空ひばりさんがいたらしいということは後になって警察関係者から聞いた。誰もが新聞やテレビのニュースを通じて昭和の終焉が近いことを感じていた。だから、正月や天皇誕生日の一般参賀とは違うやや重々しい雰囲気があった。記帳はこの坂下門をはじめ全国各地で行われ、記帳者名簿の数は最終的には９００万人を超したと言われる。

昭和天皇が病床に伏される直前に燃やした謎の手紙

昭和天皇が吐血して病の床に伏されるわずか5日前のことだった。その日の当番としてお住まいの吹上御所の候所（控え所）にいた中村賢二郎侍従（当時）はインターホンで呼び出され、「手紙を燃やしたいのだが」と相談を受けた。昭和天皇はベランダに出て、中村侍従が持ってきたバケツの中で自分で封筒に火をつけて燃やし始めた。中村侍従の退任後の著書『続　吹上の季節』によると、「完全に燃えたかな」「はい、灰になっております」「見られない」「はい、大丈夫でございます」などのやりとりがあったという。

その中村氏の記憶だと、手紙は絵はがき大の封書で、裏に「裕仁」と直筆で書かれ、表には2文字が書かれていたが、何と書いてあったかまでは確認できなかったという。その2文字は封書の表題だったのか宛先あるいは宛名だったのか――。その頃、お付きの看護師たちは昭和天皇のお顔が黄みがかってきているのを心配していた。明らかな黄疸症状だった。昭和天皇ご自身も、女官に「痩せて見えなかったか」と訊くなど気になさっていたという。

手紙は書き残して誰かに伝え残すための封書だったと思われるが、少なくともその時点では完全に燃やし切っておかなければならない事情がおありだったのだろう。今となってはすべて謎である。

崩御4時間後に神器継承の「剣璽等承継の儀」と「賢所の儀」

昭和64年1月7日午前6時33分、昭和天皇は87歳の生涯を閉じられ、ただちに皇太子明仁親王殿下が皇位を継がれた。皇太子殿下が天皇の地位を継承された法的根拠は、戦後の昭和22年に新しく公布・施行された皇室典範第四条の「天皇が崩じたときは、皇嗣が、直ちに即位する」との規定に基づいている。

午前7時55分から藤森昭一宮内庁長官が宮内庁で昭和天皇崩御を正式に発表。崩御から4時間半後の同日午前10時から皇居・宮殿の正殿松の間で「剣璽等承継の儀」が天皇の国事行為として行われた。この儀式は戦前の昭和天皇の即位までは「剣璽《けんじ》渡《と》御《ぎょ》の儀《ぎ》」と呼ばれたが、神霊がお出ましになるという意味の「渡《と》御《ぎょ》」が宗教的だということで、新しい名称に変えられた。

儀式には内閣総理大臣、最高裁判所長官、衆参両院議長のいわゆる三権の長のほか、閣僚などが参列。モーニング姿の今上天皇は宮内庁長官らに先導され、後に男性皇族を従えて松の間に入り、参列者に向かい合う形で正面の席に着かれた。続いて剣璽及び国璽・御璽を昭和天皇の3人の侍従が捧げ持って入り、今上天皇の前にある机に置いた。このことによって剣璽等が新天皇に引き継がれたとする、象徴的な儀式である。儀式はわずか4分程度で終わって新天皇が退出され、その後に承継した剣璽などを捧げ持つ新天皇の侍従が続いた。

また、この儀式と同じ時刻に宮中三殿の賢所で「賢所の儀」という臨時の祭祀が行われた。天皇の命を受けた掌典長が祝詞をあげた後、天皇のご代拝として天照大神に対して「御《お》告文《つげぶみ》」を奏上した。この儀式によって、神鏡（八咫鏡）を含む三種の神器を受け継いだ正統な天皇であることが確認されたことになる。

戦前までは天皇の践祚や即位に関する儀式を規定した「登極令《とうきょくれい》」によって、「剣璽渡《と》御《ぎょ》の儀」と「賢所の儀」は一体のものだったが、平成の即位に於いては両者は分離され、剣璽渡御の儀は剣璽等承継の儀と名称を変えて「国事行為」と位置づけられ、賢所の儀は「皇室の私的行為」とされた。新天皇即位でも基本的に同じ形態で行われる予定だ。日本国憲法下での政教分離原則をクリアするための手段としては仕方ないと思われるが、皇室経済法第7条で三種の神器が「皇位とともに伝わるべき由緒ある物」とされていることを考えれば、鏡だけが私的行為の対象とされることに違和感を感じる人もいるかもしれない。

皇居・宮殿では〝お通夜〟の殯宮祇候が1ヶ月

昭和天皇の崩御に伴う一連のご葬儀は2ヶ月近くにわたって行われた。葬儀の法的位置づけとしては、現在の皇室典範（第25条）には「天皇が崩じたときは、大喪の礼を行う」とあるだけで何の定めもない。このため、大正天皇の崩御に伴って大正15年（昭和元年）に公布された「皇室喪儀令《そうぎれい》」とその付式が準用された。

ただ、政府は日本国憲法の政教分離の原則を厳密に適用し、一連のご葬儀の中心となる「大喪の礼」だけを国の儀式とし、それ以外は皇室行事として区別した。

崩御を受けて、ご遺体はお住まいの吹上御所に設けられた棺《ひつぎ》の間「櫬殿《しんでん》」に13日間安置され、この間に「お舟入り」という納棺の儀式等があり、即位された天皇陛下や各皇族方、侍従らが最期のお別れをされた。御陵となる東京・八王子市の陵所では事前に掌典によって地鎮祭が行われた。

1月19日には霊柩（御棺）が御所から宮殿の「正殿松の間」に設置された殯宮に移された。殯宮は「もがりのみや」や「あらきのみや」と呼ばれ、本葬にあたる斂葬《れんそう》（「葬場殿の儀」と「大喪の礼」）までの1ヶ月間、ご遺体を安置する仮の御殿のことだ。一般の通夜に似た儀式で、昼夜の別なく誰かが一定時間付き添って亡き陛下を偲ぶもので、儀式名は「殯宮祗候《ひんきゅうしこう》」と言う。

皇族方や旧皇族などの縁者、三権の長のほか、政財界をはじめ各界から多くの人が呼ばれ、各国の大使も拝礼した。殯宮祗候には森繁久彌さんも呼ばれていた。著書『もう一度逢いたい』（朝日文庫）の中で、森繁さんは「陛下、一人でお寂しいでしょうな。でも私は光栄です、と心の中でしゃべりながら、胸にこみ上げて来るものがあった」と記している。取材記者だった筆者も夜間、御棺《おひつぎ》は見えない幕の外ではあったが、宮内庁職員や皇宮護衛官などと一緒に一時間ほど静かに目をつむって祗候させていただいた。

冷雨の新宿御苑で行われた「葬場殿の儀」と「大喪の礼」

本葬にあたる「斂葬《れんそう》の儀」が行われたのは崩御から49日目の平成元年2月24日だった。冷たい雨の降る新宿御苑で、斂葬の儀では、具体的には皇室行事の「葬場殿《そうじょうでん》の儀」と国の儀式である「大喪《たいそう》の礼」が連続して行われた。当日は「昭和天皇の大喪の礼の行われる日を休日とする法律」が公布・施行され、公休日となった。また、政府は10日前の閣議決定で、公的機関や学校、会社に対し哀悼の意を表するよう協力を要望し、国民には大喪の礼の正午に黙禱を捧げるよう協力を求める――ことなどを決めた。実際に各地で学校や公共施設のほか民間会社でも弔旗や半旗が掲揚され、全国のテレビ・ラジオ放送も報道特別番組を編成してCMを自粛。公的施設やデパート、映画館なども休業した。

当日午前9時半頃、冷たい雨の降る中、昭和天皇の霊柩を乗せた轜車《じしゃ》と呼ばれる霊柩車が、サイドカーを含む約60台の車列（全長約800メートル）で皇居を出発。陸上自衛隊による21発の弔砲と海上自衛隊による捧《ささ》げ銃《つつ》に送られて皇居正門をくぐり、祭場となる新宿御苑に向かった。葬列は桜田門を通って国会議事堂正門、憲政記念館、赤坂見附、外苑前などをゆっくり進み、沿道では警視庁音楽隊や上智大学吹奏楽団などが葬送曲「哀の極《かなしみきわみ》」を演奏、約20万人が手を合わせてお見送りした。轜車は1時間ほどで新宿御苑に到着、霊柩が「葱華輦《そうかれん》」に遷《うつ》された。屋上部分がネギ坊主の形をした吉祥飾りの輿《こし》だ。これを衣冠単《ひとえ》という古式の黒い装束を着けた皇宮護衛官が担ぎ、宮内庁楽部の楽師たちが奏でる和琴《わごん》などの物悲しい音色に合わせて、ゆっくり祭場に進んだ。この徒歩列に天皇皇后両陛下や皇族方も続いた。

祭場の「葬場殿」は白木造り。鳥居が立ち真榊《まさかき》が飾られ、皇室の行事としての「葬場殿の儀」が行われた。約1万人が白いテントの幄舎に座って参列した。このうち、世界各国からは、国王や大統領などの国家元首、大使など164ヶ国27機関の約700人が参列した。

最初に元掌典長の永積寅彦祭官長が「おほみや（皇居）のうちよ、ふかきなげきかなしみにつつまれ、あらきのみや（殯宮）にひねもすよもすがら、つかえまつらせたまひて――」など祝詞に似た大和《やまと》ことばの「祭詞」を読んだ。天皇陛下が拝礼し、弔辞にあたる「御誄《おんるい》」を奏された。次はその一部である。「こよなく慈しまれた山川に、草木に、春の色はようやくかえろうとするこのとき、空しく幽明を隔てて、今を思い、昔をしのび、追慕の情はいよいよ切なるものがあります。誠にかなしみの極みであります」。

鳥居を外して「大喪の礼」が行われた経緯

ここまでは、いわゆる私的な皇室の行事で、次はまったく同じ場所で国の儀式である「大喪の礼」が行われた。儀式が始まる前に、鳥居は外され真榊も撤去された。この鳥居は目立たないレールの上に立っており、すぐに移動できるようになっていた。この鳥居をめぐっては、当時の政府内には、葬場殿の儀が皇室行事ではあっても国費が使われることから宗教色を薄めるべきだとの意見があり、一時期、鳥居は立てない方向で進みかけた。しかし、どの国に於いても宗教的色彩を帯びない葬儀などあり得ず、憲法が禁止した（勧誘などの）宗教的行為（活動）にはあたらないとの意見が、これを押し返した経緯がある。

葬場殿の儀に続く「大喪の礼」は、当時の小渕恵三内閣官房長官の「大喪の礼御式を挙行いたします」との発声で始まった。次いで天皇皇后両陛下が葬場殿前に進み、参列者全員が正午から1分間の黙禱をした。続いて竹下登総理大臣をはじめとした三権の長が拝礼して弔辞を述べ、外国元首や弔問使節が拝礼、参列者の一斉拝礼も行われた。

当時、筆者も取材の一環という名目で先輩記者とともに幄舎に入り参列した。みぞれが降り続きテントの中にいても凍えるような寒さだったが、最後の一斉拝礼の時ぐらいはとコートを脱いだ。

大喪の礼が終わると、霊柩は再び轜車に遷《うつ》され、午後1時50分に葬列は新宿御苑から八王子市高尾の武蔵陵墓地（多摩御陵）に向かった。御陵に車列が到着すると雨もやみ、気温がぐっとあがって春のような陽気になったのを覚えている。

夕刻、霊柩は御陵の石槨《せっかく》に埋葬され、天皇皇后両陛下や各皇族方が自ら「お土かけ」をされ、夜になると、篝火《かがりび》に照らされた御陵の前で、両陛下や皇族方、三権の長、都道府県知事ら約2００人が参列して、皇室行事としての「陵所の儀」があった。祭官長の祭詞に続いて天皇陛下が拝礼し、昭和天皇の御霊《みたま》に想いをお伝えする御告文《おつげぶみ》を読み奏された。昭和天皇の御陵は、この日から「武蔵野陵《むさしののみささぎ》」と呼ばれることになった。

「即位の礼」や「大嘗祭」を中心とした即位の伴う儀式を総称して「大礼」や「大典《たいてん》」という

表現が使われることがある。日本国憲法下で初めての即位となった今上天皇の即位儀礼では公式には使われなかったが、昭和天皇の即位までは、官民ともに「大正の御大典」「昭和の御大礼」などと言うのが一般的だった。

即位の礼と大嘗祭の2つの重要儀式のうち、明治天皇までは「即位の礼」はご即位から程なくして行われ、「大嘗祭」は1年間の諒闇（服喪）が明けた年の11月の2度目か3度目の「卯」の日に行われてきた。しかし、明治42年公布の「登極令」では「卽位ノ禮及大嘗祭ハ秋冬ノ間ニ於テ之ヲ行フ　大嘗祭ハ卽位ノ禮ヲ訖リタル後續テ之ヲ行フ」（即位の礼と大嘗祭はともに秋と冬の間に行い、大嘗祭は即位の礼の後に行う）と規定され、大正天皇と昭和天皇の大礼はこれに基づいて行われた。

今上天皇の〝平成の大礼〟については、その登極令自体が戦後の昭和22年に廃止されており、戦後に制定された皇室典範にも「皇位の継承があつたときは、即位の礼を行う」（第24条）とあるだけで、大嘗祭については規定自体がなくなってしまった。しかし、現実には廃止された登極令の内容が踏襲され平成2年の11月に実施された。即位の礼が11月12日に、大嘗祭が11月22日から23日未明にかけて、いずれもこれまでの京都ではなく皇居がある東京で行われた。

即位の礼は古代から続く「高御座」が使われ祝賀のパレードも

平成の即位の礼は国事行為として平成2年11月12日に行われた。当日の警備は、外国からの国家元首クラスのVIPが多数来日したことや、両陛下のオープンカーでの祝賀パレード警備もあって、警視庁を中心に前年の昭和天皇の大喪の礼の3万2000人を上回る3万7000人の警察官が全国から動員され、前例のない徹底した検問等が実施された。

当日は午前9時から皇居・宮中三殿で、白い装束を召された天皇陛下が皇祖や神々にご拝礼。そして、いよいよ午後1時から宮殿で「即位礼正殿の儀」が始まった。京都御所で行われた昭和天皇の即位の礼までは「紫宸殿《ししんでん》の儀」と呼ばれていた儀式である。

皇居・宮殿の正殿松の間には、京都御所にある天皇の「高御座《たかみくら》」と皇后の「御帳台《みちょうだい》」がお化粧直しをして置かれている。高御座《たかみくら》は古代から「即位の礼」に使われる天皇位を象徴する玉座。高さ6・5メートル、重さ約8トンで、上部には神輿《みこし》型の八角形の屋形が載っており、鳳凰《ほうおう》や鏡などが飾られている。御帳台はこれより一回り小さい。今上天皇の即位では、大正2年の大正天皇ご即位で造られたものが使われ、テロを警戒して皇后さまの御帳台と一緒に自衛隊の大型ヘリが京都御所から運んだ。皇位継承から約5ヶ月後の来年（2019年）10月22日に行われる新天皇の即位礼でも同じものが化粧直しをして使われる。

平成の即位の礼では天皇陛下は「黄櫨染《こうろぜん》の御袍《ごほう》」と言われる最も格式の高い装束を召して高

御座に立たれ、皇后さまも十二単《じゅうにひとえ》で御帳台に。その壇下の左右には成年皇族が並ばれた。

その前庭には、皇宮護衛官などが平安装束の武官などに扮して、旗や鉾、太刀などを持って侍立し、その周囲には、160を超す国や国際機関から国王や大統領を含む約500人、国内の各界代表2000人が参列して儀式を見守った。

陛下は「日本国及び日本国民統合の象徴としてのつとめを果たすことを誓い、国民の叡智とたゆみない努力によって、わが国が一層の発展を遂げ、国際社会の友好と平和、人類の福祉と繁栄に寄与することを切に希望します」などとするお言葉を述べられた。これに応えて当時の海部俊樹首相が祝辞を読み上げて「天皇陛下万歳」を唱え、参列者が合わせて三唱した。

この儀式では、昭和の即位の礼では京都御所の紫宸殿に置かれた新天皇の高御座と皇后の御帳台に向かって総理大臣が庭上から祝辞と万歳をした。しかし、平成の即位の礼では、象徴天皇制での初めての儀式として庭上からの〝臣下の礼〟を採らず、高御座と同じ宮殿の松の間で万歳等を行った。

午後3時からは、両陛下が皇居から仮御所のある赤坂御用地までの約5キロをオープンカーでパレードして沿道から祝福を受けられた。この日の夜から15日までは皇居で関係者を招いての祝宴が開かれ、翌日の13日には、参列した国王や大統領など多くの国家元首クラスの要人のほか駐日大使などを招いて、天皇陛下主催の園遊会が赤坂御苑で開かれた。モーニングや着物が目立つ毎年の春・秋の園遊会とは異なり、カラフルな民族衣装をまとった賓客も多く、ひときわ華やかな雰囲気に包まれた。その中に、チャールズ英皇太子と当時のダイアナ妃（故人）の姿もあった。取材に加わった筆者には、ダイアナ妃が日本の国旗をあしらった白地に赤玉のドレスを着て両陛下や皇族方とにこやかに話される様子が印象的だった。18日には皇居で、ご即位をお祝いする一般参賀も行われた。

皇居東御苑の大嘗宮で夕刻から未明まで行われた一世一度の大嘗祭

新天皇の即位の年に初めて行われる新嘗祭を大嘗祭と言う。古くは「おほにへのまつり」「おほなめのまつり」と呼ばれていた。毎年の新嘗祭は皇居・宮中三殿に接する神嘉殿で行われるが、大嘗祭は大嘗宮《だいじょうきゅう》という祭殿を作って皇祖神の天照大神を迎えて天皇が新穀を供え、自ら召し上がる儀式である。儀式自体は基本的には新嘗祭と変わりはないが、後述するように新嘗祭でお供えする新穀（米）は全国からの献米と皇居で天皇が作られた米が使われるのに対し、大嘗祭では「悠紀田《ゆきでん》」「主基田《すきでん》」という特別な〝神田〟で作られた米が使われる。

平成の大嘗祭は即位の礼から10日後の11月22日夜から翌未明まで、皇居・東御苑の広場に造られた39棟の木造の大嘗宮で執り行われた。各棟は皮付き柱と萱葺《かやぶ》き屋根で作られている。大嘗宮の中心は「悠紀殿《ゆきでん》」「主基殿《すきでん》」と呼ばれる同じ形状の二つの建物で、東西8・1メートル、南北13・5メートル。ここで、陛下が神々に神饌をお供えしてご自分も召し上がる祭儀が行われる。神饌に使われる新米を作る斎田（田圃）は祭殿と同じように「悠紀田」「主基田」と呼ばれ、古代から続く亀卜《きぼく》による占いによって田圃を作る地域が決められる。今上天皇の大嘗祭では、悠紀田は秋田県五城目町《ごじょうめ》、主基田は大分県玖珠町《くす》が選ばれた。

やや難しい説明になるが、「悠紀《ゆき》」は「斎酒《ゆき》」とも表され、神聖な酒を意味するという。つまり、「悠紀田」は新穀や酒などの神饌を献上すべき所、「悠紀殿」はその祭場ということになる。一方、「主基《すき》」は「次《つぎ》」のことで、〝悠紀に続く〟という意味だと言われる。

午後6時に陛下が白絹の御祭服を召して、三種の神器の「剣」と「璽」を伴って、薄明りの悠紀殿の外陣へ。続いて、内陣で神座に向かって米と粟の御飯などの神饌を神々にお供えされた。御拝礼と御告文が終わると、陛下はみずから神饌と同じ御飯と白酒《しろき》・黒酒《くろき》を神からの賜りものとして召し上がり、午後9時半頃に終了。休憩の後、翌午前零時半頃からは主基殿で同様の祭儀に臨まれた。

大嘗祭の祭儀の内容は「秘儀」とされ公開されていないこともあって、これまで多くの誤った説や誤解が流布されてきた。昭和の大嘗祭の後、民俗学者の折口信夫《おりぐちしのぶ》は、大嘗宮に神座があって八重畳と掛け布団のような覆衾《おぶすま》が置かれていることから、本来は天皇が神座の覆衾にくるまって天皇としての新たな生命を得る儀式である——という「真床覆衾論《まどこおぶすまろん》」を説いた。しかし、こうした想像と推理による説が独り歩きして、新帝が先帝の亡骸に添い寝するというようなおどろどろしい説を唱える研究者や、天皇と神が聖婚する儀式であると説く学者まで現れた。だが、実態はまったくそうではない。関係者がかつてこう説明してくれたことがある。「わかりやすく言えば、秘儀とはとても大切で神聖な儀式であるから公開されていないということであり、ご神座はご降臨いただいた天照大神に泊って休んでいただくためのものです。儀式の中で陛下は数々の神饌をお供えして真心よりご接待申上げ、そのお下がりをいただく。そのことによって皇祖神と一体となり、皇孫（天照大神の子孫）である天皇としての生命力を備えられるということです。天皇が天照大神の寝座に触れることは決してない。外が闇に包まれている時の祭事なのでイメージは暗いかもしれないが、実に神々しく清々しい儀式なのです」。

一方、大嘗祭の位置づけ等と費用については、政府は平成元年12月21日に次のような内容を閣議了解している。

「大嘗祭は、前記のとおり、収穫儀礼に根ざしたものであり、伝統的皇位継承儀式という性格を持つものであるが、その中核は、天皇が皇祖及び天神地祇に対し、安寧と五穀豊穣などを感謝されるとともに、国家・国民のために安寧と五穀豊穣などを祈念される儀式であり、この趣旨・形式等からして、宗教上の儀式としての性格を有すると見られることは否定することができず、また、その態様においても、国がその内容に立ち入ることにはなじまない性格の儀式であるから、大嘗祭を国事行為として行うことは困難であると考える。次に、大嘗祭を皇室の行事として行う場合、大嘗祭は、前記のとおり、皇位が世襲であることに伴う、一世に一度の極めて重要な伝統的皇位継承儀式であるから、皇位の世襲制をとる我が国の憲法の下においては、その儀式について国としても深い関心を持ち、その挙行を可能にする手だてを講ずることは当然と考えられる。その意味において、大嘗祭は、公的性格があり、大嘗祭の費用を宮廷費から支出することが相当であると考える」。

大嘗祭違憲訴訟では「政教分離に反せず」の3件の最高裁判決

平成2年11月の大嘗祭後、知事等の儀式への参列は政教分離原則に反しているとする住民訴訟が次々に提起された。しかし、これまでの3件の最高裁判決（小法廷）はいずれも「目的効果基準に照らし、政教分離原則に反しない」として被告の県側が勝訴している。「目的効果基準」とは、昭和52年7月13日に最高裁大法廷が示した政教分離についての法解釈である。この判決は「政教分離原則は、国家が宗教とのかかわり合いを持つことを全く許さないとするものではなく、宗教とのかかわり合いをもたらす行為の目的及び効果にかんがみて、相当とされる限度を超えるものと認められる場合にこれを許さないとするものであると解すべきである」と判断。さらに「（限度を超えるものとは）当該行為の目的が宗教的意義をもち、その効果が宗教に対する援助、助長、促進又は圧迫、干渉等になるような行為をいう」とした。

3件の最高裁判決のうち、鹿児島県大嘗祭参列違憲訴訟の判決（平成14年7月11日第1小法廷）は「参列の目的は（中略）日本国及び日本国民統合の象徴である天皇に対する社会的儀礼を尽くすものであり、その効果も、特定の宗教に対する援助、助長、促進又は圧迫、干渉等になるようなものではない」と結論づけた。

明仁天皇と美智子皇后

日嗣の皇子の誕生にサイレンが鳴り新聞は「今ぞ全國民の念願達す」

昭和8（1933）年12月23日早朝、当時の天皇皇后両陛下であった昭和天皇と香淳皇后に第5子が誕生した。皇位を継承する初めての男の子であり、生まれながらにして皇太子であった。全国各地で皇子《おうじ》誕生を知らせる長いサイレンが2度鳴り響き、新聞の号外には「今ぞ全國民の念願達す」などの見出しが躍った。皇子誕生なら1分間のサイレンを2回、内親王誕生ならサイレンは1回と事前に決まっていたという。皇居の二重橋前広場も日の丸の小旗を持って万歳を唱える人々で埋め尽くされた。称号は継宮、お名前は明仁《あきひと》と決まった。

当時の日本は前年に建国宣言した満州国をめぐって国際連盟内で米英仏などと激しく対立、

撤退勧告を受けて連盟を脱退するなど国際的に孤立化への道を歩み始めていた。国内では3月に宮城県の金華山沖で巨大地震が発生し高さ28・7メートルもの津波が襲って3000人余の死者行方不明者が出ていた。それだけに、待ちに待った〝日嗣《ひつぎ》の皇子〟の誕生は理屈抜きに人々を歓喜させた。《日の出だ　日の出に　鳴った、鳴った　ポーオ　ポー　サイレン、サイレン――――》で始まる『皇太子さまお生れなつた』（北原白秋謹詞、中山晋平謹曲）が作られ、ラジオから小学生の童謡歌手の歌声が流れた。

昭和天皇と香淳皇后は「東宮ちゃん」と呼んで慈まれたが、学齢期まではお手元で育てたいとの願いは適わず、当時の宮中の慣例によって3歳になると赤坂離宮構内に設けられた東宮仮御所へ。東宮傅育《ふいく》官によって「帝王学」の教育を受けられ、日曜日もご両親の元に戻ることはままならなかった。

玉音放送に涙した若き皇太子に届いた母皇后からの1通の手紙

昭和15（1940）年に学習院初等科に入学、華族だけでなく、いわゆる平民も一緒のクラスで自由な雰囲気で学校生活を過ごした。しかし、昭和16年に始まった太平洋戦争（大東亜戦争）は昭和19年に入ると戦況が悪化、米軍による東京をはじめ全国の大都市への空襲が始まった。このため、5年生になった同年5月、学習院初等科の学友であった他の皇族や華族の子弟とともに沼津の御用邸に疎開。しかし、沼津沖に米軍の潜水艦が現れたとの情報もあり、滞在2ヶ月後には内陸部の栃木県日光にあった田母沢御用邸（現在は国の重要文化財として栃木県が管理）に移った。近くの金谷ホテルに宿泊する同級生らと一緒に御用邸隣接の東京帝大植物園に設けた教室で学んだ。子供たちは疎開中、ホテルを訪れた両親と面会する機会が設けられたが、明仁皇太子だけは別だった。一緒に疎開していた明石元紹氏は著書『今上天皇　つくらざる尊厳』の中でこう記している。「同級生の中で唯一人、この喜びを味わえない子がいた。御用邸の中の皇太子殿下である」。

日光にもB－29が飛来するようになり、6年生になった翌昭和20年7月には、さらに奥地の奥日光湯元の旅館へ。皇太子と言えども特別扱いはなく、学友と一緒に、野草や捕まえたイナゴで空腹を満たされたという。

そして終戦。旅館の一室でラジオを前に正座し、父君の玉音放送を聴かれた。御用掛としてお仕えしていた高杉善治氏は、その時の様子を著書『天皇明仁の昭和史』でこう書いている。「頭を深く垂れ身動きもせずじーっとお聞きになっておられたが、しっかり握りしめられた両手はかすかにふるえ、目がしらには涙があふれ光っていた」。しばらくして、母君の香淳皇后から1通の手紙が届いた。そこには、こんな言葉がしたためてあったという。「東宮さんも大詔に仰せになったことをよく〳〵頭に入れて　間違いのないやうに　しのぶべからざることを

よくゝしのんで　なほ一層　一生懸命に勉強をし　体を丈夫にして　わざわひを福にかへてりっぱなゝ国家をつくりあげなければなりません」。母である皇后の逞しくも優しい励ましの便りだった。

明仁皇太子はそれから3ヶ月後、奥日光を列車で発って原宿駅の宮廷ホームに降り立たれた。「あたりが何もないので、びっくりした」（昭和50年8月の記者会見）と回想されたように、あらためて日本の敗戦を実感された瞬間だった。

マッカーサーに面会した敗戦国の皇子は「少年らしい威厳を保ち――」

昭和21年春、宮内省から離れて私立学校となった学習院中等科に入学。中等科は元々東京・目白にあったが戦災で現在の小金井公園（東京・小金井市）内に仮移転し、皇太子は園内に建てられた仮住まいの「御仮寓所《ごかぐうしょ》」から通学された。この秋、数百人の応募者から選ばれた米国の児童文学者のエリザベス・グレイ・ヴァイニング夫人が英語の教師として来日した。英語をネイティブから学ぶことは昭和天皇の意向でもあり、ヴァイニング夫人は中等科のクラスの英語教師と個人教師を兼ねて教えた。夫人は「質素・誠実・平等」を旨とするクエーカー教徒で、クラスでは生徒全員に英語のファーストネームをつけて呼び、皇太子には「ジミー」と名付けた。

滞在4年間の最後の授業でヴァイニング夫人は生徒たちの前でこう話した。「私はあなた方に、いつも自分自身でものを考えるように努めてほしいのです。誰が言ったにしろ、聞いたことを全部信じ込まないように。新聞で読んだことをみな信じないように。調べないで人の意見に賛成しないように。自分自身で真実を見出すように努めてください――」。そして、黒板に「Think for yourself!（自分で考えよ！）」と書き残した。この最後の授業は、風邪のために明仁皇太子は出席できなかったが、この後の個人教授で同様の話は伝えられたようだ。

話は前後するが、皇太子は高等科1年時にヴァイニング夫人とともにGHQのマッカーサーに面会した。マッカーサーからの強い申し出だった。その時の様子を夫人は著書『皇太子の窓』にこう書いている。「敗戦国の皇帝の子息が、昨日までの敵の頭目に面と向かい合って、おめも臆しもせず、少年らしい威厳を保って、率直に受け答えしている姿を見た。今日この世界で、こんなことが起こりえたのを目の当たりに見て、私は嬉しくてならなかった」。また、同じ著書で当時の皇太子の人となりを「自分に対しても他人に対しても正直である。また謙遜である。明確な分析的な他に左右されない、並みすぐれた知力をもたれ、独創的な思想への資質もそなえておられる」と書いている。

聖心女子大で英文学を学び首席卒業された美智子皇后

皇后美智子さまは明仁天皇のご生誕の翌昭和9（1934）年10月20日、日清製粉創業家の正田英三郎《ひでさぶろう》・富美子夫妻の長女として東京で誕生。昭和16（1941）年に雙葉学園雙葉小学校に入学するが、昭和19年に神奈川県藤沢市の乃木高等女学校附属小学校（現・湘南白百合学園小学校）に疎開、さらに正田家の出身地である群馬県の館林南尋常小学校（現・館林市立第二小学校）に移り、昭和20（1945）年5月には、長野県の軽井沢第一国民学校に移り終戦を迎えた。真面目で活発な性格でスポーツも得意だった。ピアノや絵画、料理も得意だった。

終戦とともに雙葉学園雙葉小学校に戻り、昭和22年春に聖心女子学院中等科に進学、聖心女子学院高等科を卒業した。中高ともに成績はトップクラスで、「ミッチ」や「ミチ」の愛称で呼ばれていた。昭和32年に聖心女子大学文学部外国語外国文学科（現・英語文化コミュニケーション学科）を首席で卒業、在学中はプレジデント（全学自治会会長）としても活動し、卒業式で総代として答辞を読んだ。両親の意向もあって大学院進学や就職はせず、フランス語を学びながら19世紀の児童文学の研究を続けた。

父親がくれた神話の本で美智子さまが知った「愛と犠牲」

皇后さまは平成10（1998）年夏、国際児童図書評議会（IBBY）の第26回ニューデリー大会で「子供の本を通しての平和――子供時代の読書の思い出」という題で、ビデオテープ上映による基調講演をされた。ＩＢＢＹは１９５３年に設立され、子どもと本を結ぶ世界的ネットワーク組織として読書活動の支援や子どもの本の調査・研究などを行っている組織だ。日本では下部組織の日本国際児童図書評議会（ＪＢＢＹ）が活動している。

その基調講演で皇后さまは、少女時代や戦争による疎開時の経験を織りまぜながら読書体験を振り返り、子どもと本との関わりについて述べられた。その中で父親が買ってくれた日本神話の本についても言及された。国際会議の場だけに、わかりやすくそのストーリーまで説明され、多くの人が初めて耳にする日本の物語に大きな関心を示した。以下抜粋する。なお、このビデオによる基調講演は本番でカットされた部分を含め、『橋をかける　子供時代の読書の思い出』（すえもりブックス）として出版されている。

「今考えると、本当によい贈り物であったと思います。なぜなら、それから間もなく戦争が終わり、米軍の占領下に置かれた日本では、教育の方針が大巾に変わり、その後は歴史教育の中から、神話や伝説は全く削除されてしまったからです」

「今思うのですが、一国の神話や伝説は、正確な史実ではないかもしれませんが、不思議とその民族を象徴します。これに民話の世界を加えると、それぞれの国や地域の人々が、どのような自然観や生死観を持っていたか、何を尊び、何を恐れたか、どのような想像力を持っていたか等が、うっすらとですが感じられます。

父がくれた神話伝説の本は、私に、個々の家族以外にも、民族の共通の祖先があることを教えたという意味で、私に一つの根っこのようなものを与えてくれました」

「父のくれた古代の物語の中で、一つ忘れられない話がありました。（中略）倭建御子《やまとたけるのみこ》と呼ばれるこの皇子は、父天皇の命を受け、遠隔の反乱の地に赴いては、これを平定して凱旋するのですが、あたかもその皇子の力を恐れているかのように、天皇は新たな任務を命じ、皇子に平穏な休息を与えません。悲しい心を抱き、皇子は結局はこれが最後となる遠征に出かけます。途中、海が荒れ、皇子の船は航路を閉ざされます。この時、付き添っていた后、弟橘比売命《おとたちばなひめのみこと》は、自分が海に入り海神のいかりを鎮めるので、皇子はその使命を遂行し覆奏してほしい、と云い入水し、皇子の船を目的地に向かわせます。この時、弟橘は、美しい別れの歌を歌います。

さねさし相武《さがむ》の小野《をの》に燃ゆる火の
火中《ほなか》に立ちて問ひし君はも

このしばらく前、建《たける》と弟橘《おとたちばな》とは、広い枯れ野を通っていた時に、敵の謀《はかりごと》に会って草に火を放たれ、燃える火に追われて逃げまどい、九死に一生を得たのでした。弟橘の歌は、『あの時、燃えさかる火の中で、私の安否を気遣って下さった君よ』という、危急の折に皇子の示した、優しい庇護の気遣いに対する感謝の気持を歌ったものです」

「弟橘の歌は（中略）あまりにも美しいものに思われました。『いけにえ』という酷《むご》い運命を、進んで自らに受け入れながら、恐らくはこれまでの人生で、最も愛と感謝に満たされた瞬間の思い出を歌っていることに、感銘という以上に、強い衝撃を受けました。はっきりとした言葉にならないまでも、愛と犠牲という二つのものが、私の中で最も近いものとして、むしろ一つのものとして感じられた、不思議な経験であったと思います」

ご結婚で「皇室の長い歴史に傷をつけてはならない重い責任」を覚悟

天皇皇后両陛下が結婚されたのは昭和34（1959）年4月10日だった。そのお妃選びが動き出したのは明仁皇太子が20歳を過ぎた昭和29（1954）年から翌昭和30年頃にかけてだった。当時、皇室に大きな影響力を持っていた学習院女子中・高等科の同窓会「常磐会《ときわかい》」が旧華族につながるお嬢さんを対象に選考を進めていたが、宮内庁でその責任を持つのは当然ながら宇佐美毅長官だが、具体的なお妃選考は、小学校高学年時から東宮傅育《ふいく》官として仕えてきた黒木従達東宮侍従に任された。黒木侍従はその過程で、対象が旧皇族や旧華族につらなる方々だけでは限界があるとして、いくつかの女子大などに非公式に接触して、民間のお妃候補のリスト作成も続けた。正田美智子さんもその中に入っていたと言われる。ただ、民間出身の女性が皇太子妃になるというのは過去に例がないため、いわゆる守旧派からの反発を恐れた宮内庁はあくまでも水面下で慎重に事を運んだ。

そうした中、昭和32年8月19日に、軽井沢国際テニスクラブでのトーナメント戦でお2人が対戦することになる。皇太子明仁親王は23歳。正田美智子さんは春に大学を卒業したばかりで22歳。試合は男女ペアによる勝ち抜き戦で、お2人のチームが対戦したのは4回戦だから、決して対戦が仕組まれていたわけではない。この日の試合は接戦の末に〝正田チーム〟が競り勝った。皇太子はご学友に「どんな球にもあきらめず食いついてゆこうとする、女性にもああいう人がいるんだね」と漏らされたという。

同年秋には都内で開かれた親睦のテニス大会で再会し、今度は2人でペアを組んだ。翌33年5月4日の親睦テニス大会では皇太子の友人とペアを組んだ美智子さんが優勝。皇太子はご自身が寄贈した優勝カップを美智子さんに直接手渡した。こうして次第に2人の距離は縮んでいくが、そこには皇太子に代わって誘いの電話を正田家にかけるなどキューピッド役を果たした学習院の後輩など友人たちのバックアップもあった。昭和33年11月には遂に皇室会議で結婚が決まった。そして約半年後の昭和34年4月10日、皇居で結婚の儀が行われた。その日について45年後の平成16年、皇后として70歳のお誕生日を迎えられた際、宮内記者への文書回答で次のように語られたのが印象的だ。「家を離れる日の朝、父は『陛下（昭和天皇）と東宮様（今上天皇）のみ心にそって生きるように』と言い、母は黙って抱きしめてくれました」

だが、お2人の結婚はすんなりと決まったわけではなく、当然ながら美智子さんは皇室に嫁ぐことになかなか踏み切れなかった。ご婚約に至るまでには元慶應義塾の塾長で東宮御教育常時参与だった小泉信三博士のアドバイスも大きかった。小泉博士がご婚約の2、3年前に明仁皇太子と「結婚観」などについて語り合った際の様子が『「文藝春秋」にみる昭和史　第二巻』に収められている。「この頃の皇太子殿下」と題する随筆風の一文だ。

「（前略）殿下は勿論、年来ご自身の結婚問題に強い関心をお持ちであった。読書の間に、あるいは本はそっちのけにして、御結婚問題について縷々お語りになることもたびたびあった。当時心理学に興味を持ち始められた殿下は、しきりに、私の未だ知らない述語を使って、結婚観女性観をお述べになったこともある。そのあるものを独断的であるとしてご批判したこともあったが、概して殿下のお考えは堅実で周到で、お年よりも老成の風があったといって好いと思う」。

「そういう折りの或るときであった。私は殿下がいわれたお言葉を、よく憶えている。それはこういう意味のものであった。『自分は生れからも、環境からも、世間の事情に迂《うと》く、人に対する思いやりの足りない心配がある。どうしても人情に通じて、そういう深い思いやりのある人に助けてもらわなければならぬ』。それは二、三年前のことであった。正田美智子嬢とのご婚約の定まった今、私はしきりにその時のことを思う」。

時は下って平成21年4月8日。2日後のご成婚50年を前にした記者会見で、ご婚約前に小泉博士に語ったのと同じ内容の発言をされている。「私ども2人は育った環境も違い、特に私は家庭生活をしてこなかったので、皇后の立場を十分に思いやることができず——」と語られた。美智子皇后への感謝の気持ちを伝える中でふと出た言葉だった。

皇后さまは70歳の古希を迎えられた平成16年10月20日、宮内記者会の質問に文書で回答され、ご成婚当時の気持ちを次のように話された。「あの日、民間から私を受け入れた皇室とその長い歴史に傷をつけてはならないという重い責任感とともに、あの同じ日に私の新しい旅立ちを祝福して見送ってくださった大勢の方々の期待を無にし私もそこに生を得た庶民の歴史に傷を残してはならないという思いもまた、その後の歳月、私の中に常にあったと思います」。

戦没者への慰霊の旅を続けられた天皇皇后の平成の30年

「日本ではどうしても記憶しなければならないことが4つあると思います」。あまりにも有名なこの言葉は、陛下が皇太子時代の昭和56年8月、終戦記念日を前に宮内記者会との会見で述べられたものだ。

4つとは、終戦（8月15日）、広島への原爆投下（8月6日）、長崎への原爆投下（8月9

日）、国内で米軍との唯一の地上戦となった沖縄戦終結（6月23日）のことだ。陛下ご自身が追悼式典に出席されるのは8月15日だが、いずれの日にも陛下は皇后さまとともに御所で黙禱をされ、いわゆる「お慎みの日」として、お出かけなどを控え、犠牲者の御霊に祈りを捧げられる。

その日、新聞もテレビも「ニュース」として報じるが、果たしてどれだけの人々が、戦争で犠牲になった方々に思いを寄せ、それを悼む気持ちになっているだろうか。

陛下は先に紹介した皇太子時代の記者会見の際、当時のテレビ中継のありかたに、「どうしても腑に落ちないのは」として、次のように注文をつけられたことがある。「平和を求める日本人の気持ちは非常に強いと思うのに、どうして終戦の時と広島の時だけに中継をするのか。どういうわけですかね」。NHKは今は、長崎や沖縄の時にも追悼式典を中継しているが、当時はそうではなかった。戦争の犠牲になった人々への陛下の強い思いが伝わるエピソードだ。

皇太子時代から沖縄への強い思いを琉歌に

陛下は皇太子時代の昭和50年7月、国際海洋博覧会出席のため、皇后さま（当時、皇太子妃）とともに皇室として戦後初めて沖縄を訪問されている。当初は警備上の問題もあって戦跡訪問の予定はなかったが、「何よりも御霊《みたま》鎮めが先」と希望され、若い女学生たちが集団自決した「ひめゆりの塔」に献花、拝礼された。

この時に事件が起きた。献花台前の地下壕として使われていた「ガマ」に潜んでいた過激派の男2人が火炎瓶を投げつけた。幸いにも大事には至らなかったが、避難したお車からすぐに降りて案内役の女性に駆け寄って気遣われた。

当時の朝日新聞はこの日の拝礼をこう伝えた。「まさに体を二つに折られ、後ろで頭を下げた側近が途中で（編集部注：頭を）あげかかって、あわててまた下げたほど長い拝礼を繰り返された。それぞれの塔のゆかりの人たちの話を、ひたいをつけるようにして聞かれたが、30度を超す炎天下、二人ともしたたる汗をぬぐおうともされなかった」。

陛下は事前に3千首もの歴代琉球王の詠んだ琉歌をノートに書き写して学習され、自らも詠まれた。琉歌は八八八六の三十音の定型詩。次は陛下が詠まれた琉歌の1つだ。

花よおしやげん　人知らぬ魂
　戦《いくさ》ないらぬ世よ　肝に願て

――花をささげましょう　人知れず亡くなった多くの人の魂に　戦争のない世を心から願って――

崩御10ヶ月前にも密かに練られた昭和天皇の沖縄訪問

今上天皇の沖縄に対する思いは昭和天皇から引き継がれてきたものともいえる。その昭和天皇は昭和62年の秋の国体に天皇として初めて沖縄を訪問される予定だった。全国の都道府県で唯一、天皇として訪問できないままになっていたのが沖縄だった。しかし、9月になって腸の手術を受けることになり、直前になって中止となり、代わって当時の皇太子殿下（今上天皇）がご名代として訪問された。手術からしばらくして昭和天皇は側近の侍従に「やはりダメか」と漏らされた。これを侍従や侍医らは、沖縄訪問への昭和天皇の「執念」と感じていた。

新たな動きが出てきたのが昭和63年3月。手術から回復された昭和天皇の容体が落ち着いている頃だった。関係者によると、昭和天皇の意を汲んだ当時の侍従や侍医長、総務課長などが密かに計画を練った。皇宮警察の一部にも協力を依頼した。日程は飛行機とヘリを乗り継いでの日帰りで、沖縄戦の激戦地だった本島南部の戦跡のみを訪問して犠牲者を慰霊するというものだった。当時の侍医長は「今なら大丈夫だ」との判断をしていた。別の側近も「お体は大丈夫という確信はあった。万が一ということも考えなくはなかったが、その時は仕方がないとまで考えてのことだった」と語っていた。当時の皇太子も了解されていたと思われる。

ところが、この沖縄ご訪問は、直前になって宮内庁トップから待ったがかかった。それが宮内庁自身の判断だったのか、官邸の判断だったのかはわからない。計画は誰にも知られることもなく幻と消えた。

当時の宮内庁関係者が後になって「私は最終的には官邸の判断だったと思う。万が一が怖かったのだろう」と吐き捨てるように語ったのを覚えている。

昭和天皇は、昭和63年9月になって吐血され病床に伏せられてからも、侍従に対して「沖縄はどうか」などと台風や作物の被害状況などについて尋ねられていた。

雲仙普賢岳噴火のお見舞いで国民が見た「人々に寄りそう姿」

長崎県の島原半島にある雲仙普賢岳が約200年ぶりに噴火したのは平成2年の11月17日だった。東京では今上天皇の即位に伴う大嘗祭が終わり、一連の主な即位の儀式が終了しようとしている頃だった。噴火はいったんはおさまったものの翌平成3年2月以降、何度も噴火を繰り返し、5月には土石流も発生した。噴火口から押し出された粘性の高い溶岩は溶岩ドームとなって頂上から垂れ下がった。そして6月3日。溶岩ドームがさらに押し出されて山の斜面に崩れ落ち、火山ガスとともに時速100キロというスピードで山腹を流れ落ちた。火砕流の発生だ。警戒にあたっていた消防団員や取材のテレビクルーも飲み込み、死者は40人、行方不明者3人にのぼった。恐怖に怯える周辺の住民たちは、霊丘公園に設置された仮設住宅や市立総合体育館で避難生活を始めた。

それから約1ヶ月後の7月10日、天皇皇后両陛下はまだ噴火が収まらない島原の被災地を日帰りで訪問された。地方への行幸啓は当該県からの願い出に応える形で行われるものだけに、異例のことだった。というよりも、まだ収束もしない災害現場を天皇陛下が訪れるということ自体、過去にないことだった。

両陛下は現地の負担を減らすため随員を極力減らして民間機で長崎空港まで飛び、陸上自衛隊のヘリで島原市に入られた。その後は県庁の公用車を使って避難所などを回られた。

筆者も別便で取材のため同僚記者とともに現地に入ったが、両陛下の訪問は、矢も楯もたまらずお見舞いに駆け付けられたという印象だった。亡くなった消防団員の妻や家族に声をかけ、市民が避難している市立体育館や仮設住宅や、小学校の体育館に入られた。

天皇陛下は、ワイシャツの袖をまくってスリッパも履かずに被災者に近寄られた。そして床に膝をついて一人一人に慰めや激励の言葉をかけられた。今まで誰も見たことのない両陛下の姿があった。突然のことでどうして良いかわからず、あぐらをかいたまま陛下に必死に近況を話すお年寄りもいたが、筆者にはその光景に違和感はなかった。

両陛下のこうした姿は新聞の写真やテレビの映像を通じて人々に、驚きと感動をもって受け止められた。しかし、こうしたお姿は既に皇太子時代からあった。昭和61（1986）年11月、伊豆大島の三原山が噴火した際、皇太子ご夫妻は東京・神田の体育館に避難した住民のお見舞いに行かれ、床に膝を着き、人々を励まされたのである。

戦後70年で思いを叶えられた激戦地パラオ・ペリリュー島への慰霊

天皇陛下は戦後60年にあたる平成17年6月、皇后さまとともに南太平洋の激戦地サイパンをご訪問、軍人たちが追い詰められて崖から身を投げたバンザイクリフなどで犠牲者の御霊を慰められた。いわゆる親善訪問ではない慰霊のためだけの初めての外国訪問だった。

それから10年が経過した平成27年4月、両陛下は同じ南洋の島々からなるパラオ共和国を1泊2日の日程でご訪問、激戦地のペリリュー島で戦没者を慰霊された。戦地を直接訪ねて犠牲者の御霊を慰めたいという陛下の強いご意思が、ご高齢のお体を心配する声を押しのけ、ご訪問を実現させた。

ペリリュー島は、首都マルキョクのある本島の南に位置する20平方キロの島で、昭和19年9月から11月にかけ、米軍の本土侵攻を遅らせる持久戦を使命とする約1万1000人の日本軍守備隊と約5万人のアメリカ軍が死闘を繰り広げた。

迎え撃つ日本軍はサンゴ岩の洞窟など500ヶ所もの陣地に潜んで抗戦したが、74日間に及ぶ戦いの末、航空機を含む圧倒的な兵力を持つ米軍が島を制圧。日本軍は捕虜になった約200人を除く1万6695人が戦死した。しかし、生き残った日本兵34人は密林の洞窟などに潜み、敗戦を知らぬまま昭和22年4月まで徹底抗戦を続けた。この戦いでは米軍も1794人が戦死、約8000人が負傷した。

両陛下は初日の4月8日、羽田発のチャーター機でパラオ本島に到着、レメンゲサウ大統領夫妻と会見されたほか、パラオと同じ日本の委任統治領で激戦地のミクロネシア連邦とマーシャル連邦の両国大統領夫妻とも懇談された。夜はパラオ政府主催の晩餐会に3ヶ国の大統領夫妻とともに臨まれた。

晩餐会で天皇陛下は「先の戦争で亡くなったすべての人を追悼し、その遺族の歩んできた苦難の道をしのびたいと思います」と述べられ、「日本軍は貴国民に、安全な場所への疎開を勧める等、貴国民の安全に配慮したと言われております」とも話された。陛下のお言葉にもあった日本軍の行動については、こんな逸話が残っている。

ペリリュー島では、戦況が厳しくなり、島民たちが日本軍と一緒に戦うことを申し出たが、守備隊長は「帝国軍人が貴様らと一緒に戦えるか」などと激しい口調で拒否。島民たちは仲間だと思っていた日本軍に裏切られたと悲しみつつ、船で島を離れた。その時、日本兵たちが一斉に浜辺に現れ、日本の歌を歌いながら笑顔で手を振り続けた。島民たちは、守備隊長の言葉が、自分たちを救うためのものだったことを知った――。このくだりは、船坂弘著『サクラサクラ　ペリリュー島洞窟戦』(毎日新聞社、昭和42年)に詳しい。

この激戦でペリリュー島の民間人は1人も犠牲になっていない。日本軍の指導で避難した島民たちは終戦とともに島に戻り、制圧した米軍が放置していた日本兵の遺体を集め、懇ろに葬った。戦争が終わっても、旧統治国であった日本への親しみの感情は変わることはなかった。

両陛下はこの夜、ホテルではなくペリリュー島沖合に停泊した海上保安庁の巡視船に宿泊され、翌朝、ヘリで島に移動された。同島には、日本政府が昭和60年に建てた「西太平洋戦没者の碑」があり、両陛下は日本から持参した白菊の花を供え、深々と拝礼された。この慰霊には、前日の晩餐会でも一緒だったパラオを含む3ヶ国の大統領夫妻も同行した。

両陛下の慰霊のお気持ちは決して日本人の戦没者だけに向けられるのではない。平成6年2月の硫黄島でも、平成17年のサイパンでもそうだったが、ペリリュー島でも米軍の慰霊碑に供花された。

この慰霊では、両陛下のご到着に先立つ4月7日に、慰霊碑の前で靖国神社と明治神宮の神職による「慰霊祭」が行われ、巫女による神楽「浦安の舞」も奉奏された。

玉砕の硫黄島で詠まれた天皇皇后の鎮魂のお歌

今から20年ほど前の硫黄島での慰霊にも触れたい。平成6（1994）年2月12日、両陛下は小笠原ご訪問に先立って、自衛隊のヘリで硫黄島に降り立たれた。同年6月の米国ご訪問を前に日米両国の戦死者の魂を慰めたいという天皇陛下の強い希望によるものだった。硫黄島では、栗林忠道中将が率いる日本軍守備隊とアメリカ軍が、昭和20年2月19日から3月26日まで壮絶な戦いを続けた。厚生労働省によると、日本側は軍属を含む約1万9000人が戦死。生存者は4%に満たなかったと言われている。アメリカ軍も、約6800人が戦死している。

硫黄島には現在、海上自衛隊と航空自衛隊が駐留している。まだ1万1400余の遺骨が未収容のままとなっている。ここでは、以前から若い隊員が、さまよう霊に悩まされたり精神に変調をきたすということが少なくなかった。しかし、両陛下のご訪問以後は、不思議にもこうした現象が止まったと言う。両陛下のご訪問が正に戦死者に対する御霊鎮めであったということだろうか。

次の御製《ぎょせい》と御歌《みうた》は、両陛下が硫黄島の慰霊に際して詠まれたものだ。食料も水も、そして弾も尽きてなお祖国を護《まも》ろうと死闘を続けた戦死者に想いをはせ、その御霊を弔おうとされる両陛下の真心が胸に迫ってくる。

御製

精魂を込め戦ひし人未《いま》だ
地下に眠りて島は悲しき

御歌
慰霊地は今安らかに水をたたふ
　如何ばかり君ら水を欲《ほ》りけむ

帰国拉致被害者に北朝鮮へのUターンを留まらせた皇后さまの言葉

小泉純一郎政権下で5人の拉致被害者が帰国したのは平成14（2002）年10月15日のことだった。その5日後の10月20日、皇后さまは68歳の誕生日を迎えられ、宮内記者会の「この1年の皇后さまのお気持ちをお聞かせ下さい」との質問に対して文書で回答され、北朝鮮による日本人拉致問題についても触れられた。

「悲しい出来事についても触れなければなりません。小泉（純一郎）総理の北朝鮮訪問により、一連の拉致事件に関し、初めて真相の一部が報道され、驚きと悲しみと共に、無念さを覚えます。何故私たち皆が、自分たち共同社会の出来事として、この人々の不在をもっと強く意識し続けることが出来なかったかとの思いを消すことができません。今回の帰国者と家族との再会の喜びを思うにつけ、今回帰ることのできなかった人々の家族の気持ちは察するにあまりあり、その一人《ひとしお》の淋しさを思います」。

皇后さまのお気持ち表明は、正に悲しみと無念の思いに満ちていた。「何故私たち皆が、自分たち共同社会の出来事として、この人々の不在をもっと強く意識し続けることが出来なかったかと」。この言葉は政治家をはじめ日本人全員がわが事として受け止めなければならない重いものだった。日本のマスコミで初めて産経新聞が1面トップで「アベック3組ナゾの蒸発外国情報機関が関与？」などの見出しで拉致問題を報道したのは昭和55年1月7日。国会でこの問題が取り上げられたのはさらに8年後の昭和63年だった。警察当局は早い段階から北朝鮮の関与を疑い情報収集を続けていたが、政府も与野党の国家議員も、そして日本の多くの報道機関も動こうとはしなかったのである。

話を平成14年の拉致被害者帰国に戻そう。

「北朝鮮に拉致された日本人を救出するための全国協議会（『救う会』）」の西岡力会長が寄稿した雑誌『WiLL』（2018年1月号）によると、実は皇后さまが示されたこの言葉こそが、子どもを北朝鮮に残したまま一時帰国を条件に日本に戻って来ていた拉致被害者たちの心に響き、北朝鮮へのUターンを思い留まらせたというのだ。

帰国した5人は子供ら家族を現地に残したままでの帰国であり、北朝鮮当局から「滞在は2週間程度」という〝指示〟があったと言われている。だから、家族が宿泊したホテルで日本に残るよう説得しても北朝鮮に戻ると言う建前は崩さなかった。西岡氏は「彼らは洗脳などされていないが、北朝鮮に残した子供らが心配で、本音を公開の席では言えないはず」と考え、それぞれの故郷に帰って本音を聞こうとアドバイス。西岡氏は福井県の地村保志さんの実家に付き添いで泊り夜遅くまで語り合った。「隣の部屋で寝ていた私のところにお兄さんがやって来て『弟が、日本政府が守ってくれるなら日本に残りたいと言っています』と伝えた。これが漏れると北朝鮮に伝わり、子供たちに不利益なことが起こるかも知れないと判断して、翌朝、極秘で安倍晋三官房副長官と中山恭子参与にだけそのことを伝えた」。

翌日は皇后さまの68歳の誕生日だった。新聞には前掲の文書回答が新聞に載った。西岡氏は、皇后さまの拉致に関する発言に赤丸をつけて地村さんに読んでもらった。あとで地村さんから事情を聞いたところ、帰国前に北朝鮮で「お前たちはテロに協力した犯人とされているから、日本に戻っても冷遇されるだけだぞ」という教育を受けていたという。だから、日本政府が自分たちを守ってくれるかどうか不安で、日本に残る条件に「日本政府が守ってくれるなら」ということをつけたのだという。結局、地村さんら5人は北朝鮮に戻らず日本にとどまった。西岡氏は「皇后陛下のお言葉は、祖国は自分たちを見捨てていないという確信を与える契機となったはずだ」と締めくくっている。

陛下の無念「日本人皆が拉致を事実として認識せず拉致が続いた」

平成21年11月6日、天皇皇后両陛下はご即位20年の節目を迎えられたのを機会にお揃いで記者会見に臨まれた。この中で天皇陛下は拉致問題にも言及された。「拉致の問題も、それが行われた当時は今と違って、日本人皆が拉致の行われたことを事実として認識することはありませんでした。このため、拉致が続けられ、多くの被害者が生じたことは返す返すも残念なことでした。それぞれの人の家族の苦しみは、いかばかりであったかと思います」。

このお言葉を受けて、救う会と家族会（北朝鮮による拉致被害者家族連絡会）は同月12日に感謝の気持ちを表す特別声明を発表した。拉致問題が膠着している中での関係者の悲痛な思いを両陛下が受け止めてお言葉として発せられたことへの関係者の強い思いが滲み出ていた。

声明には「本来なら事件発生直後から、救出への努力を官民あげて行うべきであり、それが実現していれば、拉致被害者数は少なくなり、拉致された被害者についても、もっと早く助けることができていたはずだ。その意味で両陛下のお言葉は、まさに拉致問題の本質をついたものである。政府は陛下のお言葉を心に刻み全被害者救出実現のために全力を尽くして欲しい。私たちも国民運動の立場から、より一層の努力を続けることを誓う」とあった。

皇后として最後の誕生日に言及された拉致問題へのお気持ち

拉致問題は平成30年6月の米朝会談を経て、ようやく前進する可能性が見えてきたものの、依然具体的な進展は確認できていない。そんな中、平成最後のお誕生日を迎えた皇后美智子さまは10月23日、会見に代わって宮内記者会に出した文書回答において、次のように拉致問題について言及された。「平成の時代の終焉と共に急に私どもの脳裏から離れてしまうというものではありません。これからも家族の方たちの気持ちに陰ながら寄り添っていきたいと思います」。

筆者も拉致被害者5人が帰国した平成14年前後、警察庁担当記者として未だに帰国を許されない何人かの被害者の家族を取材した。当時、横田めぐみさんの母、早紀江さんが書いた『めぐみ、お母さんがきっと助けてあげる』（草思社）を読んだ。早紀江さんの悲痛な叫びとクリスチャンとしての気丈な姿に胸が痛んだ。新潟県の自宅近くで横田めぐみさん（当時中学1年）が下校途中に連れ去られたのは昭和52年11月15日だった。著書には、拉致から20年余り後の平成10年秋に横田さんご夫妻が法務省の人権擁護局に陳情に行った時の様子が書かれている。担当者は「日本人が被害者で海外にいるような前例はない」「人権問題というより刑事事件である」などと木で鼻を括ったような反応しか示さなかった。皇后さまが指摘されたように日本社会が共同社会の出来事として意識できなかったのである。

お母さんの早紀江さんは著書の中で、いくつか短歌を紹介している。「消えし子よ　残せるサボテン花咲けり　かく小さくも生きよと願う」。

本題から逸れるかもしれないが、拉致問題については、過去に国会議員による不可解な行動もあった。元在日朝鮮人で北朝鮮工作員の辛光洙《シンガンス》らが、北朝鮮からの指示を受けて昭和55（1980）年6月、大阪府在住の原敕晁《はらただあき》さん（当時43歳）を宮崎県の青島海岸に連れ出して工作船で北朝鮮に拉致した事件に関してである。辛光洙は原さんに成りすまして同人名義の日本旅券を不正に取得、数回にわたって海外に渡航して海外拠点の設置や対韓国工作等の活動を行っていた。

1985年にソウル市内で韓国当局に逮捕され、日本人を拉致したことや、成りすまして工作活動を行ってきたことを自供、死刑判決を受けた。しかし、1999年12月31日、金大中大統領による「西暦2000年ミレニアム恩赦」で釈放され、その後に北朝鮮に送還された。北朝鮮では、英雄として辛の記念切手も販売された。

これに先立つ1989（平成元）年7月、韓国の民主化運動の流れの中で逮捕された在日韓国人政治犯らの釈放を求める嘆願書が、当時の日本社会党の土井たか子氏や社会民主連合の菅直人氏などの国会議員有志133人の署名とともに韓国政府に提出された。この政治犯の中に辛光洙など拉致の共犯者がいたことが明らかになり、2002年9月に金正日が北朝鮮による日本人拉致実行を認めたことなどから批判され、菅直人氏は「辛光洙がいるとは知らなかった」として謝罪した。

徳仁皇太子と雅子妃

喜びも悲しみもあったご成婚後の道のりを支え合って

皇太子さまは今上天皇の譲位によって2019年5月1日に第126代の天皇に即位され、雅子さまは皇后の地位に就かれる。お2人の25年間の道のりは決して平坦ではなかったものの、適応障害と診断された雅子さまは療養生活を続けながらも少しずつご公務の幅を広げる努力をされ、愛子さまも小学生時代の不登校などの苦労を乗り越えて成長されている。

そのお2人は平成30年6月9日にご成婚25年を迎えられ、それぞれのお気持ちを宮内記者会に対して文書で伝えられた。皇太子さまは「雅子は、この25年間、大変なこともある中で、色々な努力を続け、また、私と愛子をしっかりと支えてくれており、ありがたく思うとともに、心から感謝しています」と振り返られた。そして、即位に向けては「次の時代の皇室のあり方については、両陛下も大事にされてきた皇室の長く続いた伝統を継承しながら、現行憲法で規定されている『象徴』としての天皇の役割をしっかりと果たしていくことが大切だと考えています」と表明された。

一方、雅子さまは「この25年間は、短かったようでもあり、長かったようでもあり、沢山の喜びも悲しみもありましたが、皇太子殿下には、いつも傍らで私を支えて下さいましたことに感謝の気持ちで一杯でございます」と振り返られた。そしてご自分の病気について「私が体調を崩しましてからは多くの方にご心配をいただいてきていることと思いますが、日頃より私たちを支えていただいている方々、そして、25年間私たちの歩みを温かく見守っていただいてきた国民の皆様にも心からお礼を申し上げます」とお気持ちを示された。

皇后さま「東宮妃の長期療養は妃自身が一番辛く感じている」

皇太子さまと雅子さまは平成5（1993）年6月9日、皇居の宮中三殿・賢所《かしこどころ》で天皇の国事行為である「結婚の儀」に臨まれた。宮殿・松の間では天皇陛下に結婚を報告する「朝見の儀」があり、オープンカーでのパレードも行われた。翌平成6年には初の外国訪問としてご夫妻でクウェートなど中東4ヶ国を訪問された。

雅子さまは平成11年12月に流産という辛い経験をされたが、2年後の平成13年には内親王の愛子さまが誕生。天皇陛下から敬宮《としのみや》の称号を授けられた。誰よりも愛子さまの誕生を喜ばれたのは天皇皇后両陛下で、皇太子さまは当時の宮内庁長官の勧めで、『初孫』のラベルが付いた日本酒を両陛下にお届けしたという。

ご夫妻は平成14年12月にニュージーランドとオーストラリアを訪問されるなどしたが、平成

15年5月に皇太子さまが記者会見で「雅子のキャリアや人格を否定するような動きがあったことも事実」と発言され、さまざまな憶測を呼んだ。その2ヶ月後、宮内庁が雅子さまの病名を「適応障害」と発表された。そして、同年12月には雅子さまは帯状疱疹と診断されて入院。40歳の誕生日を5日後に控えてのことだった。ストレスが原因と見られ、退院後も精神的な不調があり、これ以降、療養生活に入られた。

以後の一部マスコミの報道は容赦なかった。お出かけの予定を中止した雅子さまを「ドタキャン」と言い、祭祀に参列できないと「サボった」と非難した。そして、それをかばおうとする皇太子さまを責めた。皇太子さまに雑誌などで離婚を〝進言〟する保守系の論客まで現れた。雅子さまのような病に苦しんでいる人は全国に何十万人、いや何百万人もいるに違いない。治療に特効薬などなく、静かな環境で時間をかけて治すしかない筈だが、マスコミに限らず一部の人たちはそれを忘れて雅子さまを急《せ》かせた。だから、皇太子さまの心労は私たちが想像もできないほど大きかったに違いない。

雅子さまのご病気については、天皇皇后両陛下もまたご心配をされてきた。皇后さまが平成16年10月の70歳の古希を迎えられた際、宮内記者会からの質問に対する文書回答で述べられた言葉に、それが凝縮されていた。「東宮妃の長期の静養については、妃自身が一番に辛く感じていることと思い、これからも大切に見守り続けていかなければと考えています。家族の中に苦しんでいる人があることは、家族全員の悲しみであり、私だけではなく、家族の皆が、東宮妃の回復を願い、助けになりたいと望んでいます。宮内庁の人々にも心労をかけました。庁内の人々、とりわけ東宮職の人々が、これからもどうか東宮妃の回復にむけ、力となってくれることを望んでいます。宮内庁にも様々な課題があり、常に努力が求められますが、昨今のように、ただひたすらに誹《そし》られるべき所では決してないと思っています」。

平成18年8月には、愛子さまの夏休みを利用してご一家でオランダを2週間にわたって訪問された。雅子さまの静養のためだったが、これも一部で批判された。平成22年1月にはご夫妻で阪神・淡路大震災15周年追悼式典に出席された。平成25年4月にはご夫妻でオランダ国王即位式に参列された。病気療養中の雅子さまにとっては11年ぶりとなる海外への公式訪問だった。同年8月には東日本大震災の被災地宮城県、9月には福島県を訪問された。

平成27年7月にはご夫妻でトンガ国王の戴冠式に参列され、雅子さまにとっては2年ぶりの海外での公務となった。以後、平成27年10月には福島県、平成28年6月には岩手県、平成29年11月には宮城県をそれぞれご夫妻で訪問された。平成30年に入ってからは5月に滋賀県で開かれた全国「みどりの愛護」のつどいにお2人で出席された。このほかにも、雅子さまは体調の良い時には外国からの賓客や勤労奉仕団とも会われており、徐々にではあるが回復に向かわれている。

一方、愛子さまは国語や英語をはじめ成績はトップクラスと言われ、平成30年7月から8月にかけて、イギリスにある名門校「イートン校」のサマースクールに短期留学された。平成31年4月には学習院女子高等科の3年生に進級される。

皇太子のライフワークである「水」のご研究は天皇即位後も

皇太子徳仁《なるひと》親王は昭和35（1960）年2月23日、当時の皇太子明仁親王と美智子妃の第一子として宮内庁病院で誕生された。ご懐妊に際しては美智子妃の希望で、一般の妊婦さんと同じように母子手帳が交付されて話題になった。お誕生から7日目に祖父にあたる昭和天皇が浩宮徳仁と命名された。浩宮は称号で徳仁がお名前だ。「浩宮」は四書五経の『中庸』にある「浩々たる天」、お名前の「徳仁」は同じく「聡明聖知にして天徳に達する者」を典拠としている。

浩宮さまは幼稚園から大学まで学習院で学ばれ、高等科時代には高校の授業以外にも、いわゆる「帝王学」の一環として御所で御進講をうけ、『古事記』や『日本書紀』『万葉集』『平家物語』などの神話や歴史書、さらには文化人類学や国際関係などについて幅広く学習された。

学習院大学文学部史学科に進学されてからは音楽部に所属してヴィオラを担当。在学中の昭和55（1980）年2月の20歳の誕生日に「成年式」を行われた。昭和57（1982）年春に同大学を卒業。同大学大学院人文科学研究科修士課程に進まれ、中世の交通史を中心に研究された。昭和58年から昭和60年にかけて、英国オックスフォード大学のマートンカレッジに留学しテムズ川の水運史について研究された。帰国後に大学院に戻り、修士号を取得された。平成4年から現在まで、学習院大学史料館の客員研究員を務められている。皇太子さまは天皇に即位されてからも、お忙しいご公務の合間を縫って「水」にまつわる研究を深めていきたい意向と言われる。その水に関する研究は、かつて独身の頃に情熱を傾けられた「水上交通」や「水運」に留まらず、環境問題や気象、災害、衛生などにも広がっており、研究が世界の平和にも貢献できることを望んでおられるという。私たち国民が、昭和天皇を彷彿とさせる学者天皇の姿を目にする機会も増えることだろう。

昭和64（1989）年1月7日、昭和天皇の崩御を受けて父君の皇太子明仁親王が即位されたのに伴って皇太子となり独立された。平成2年秋に今上天皇の即位の礼や大嘗祭が終わり、翌3年2月の31歳の誕生日に「立太子礼」が行われた。

天皇の国事行為としての「立太子宣明の儀」や「朝見の儀」「宮中饗宴の儀」があり、宮中三殿でも立太子に伴う儀式が行われた。現代では「皇嗣（皇位継承順第一位）たる皇子」はおのずと皇太子となるが、歴史的には立太子礼を経て初めて皇太子となる定めとなっていた。立太子礼では宮中の伝統にならって今上天皇から皇太子の護り刀である「壺切御剣」が授けられた。これは平安時代の寛平5（893）年の敦仁親王（醍醐天皇）の立太子に際して宇多天皇が剣を授けられたのが最初と言われている。

国事行為の臨時代行を陛下のご入院などで20回以上ご経験

皇太子としての公務で最も重要なのは国事行為の臨時代行で、これまでに合わせて23回、今上天皇の代行を務められている。平成3年9月に天皇皇后両陛下が即位後初めて外国訪問（タイ、マレーシア、インドネシア）をされたのが最初で、最近では平成29年2月に両陛下がベトナムを訪問された際に務められている。23回の臨時代行のうち、3回は天皇陛下のご病気によるものだった。最初は陛下が平成15年1月18日に東大医学部附属病院で前立腺癌の摘出手術を受けられた時で、皇太子さまは平成15年1月16日から2月18日まで臨時代行を務められた。2度目は平成23年11月6日に気管支肺炎で同院に入院された際に11月7日から12月6日まで代行された。この時はブータン国王ご夫妻が国賓として来日、皇太子さまはご名代として歓迎の晩餐会を催された。3度目は陛下が平成24年2月18日に同じ東大医学部附属病院で冠動脈バイパス手術を受けられた際、2月16日から4月10日までの長期にわたって臨時代行を務められた。この時は2月17日から3月4日まで皇居・坂下門でお見舞いの記帳受付も行われた。国事行為の臨時代行については、実は皇太子に就かれる前の昭和62年10月3日から10日まで昭和天皇の臨時代行を務められたことがあった。昭和天皇が9月下旬に腸のバイパス手術を受けられたため父君の当時の皇太子が臨時代行を務められていたが、ご夫妻で米国親善訪問されたため、「国事行為の臨時代行に関する法律」によって当時の浩宮さまが臨時代行をされることになった。初めての国事行為の執務となった10月5日午前、浩宮さまは侍従の説明を受けながら「建築基準法施行令の一部を改正する政令」など政令5件に昭和天皇の御名「裕仁」とご自分の御名「徳仁」を並べて署名され、記者たちに「初めての臨時代行で緊張いたしましたが、心して務めさせていただきました」と感想を述べられた。

銀婚式を迎えたお2人の出会いからご結婚まで

ここで雅子妃のご成婚前の経歴を振り返っておきたい。

皇太子妃雅子さまは昭和38（1963）年12月9日、外交官の小和田恆氏と優美子夫妻の長女として東京都港区の虎の門病院にて誕生された。1歳の時から父親の赴任先の旧ソビエトやスイス、米国で過ごされた。昭和46（1971）年春に一家で帰国して目黒区立原町小学校1年に編入し、2年生で新宿区立富久小学校に転校。翌年春、私立田園調布雙葉小学校に転校し、田園調布雙葉中学校では自らソフトボール部を創部して部活に打ち込まれた。同高校に進学後の昭和54年から父親の赴任先である米国ボストンに移住し、入学したハーバード大学経済学部では数理経済学を専攻。卒業論文は『External Adjustment to Import Price Shocks : Oil in Japanese Trade』（『輸入価格ショックに対する外的調節：日本の貿易における石油』）。『ジャパン・アズ・ナンバーワン』の著者エズラ・ヴォーゲル教授の指導も受けた。在学中は心身障害児の運動指導などの活動もされた。卒業後に東京大学法学部第３類（政治コース）に学士入学、昭和62年に中退して外務省に入省。翌年から２年間、同省の研修で英国オックスフォード大学ベーリオールカレッジに留学され、この頃から皇太子のお妃候補として騒がれ始めた。

平成２年に研修留学から帰国して北米局北米二課に配属された。平成３年３月には港区の外務省飯倉公館で行われた当時の米国国務長官ジェイムズ・ベーカーと竹下登元総理らとの会談で通訳を務めた。

当時の浩宮さまと雅子さんの出会いは昭和61年10月18日に開かれた赤坂御所でのパーティーだった。当時の皇太子ご夫妻が来日中のスペインのエレナ王女を歓迎するために開いたもので、100人ほどが招かれた。10日ほど前に外交官試験に合格したばかりの雅子さんも関係者に勧められ、条約局長だった父親の小和田恆氏とともに参加した。新聞やテレビで父娘２代の外交官としてニュースにもなっており、会場でもひときわ目立つ存在だった。浩宮さまは招待客の中に雅子さんがいることは事前の名簿で知っており、パーティーでは外交官試験合格のお祝いを述べられるなど会話が弾んだという。パーティー後、雅子さんを幼少期から知る外務省ＯＢ

に対し「素敵な方ですね」などと感想を漏らされたという。当時、宮内庁ではお妃候補のリストアップに取り掛かっており、旧皇族や旧華族、財界、学習院関係者など令嬢の紹介を関係者に依頼する水面下の作業が続いていた。

お2人はその後も同じ赤坂御所での夕食会や故高円宮憲仁さまの宮邸での夕食会などで会う機会があり、自然な形での交流が続いた。しかし、昭和62年末にスポーツ新聞が高円宮邸での夕食会を報じたことで、お2人の間に微妙な隔たりができてしまった。

こうした中、宮内庁内では雅子さんの母方の祖父が水俣病の原因企業であるチッソ株式会社の元会長・江頭豊氏であることに懸念を抱く幹部もおり、こうした情報は浩宮さまの耳にも届いたようだ。昭和63年2月の28歳の誕生日会見では、「やはり、山頂は見えていても、中々そこにたどりつけないという感じなんじゃないでしょうか」などと話された。同年7月、雅子さんは外務省の研修で英国に留学、お2人の交流は途絶えた形となった。

一方、宮内庁は4月に富田朝彦長官からバトンタッチした藤森昭一長官が、昭和天皇のお元気なうちにとの思いで独自の動きを進めたが、進展はなかった。

平成2年2月になると雅子さんが留学から帰国。即位の礼や大嘗祭が終わり、藤森長官は皇太子となった浩宮さまのお妃問題が進展しない状況を打開するため、もう一度、お気持ちを確かめることから始めた。日曜日になると紀尾井町の公邸から徒歩で東宮仮御所に通い、お茶を飲みながら人生観や女性観まで語り合った。その過程で、皇太子さまは「やはり雅子さんでなくては――」と本心を打ち明け、関係者が推す雅子さん以外の女性のお妃候補の話題になっても興味を示されることはなかった。

藤森長官はお2人のご成婚後、「私が一番、殿下のお気持ちをわかっていたつもりです。殿下の心境を思うと眠れない夜もあった」と語ったことがあった。こうした経緯を経て藤森長官は平成4年になってご本人の意思は固いと判断、天皇皇后両陛下の了解をいただいた上で、雅子さんを最優先候補とすることを決めた。チッソ問題が和解に向けて進んだことも追い風となった。同時に宮内庁は日本新聞協会に対し、2月13日から3ヶ月毎更新で皇太子妃報道を自粛する報道協定（皇太子妃報道に関する申し合わせ）を申し入れ、各社もこれを受け入れた。その後、お2人は外務省OBらの協力で8月に入って藤森長官の公邸で再会。さらに10月には千葉県市川市の宮内庁新浜鴨場で皇太子さまが結婚の意思を示し「外交官として仕事をするのも、皇族として仕事をするのも国を思う気持ちに変わりはないはず」などと説得された。雅子さんは即答しなかったが、その後も電話で連絡を取り合い、紆余曲折はあったものの同年12月12日、仮御所を訪れた雅子さんは結婚の申し出を受け入れた。「私がもし殿下のお力になれるのであれば謹んでお受けいたします」というのがその言葉だった。

終章　近現代の天皇と皇位継承

光格天皇

神事や儀礼の復興で明治維新の萌芽を生んだ譲位の先例者

今上天皇の譲位は前回の譲位から約200年ぶりとなるが、200年前に譲位したのが、6代前の第119代光格天皇ということで、その存在が一般にも広く知られるようになった。光格天皇は神事や儀礼の再興、復古を通して朝権を強化した天皇として知られ、(仁孝天皇を挟んで) その遺志を継いだ2代後の孝明天皇が尊皇攘夷のエネルギーを結集し、明治維新へとつながった。

今から230年以上前の天明3 (1783) 年8月5日、現在の長野県軽井沢町と群馬県嬬恋村にまたがってそびえる浅間山が大噴火を起こした。既に5月頃から小さな噴火を繰り返していたが、この日の大噴火で発生した火砕流はあっという間に地元の村を飲み込んで吾妻川に土石流としてなだれ込み、利根川や江戸川を下って太平洋や東京湾にまで流れ込んだ。川岸の村人の犠牲者は千数百人にも及んだ。加えて、火山灰は関東一円や東北地方にまで広がって上空を覆い、農作物は壊滅的な被害を受けた。既に東北地方などは前年から異常気象による大凶作に見舞われており、この噴火が追い討ちをかけた。およそ7年にわたって続いた「天明の大飢饉」である。

幕府の経済政策の失敗が被害を拡大させた面もあって多くの餓死者が出るなど、民衆の困窮は全国に広がった。農民による打ちこわしや一揆が頻発、幕府のお膝元である江戸でも町民が米屋を襲った。京都の公家の当時の日記にはこんなくだりがある。「伝え聞く、去る十九日より二十四日、関東騒動すと云々、これまた窮民一揆を催す、町家を打ちくだく、数百人群集し金鼓をもって進退す（中略）偏《ひとえ》に兵乱の如し――」。

こうした状況は確実に幕府の威光を失墜させ、代わって朝廷の権威が高まっていく。その中心となったのが第119代光格天皇で、幕府に民衆救済の申し入れを行ったのである。幕府が定めた「禁中並公家諸法度《きんちゅうならびにくげしょはっと》」でその政治的行動は厳しく制限されており、幕政への意見は前例がないことだった。

ここで、光格天皇がどのような方だったのか触れておきたい。江戸時代には天皇の直系に男子がいない場合、皇統につながる世襲親王家（伏見宮家、有栖川宮家《ありすがわのみや》、桂宮家、閑院宮家《かんいんのみや》）から皇嗣《こうし》を出すことで万世一系の皇統を維持する仕組みがあった。光格天皇は明和8（1771）年、閑院宮家の第2代当主である閑院宮典仁《すけひと》親王の第6子として誕生。幼称は祐宮《さちのみや》で、将来は宮家の跡継ぎではなく皇族や公家が住職を務める門跡《もんぜき》寺院に入ることが運命づけられていた。そうした中、第118代の後桃園天皇が22歳という若さで急逝された。皇嗣たる男子がなかったため、世襲親王家である閑院宮家から天皇を迎えることとなり、祐宮に白羽の矢が立てられた。わずか9歳での即位だった。在位39年で譲位し、上皇や院を合わせると62年間にわたって君臨した。

天明の大飢饉では救済米を供出させるため幕府と直談判

その光格天皇が16歳になった天明7（1787）年6月、京都御所の周囲で不思議なことが起こった。一周約1300メートルほどの御所は周囲を築地塀でぐるりと囲まれているが、その周囲をどこからともなく現れた老人がぐるぐる回り始めた。京都の公家が残した文書によると、その人数は3日後には3万人にも膨れあがり、最大で7万人ほどの老若男女が集まったと記されている。人々はいくつかある門のうち、南門の前まで来ると小銭を門前の柵内に投げ入れ、手を合わせて何かを念じながら拝礼して回ったという。当時の関係文書には「御築地の外を千度歩み廻る」などの表現があり、俗に〝千度参り〟とも言われている。こうした現象は数ヶ月も続き、露店まで出たという。その16年前の明和8（1771）年には伊勢の「おかげ参り」が流行ったが、その再来のような人々の熱狂ぶりだった。

『幕末の天皇』の著者藤田覚氏はこうした現象を次のように解釈している。「もはや町奉行に頼んでもラチが明かないと悟った人々は、御所に千度参りというかたちで天皇に救済を祈願し訴えたのである」。「大飢饉という未曽有の深刻な社会不安に直面し、その打開のために天皇・朝廷に対する民衆の漠然とした期待感が表出した行動と理解できる」。

この千度参りは光格天皇にも情報として伝えられ、餓死者が出ていることなど人々の窮状を強く憂えていた。補佐役である関白に指示し、手をこまねいている京都所司代を御所に呼び、口頭で窮民救済を申し入れさせている。直談判である。この際、天皇に命じられた関白が部下に指示した内容が『油小路隆前卿伝奏記』（宮内庁書陵部所蔵）に記されている。「世上困窮し、飢渇死亡の者数多これあるのよし、内院（光格天皇と上皇）はなはだ不便に思し召され、毎々御沙汰もこれあり候（中略）頃日雑人日々御築地内相廻り、拝礼致し候、全く飢渇困窮につき祈誓の趣に候、かれこれ甚だ宸襟を労され候、因幡守（京都所司代）へ示談の致し方はこれ無きや（中略）先日命あり今日再三命じらる」。

朝廷の幕府への申し入れは丁寧かつ慎重に行われたが、当時の幕府と朝廷の力関係を考えれば、幕政に意見すること自体が極めて異例であった。それでも、民衆が御所を拝礼して廻ったことに象徴されるように、時代はその力関係に微妙な変化をもたらしていた。幕府側は最終的に1500石を供出したのである。

光格天皇は中世以来途絶えていた多くの朝儀も復活させた。朝儀とは宮廷で行われる天皇の即位や叙位などさまざまな公の儀式のことだが、応仁の乱や戦国時代の騒乱も影響して途絶えたものが少なくなかったが、宮中祭祀の新嘗祭や大嘗祭についても、古式に則った儀式を復活させた。また、朝廷では平安時代末期の安元の大火で律令制による大学寮が焼けて以来、公家の子弟のための公式の教育機関がなかったが、光格天皇はこの大学寮の再建を構想していた。その遺志は次代の仁孝天皇に引き継がれて、宮中に「学問所」を設置する計画が具体化。さらに、その次代の孝明天皇の御世の弘化4（1847）年に現在の京都御所の東側に「学問所」が完成して、講義がスタート。その2年後には現在の学習院大学の前身となる「学習院」となった。

近代日本を牽引した若き天皇は西郷隆盛から軍事指南も

明治天皇は、孝明天皇の第2皇子として新暦の嘉永5（1852）年11月3日に誕生された。称号は祐宮《さちのみや》。生母は孝明天皇の側室にあたる典侍《てんじ》の中山慶子《よしこ》。当時の皇室制度によって8歳で「親王」となり、孝明天皇から「睦仁《むつひと》」というお名前が授けられた。明治に入って皇室典範が制定されるまでは、たとえ天皇の直系の子女であっても、一定年齢に達して天皇から「親王宣下《しんのうせんげ》」を受けなければ、親王や内親王とは呼ばれなかった。

慶応3（1867）年1月9日、孝明天皇の崩御を受けて満14歳で即位。翌慶応4（1868）年3月、勝海舟と西郷隆盛の直談判が行われ、江戸城は新政府に引き渡された（無血開城）。これを受けて明治天皇は同年8月に京都御所の紫宸殿で即位礼を行い、翌月には元号を「慶応」から「明治」に改元された。この時から天皇の在位中は改元しないという「一世一元の制」が始まった。父孝明天皇の三年祭を済まされ、明治元年12月、公家出身で20歳の一条美子《はるこ》を皇后として迎えられた（皇后は崩御後に「昭憲皇太后《しょうけんこうたいごう》」と追号）。大嘗祭は明治4（1871）年11月17日に東京で行われた。

明治維新は廃藩置県と太政官制の改革によって中央集権体制を整える一方、大久保利通らが主導して宮中の改革も行った。幕末までは典侍《てんじ》といわれる天皇の秘書的な役割の女官《にょかん》が絶大な権勢を誇ったが、新政府は明治に入ってもその影響を持ち続けた女官2人を罷免したのをはじめ、次々に改革を断行。女官に代わって士族を中心とした侍従たちが若い明治天皇を君主にふさわしい天皇として養育していく。

明治4年から2年半、岩倉具視や伊藤博文などのいわゆる岩倉使節団が欧米に派遣された際に留守政府を預かったのが参議で陸軍元帥の西郷隆盛で、若き天皇への軍事の指南役も任された。西郷は陸軍の操練などへの行幸をそれまでの直衣《のうし》に袴姿での騎乗から洋装に改め、侍従を兵隊に見立てて訓練していたものを、実際の御親兵の小隊に対して直接指揮する方法に改めた。訓練中に落馬して痛みを訴える天皇に対して、西郷が「いかなる時も『痛い』と発せられてはなりません」とお諫《いさ》めしたという逸話も残っている。その西郷が明治10年の西南戦争に敗れて自害した後、明治天皇は悲嘆に暮れて奥に籠もられ、大臣による政務の上奏ができない状態が続いたという。

19歳だった明治5（1872）年5月末から50日間、近畿、中国、四国、九州を海岸沿いに軍艦などで視察された。燕尾服で乗馬して皇居を出発、品川沖から軍艦に乗船した。これを西郷と弟の従道が供奉した。写真師も随行した。こうした地方巡幸は日本の歴史上例のないことであり、とりわけ近世の天皇は、絶大な権力を持つ幕府の政策もあって、庶民からは見えない宮中の奥深くにましまず存在であった。しかし、このご巡幸で天皇は各地の地方官吏にお会いになり民衆の出迎えを受けた。天皇が一般庶民に姿を見せるのは歴史上、初めてのことだった。

こうした巡幸は明治18年までに南は鹿児島から北は札幌まで6回にわたって行われた。

ここで、本題から少し外れるかもしれないが、明治政府が推し進めた近代化の一つとして旧暦（太陰太陽暦）から新暦（太陽暦）への切り替えがあったことに触れておきたい。明治政府は明治5年11月9日（西暦1872年12月9日）、天皇の名で「明治五（1872）年十二月三日を以って、明治六（1873）年一月一日とする」との改暦詔書を出した。国民への通知から実施までわずか23日という急な制度変更で、師走（十二月）がわずか2日で終わってしまうことになった。改暦の表向きの理由は、近代化によって欧米に追い付くには日本暦と西洋暦との間で起こる〝ズレ〟を解消することが必要だったが、明治政府の財政危機も背景にあった。というのも翌年の明治6年は旧暦だと閏月があるため1年が13ヶ月になり、官吏の給料を13回支払わなければならなかったからだ。いずれかの時点で改暦は必然だったが、当時の人々の驚きと混乱は想像に難くない。

平和への思いを詠んだ御製「よもの海みなはらからと思ふ世に――」

明治22年になると大日本帝国憲法草案が明治天皇に捧呈され、新設された天皇の諮問機関である枢密院で審議が行われた。明治天皇は枢密院開会式勅語で「立憲の大事は朕が祖宗に対するの重責にして――」（明治天皇詔勅謹解）とその覚悟を示された。審議をリードしたのは枢密院議長の伊藤博文（初代内閣総理大臣）で、明治天皇は欠かさず臨席してこれを見守られた。大日本帝国憲法制定は、いわば明治維新の総仕上げでもあり、紀元節の明治22年2月11日に発布され、日本はアジアで最初の立憲国家となった。この時、明治天皇は暗殺された大久保利通などの墓前に勅使を派遣。さらに西郷隆盛の賊名を除いて正三位《しょうさんみ》を贈り、幕末に非業の最期を遂げた吉田寅次郎（松陰）らに正四位《しょうしい》を贈られた。『明治の御代』（明成社）の著者勝岡寛次氏（明星大学戦後教育史研究センター）は同著の中で「大日本帝国憲法の制定は彼らの精神の継承であり、その清華であるということを明示したものに外ならない」と述べている。

大日本帝国憲法の施行直前の明治23年10月に出された教育勅語（教育ニ関スル勅語）には、当初から天皇自身が積極的に関与された。天皇は知育に偏る教育の是正を求めて山縣有朋内閣に徳育の戒めとなる「箴言《しんげん》」を作るよう指示。これを受け、法制局長官の井上毅が、天皇の信頼の厚い侍講《じこう》の元田永孚の協力を得る形で原案を作成、天皇の裁可を得た。元田が加わったことで儒教の影響はあったが、井上は宗教上の論争を引き起こさないよう「天」や「神」の文言を避け、政治的と思われる文言も一切入れなかったという。

明治27（1894）年、日清戦争が勃発した。宗主国として朝鮮を独立国として認めず、日本による朝鮮への影響力を排除しようとする清との戦いだった。日本政府はあくまでも和平手段を模索したが、最後は宣戦布告の道を選び、明治天皇もその決定を支持した。それでも天皇は戦争遂行に消極的だった。宣戦布告から10日後の同年8月11日、天皇は宮内大臣土方久元を召して「今回の戦争は朕素《ちんもと》より不本意なり、閣臣等戦争の已《や》むべからざるを奏するに依り、之を許したるのみ」と心情を吐露。これに対し、土方が宣戦の詔勅との齟齬《そご》を挙げて諫言《かんげん》したところ、天皇は「再び謂《い》ふなかれ、朕復《ま》た汝を見るを欲せず」と怒りをあらわにされたという。

10年後の明治37（1904）年1月、日露の対立が決定的となり、時の桂太郎首相は開戦は不可避との腹を固めた。2月4日の御前会議で枢密院議長の伊藤博文は天皇のご聖断を仰ぎ、開戦が決定した。天皇はこの時も「今回の戦は朕が志にあらず」「事《こと》万一蹉跌《さてつ》を生ぜば、朕何を以てか祖宗に謝し、臣民に対するを得ん」などと心境を述べられた。この年、明治天皇は御製を詠まれた。

よもの海みなはらからと思ふ世に
　など波風のたちさわぐらむ

――四方の海にある国々はすべて兄弟姉妹であるはずなのに、どうして国と国の間に戦争という波風が立ち騒いでしまうのだろうか――

『明治天皇』（中公新書）で筆者の笠原英彦氏はこう述べている。「天皇個人の意思は存在したが、自ら統帥権の総覧者として時の政府が求める上奏案を裁可した。避けて通れぬ戦争を大元帥として遂行しつつも、戦場の兵士を思って一人悩んだといわれている。天皇はつねに自己の意思と政府の意向との乖離に耐え忍ばねばならなかった」。

明治44(1911)年2月、日本は「関税自主権回復」を規定した改正条項を含む新日米通商航海条約を米国との間で調印したのをはじめ、英・仏など各国との不平等条約改正を完了させた。ペリーの黒船来航による外圧で開国を迫られてから56年余。明治維新を経て世界に窓を開いた日本は、苦難の末に経済的軍事的にじわじわと力を蓄え、遂に列強と対等な関係を築いた。

夫人とともに明治天皇に殉じた乃木希典の思い

明治天皇が崩御されたのはその翌年のことだった。明治45(1912)年7月30日未明、明治天皇は持病の糖尿病の悪化で満59歳で生涯を閉じられた。同日、皇太子嘉仁《よしひと》親王が践祚され、明治は「大正」に改元された。

ご大喪は同年(大正元年)9月13日、東京の陸軍青山練兵場(現・神宮外苑)で行われた。この日の午後8時、天皇の霊柩を乗せた轜車《じしゃ》は五頭の牛に引かれて皇居を出発、大正天皇と皇后、昭憲皇太后が静かに見送られた。葬列は二重橋を渡り、軍楽隊が吹奏する「哀《かな》しみの極《きわみ》」に送られて葬場に向かった。ガス灯に照らされた沿道は人々で埋め尽くされ、東京湾の軍艦の弔砲が轟き、お寺の鐘も鳴り響いた。

葬場殿での儀式は深夜から翌未明にかけて執り行われ、霊柩は午前2時過ぎに青山の仮停車場から列車で京都に向けて発ち、東海道線を経由して翌日夕に京都の「伏見桃山御陵」に到着して埋葬された。

明治天皇の大喪が行われた9月13日、学習院院長の乃木希典《のぎまれすけ》陸軍大将が静子夫人とともに自害した。乃木はこの日、大礼服で夫人とともに記念写真を撮影し皇居に参内し、そのまま赤坂の自宅に戻った。明治天皇の霊柩の皇居出発を告げる号砲が鳴った午後8時ちょうど、自宅2階で壮絶な最期を遂げた。乃木は次のような辞世の一首を遺した。

うつし世を神さりましし
　大君のみあとしたひて我はゆくなり

なぜ乃木は明治天皇に殉じたのか。それは、明治10（1877）年の西南戦争にまで遡る。第14連隊を率いていた陸軍少佐の乃木は同年2月、熊本県植木町（現・熊本市）付近で西郷軍と対峙。劣勢の将兵で応戦したが退却を余儀なくされ、撃たれた部下が保持していた連隊旗を奪われてしまう。官軍の責任者だった山縣有朋に自分への厳しい処分を申し出たが不問に付され、自責の念に駆られて軍刀で自刃を試みたが制止された。

明治37（1904）年に始まった日露戦争では、第三軍司令官（大将）として多数の犠牲者を出しながら旅順要塞を陥落。奉天会戦でも多数の死傷者を出しながらもロシア軍を退却させた。帰国した乃木は宮中に参内し、天皇の御前で部下の「忠勇義烈」を讃え、自刃して陛下の将兵を多数死傷させた罪を償いたいと奏上した。2人の息子も戦死していた。しかし天皇は、「今は死ぬべき時ではない。どうしても死ぬというのなら朕が世を去った後にせよ」との趣旨の言葉を掛けられたという。乃木はその後、山縣から陸軍参謀総長への就任を求められたが、明治天皇はこれを認めず学習院の院長就任を命じ、皇孫の裕仁《ひろひと》親王（昭和天皇）の養育を任されていた。

明治天皇崩御と乃木大将の殉死は、夏目漱石の小説『こころ』（大正3年）の最後に描かれている。恋敵《こいがたき》の友人に自殺された主人公が、良心の呵責から死を選ぶのだが、それを前にして相《あい》手紙に想いを綴る場面だ。この中で主人公は「御大葬の夜私はいつもの通り書斎に坐《すわ》って、相図《ず》の号砲を聞きました。私にはそれが明治が永久に去った報知のごとく聞こえました。後で考えると、それが乃木大将の永久に去った報知にもなっていたのです」としたためた。

大正天皇

貞明皇后とのご結婚を祝う植樹でソメイヨシノが日本中に

大正天皇は明治12（1879）年8月31日、明治天皇の第3皇子として誕生、明宮嘉仁《はるのみやよしひと》と命名された。生母は宮中で「典侍《てんじ》」として仕えた華族出身の柳原愛子《なるこ》。明治天皇と美子《はるこ》皇后とのあいだにお子さまがなかったため、側室の役割を担った。難産で全身に発疹が見られるなど病弱な状態でお生まれになった。御所で書道や古典などの教育を受け、乗馬なども習いながら、8歳で一般の小学校にあたる学習院予備科にやや遅れて入学された。当時の学習院では、通学時の教材入れとしてリュックサック型の軍隊用背のうが使われていたが、嘉仁親王は、書籍などを入れやすい箱形のかばんを背負って通学。初代総理大臣の伊藤博文がお祝いとして献上したもので、これが日本の小学校の児童が使うランドセルの始まりとされている。10歳で立太子礼を経て皇太子となり陸軍少尉に任官。腸チフスを患うなどの病気もあって御用邸で静養されることが多くなり、中等科に進んだものの1年修了時に退学を余儀なくされた。束縛を嫌うご性格もあったと言われる。

明治32年に20歳を迎えると、年長の皇族である有栖川宮威仁《たけひと》親王が相談相手となったことに加え、翌年5月に子爵家の九条節子《さだこ》（貞明皇后）と結婚されたことで見違えるように健康を回復されていったという。ご成婚では、これを祝う桜の植樹が全国の地方都市の広場や小学校、神社などで行われ、その記念碑が今も各地に残っている。青森県弘前市では、市議会の建議で市民がソメイヨシノの記念植樹を行い、弘前公園は桜の名所となった。桜が日本のシンボルとも呼ばれるようになったのは大正天皇のご成婚がきっかけと言って良い。

ご成婚後は、これまでの宮中の慣例だった側室をおかれることはなく、裕仁親王（昭和天皇）、雍仁《やすひと》親王（秩父宮）、宣仁《のぶひと》親王（高松宮）の3人の皇子《みこ》に恵まれた。

嘉仁親王はご成婚翌年の明治33年に節子妃とともに伊勢神宮や神武天皇陵などへの参拝で三重、京都、奈良を訪問。初めての地方へのお出かけだった。この時、京都帝大医学部附属病院を訪問され、火傷で入院した青年などを見かけて病状を尋ねられた。当時は皇太子が直接、人々に声をかけることなどあり得ないことで、患者の姿を見るに忍ばれずの行動だった。こうした当時の親王の率直な言動について、『大正天皇』（朝日選書）の著者である原武史氏は「確かに明宮＝皇太子は病弱のために学業の発達が遅れたが、それは決して、人間としての感情までが未熟であったことを意味しなかった」「皇太子は二十歳を過ぎてもなお、純粋な感情をそのまま発露させることができたともいえる」と書いている。

ご成婚後は沖縄を除く全国をくまなく巡啓。宮中でのかしこまった生活からの解放と心身の健康維持も兼ね、明治末までの13年間に地方へのご旅行は合わせて20回以上にものぼった。予定外の行動で側近を慌てさせることもあったが、人々にはかえって親しみを持って受け止められたという。これだけ頻繁な旅行が可能だったのは、全国への鉄道の普及も大きかった。明治40年には明治天皇のご名代として韓国を訪問、皇室史上初の皇太子の外国訪問だった。韓国統監府の初代統監だった伊藤博文が日韓友好を名目にご訪問を勧めたもので、治安上の心配から反対された明治天皇を説得したと言われる。

七言絶句の漢詩を創作し秀でた御製を詠んだ文人天皇

大正天皇が皇太子時代を含め、多くの漢詩を詠まれていたことは意外に知られていない。ご成婚前の明治29年、高等教育のための「東宮侍講」制度が作られ、国学者に歴史や和歌、漢学者に漢詩などを習われた。とりわけ漢詩には強い関心を示し、七言絶句を中心に生涯で1367首も作られた。平安初期の三歌人の一人である嵯峨天皇をも彷彿とさせるものがあったという。

生涯の名作とされる『遠州洋上作』と題する漢詩を紹介したい。明治32年、21歳の時に、沼津御用邸から軍艦「浅間」に乗り神戸の舞子の浜の有栖川宮別邸に向かわれた際に詠まれたもので、感激した伊藤博文が色紙に書いて新聞に発表し評判になった。

遠州洋上作
夜駕艨艟過遠州（夜艨艟《もうどう》に駕《が》して遠州を過ぐ）
満天明月思悠悠（満天の明月思い悠悠《ゆうゆう》）
何時能遂平生志（何れの時か能《よ》く平生《へいぜい》の志を遂げ）
一躍雄飛五大洲（一躍雄飛せん五大洲）

意訳すると次のようになる。「遠州灘にて作る。一夜、軍艦に乗って遠州灘を通る時、満天の空には明月が輝き、私の思いははるかに広がる。いつの日か思い続けてきた願いを叶え世界へと雄飛したい」。

大正天皇は併せて御製（和歌）も明治期から大正10年までに少なくとも465首を詠まれている。歌人の岡野弘彦氏は『大正天皇御集　おほみやびうた』の「解題と解説」で「明治天皇や昭和天皇と比べると歌の数は少いが、歌に現れた心の鋭敏さの点では三代の天皇のうちで一番するどい感じがする」「細やかで鋭い物の見通しと（中略）さわやかに凝縮してしらべ豊かに歌うすぐれた才能を持っていられた」と評している。

次の歌は明治33年の（九条）節子《さだこ》妃（貞明皇后）との結婚を前に沼津御用邸で詠まれたもの

で、いわゆる古今和歌集などに多く見られる「恋の贈答歌」と呼ぶべきものである。

今こゝに君もありなばともどもに
　拾はむものを松の下つゆ

＊「松の下つゆ」は、松林に生えるキノコの「松露」のこと

明治45（1912）年7月30日、明治天皇が59歳の生涯を終えて崩御され、皇太子嘉仁《よしひと》親王が践祚。元号は「大正」に改められた。しかし、大正2年に風邪や肺炎などで体調を崩され、翌年からは歩行がふらつくなどの症状も現れた。公務は休みがちになり、御用邸での静養も増えた。大正9年には宮内省御用掛の東大医学部教授が「ご幼少時の脳膜炎（筆者注・現在の病名は髄膜炎）の後遺症で、緊張を要する儀式で安静を失い、身の平衡を保てなくなった」との診断書を政府に提出。根拠はご誕生時の漢方医が書き残した文書などだった。

大元帥たる天皇のご病気が社会不安を招くと案じた元老の山縣有朋や宮内大臣牧野伸顕は「摂政」に向けて根回しを開始。大正10年11月25日、皇族会議の議決と枢密院会議の同意を得て20歳の裕仁親王が摂政に就かれた。同時に宮内省は、天皇のご病気が幼少時の脳病に端を発する「御脳力の衰退」によるものだと公表した。しかし、こうした「脳病」などの表現が後々、

人々に誤解を与える元にもなった。幼少時の髄膜炎はウイルス性と見られており、現代医学ならほぼ完全な治療が可能だが、当時は抗生物質などなく漢方医療が中心だった。こうした中、天皇として環境が激変し、生真面目なご性格故の心理的負担も病状に大きく影響したとも言われる。当時、侍従武官だった四竈《しかま》孝輔は日記に「専ら御静養あらせ給はんとする聖上陛下《せいじょう》に対し、何の必要ありてか此《こ》の発表を敢えてしたる。余は茲《ここ》に至りて宮相（宮内大臣）の人格を疑わざるを得ざるなり」と怒りの一文を綴っている。

大日本蚕糸会編の『貞明皇后』（昭和26年）の記述によると、侍医だった荒井恵は後に次のような見解を述べている。「大正天皇様は世間の一部で、ひそかに噂されるような精神薄弱なお方では断じてなかった。いや、それどころか、立派な智・情・意を具備せられ、生真面目な御性質で、公事にたいしては格別に御心配になった」「（大正年間は）全く重大事件の連続であった。この間における生真面目で、人なみはずれて心配性であられた大正天皇の御境涯《きょうがい》は、実に御気の毒と申し上げたいくらいだった」。

摂政が置かれると、大正天皇は日光や沼津、葉山の各御用邸で転地療養を続けられた。そして大正15（1926）年12月25日未明、葉山御用邸で心臓麻痺により47歳で崩御された。その際《きわ》には生母の柳原愛子《なるこ》が駆けつけ、天皇の手をそっと握ってお見送りした。幼くして別れてから久しく会えなかったお2人への貞明皇后のご配慮だったという。崩御翌年の昭和2年2月8

日、歴代天皇として初めて、当時の東京府南多摩郡横川村（現・東京都八王子市）の多摩陵《たまのみささぎ》に埋葬された。

昭和天皇

学習院院長の乃木希典から質実剛健を学んだ初等科時代

64年間にわたって在位された昭和天皇は、若き大元帥として戦争の時代を生き抜かれ、敗戦後は象徴天皇として平和な時代を歩まれた。ここでは、ご生誕から敗戦直後までの激動の人生を振り返る。

昭和天皇は明治34（1901）年4月29日、現在の赤坂御用地（東京都港区元赤坂）にあった青山御所（東宮御所）で、皇太子嘉仁《よしひと》親王（後の大正天皇）と節子《さだこ》妃の第1皇子として誕生された。称号を迪宮《みちのみや》、お名前を裕仁《ひろひと》と命名された。当時の宮中の慣例によって生後70日目に伯爵家に預けられて3年半の幼児期を過ごし、明治38年春からは、ご両親のお住まいである東宮御所の隣に新設された「皇孫仮御殿」に弟の雍仁親王（故秩父宮）とともに住み、東宮御所内の幼稚園に通われた。明治41年春に6歳で学習院初等科に入学、6年間を12人の特別クラスで同じご学友と学ばれた。

当時の学習院院長は日露戦争を戦った陸軍大将の乃木希典《のぎまれすけ》。華美と言われた学習院の校風刷新と帝王学教育を期待して明治天皇が決めた人事だった。その乃木を裕仁親王は「院長閣下」と呼んで敬い教えを忠実に守った。昭和46年4月、昭和天皇は植樹祭で訪問した島根県での記者会見でこう回想されている。「私が学習院から帰る時、途中で偶然、乃木大将に会って『殿下はどういう方法で通学していますか』と訊かれたのです。私は漠然と『晴天の日は歩き、雨の日は馬車を使います』と答えた。すると大将は『雨の日も外套《がいとう》を着て歩いて通うように』と言われ、私はその時、贅沢はいけない、質実剛健というか、質素にしなければいけないと教えられ、質実剛健ということを学びました」。

大正3（1914）年春に学習院初等科を卒業した皇太子裕仁親王は、学習院中等科に進まず、同年5月から宮内省が設置した東宮御学問所で学ばれる。学習院長だった乃木希典が陸軍式の帝王教育の場として明治天皇に開設を具申していたもので、総裁には東郷平八郎元帥が就いた。「博物（生物）」の講義もあり、これが昭和天皇のライフワークである生物学研究のスタートとなった。

大正8（1919）年5月に18歳で成年式を迎え、その翌月には宮内省が皇族である久邇宮《くにのみや》邦彦《くによし》王の長女良子《ながこ》女王との婚約を発表した。当時の良子女王は16歳。薩摩藩の最後の藩主島津忠義の孫だった。翌大正9年末、学習院に通う良子女王の兄弟が身体検査で色弱であるとされたため、元老の山縣有朋が婚約取り消しを主張、久邇宮家に婚約辞退を迫る騒ぎが起きた。『昭和天皇実録』によると、新聞は「宮中某重大事件」などの間接的な表現で騒動を報じた。山縣の言動は「人倫にもとる」などと批判を受け、宮内大臣の中村雄次郎は大正10年2月、「良子女王東宮妃御内定の事に関し世上種々噂あるやに聞くも右御決定は何等変更せず」と発表。騒動の責任をとって辞職した。その後、お2人は関東大震災を経て大正13年1月に結婚された。

前後するが、第一次世界大戦は勃発から4年後の大正7（1918）年11月、日本を含む連合国の勝利に終わった。大正9（1920）年に日本は発足した国際連盟で常任理事国になり、国民の間には一等国としての意識が高まっていった。そうした中、英・仏など欧州各国を軍艦で歴訪されたのは20歳の時だった。帰国からわずか2ヶ月後の大正10（1921）年11月25日、父君の大正天皇の健康悪化を受けて「摂政」に就き、天皇の職務を代行されることになった。5年後の大正15（1926）年12月25日、療養中だった大正天皇が葉山御用邸で崩御。摂政宮はただちに御用邸で践祚して124代の天皇に即位。25歳だった。昭和3年11月、皇位を継承したことを内外に示す「即位の大礼」が京都御所で行われた。

日米開戦を「主戦論を抑えたならクーデター」と回顧

この年、満州の実質的な支配者だった軍閥の張作霖が、奉天で列車もとろも爆破され翌日死亡する事件が起きた。満州に派遣された関東軍の幹部が権益拡大を狙って起こしたとされ、その処理を巡って天皇の不信を買った田中義一首相は翌7月初めに辞職した。天皇の〝不信任〟による内閣退陣は後にも先にも、この時だけだったと言われる。昭和4（1929）年の世界大恐慌は日本を直撃。深刻なデフレに見舞われ、軍部には現状打開のために大陸進出を唱える強硬派が台頭していた。昭和6（1931）年9月には満州事変が勃発。翌昭和7年3月には満州国の独立が宣言され、2ヶ月後の5月15日には海軍の青年将校たちが総理官邸の犬養毅首相を暗殺する5・15事件が発生。翌年、日本は遂に国際連盟を脱退して孤立化を深めた。

2・26事件に怒りを露わに「真綿にて我が首を絞めるに等しい」

昭和11年2月26日未明、皇道派の陸軍の歩兵第一連隊と歩兵第三連隊を中心とする青年将校らが率いる約1500人が、首相官邸や警視庁を含む霞が関一帯を4日間にわたって占拠した。高橋是清蔵相や斎藤実内相などが殺害され、鈴木貫太郎侍従長が重傷を負った。岡田啓介首相は間一髪無事だったが、一時行方不明になった。陸軍は明治以来、山縣有朋をはじめとする旧長州藩出身のエリートが中枢を占めており、これに反発する皇道派は貧困にあえぐ農村出身の下士官などから支持を受けていた。事件は軍首脳部の皇道派への締め付けに反発したクーデター未遂事件でもあった。

昭和天皇は発生直後から侍従武官長を通じて事件鎮圧を督促。宮内庁の『昭和天皇実録』によれば、翌日には側近に対し「自らが最も信頼する老臣を殺傷することは真綿にて我が首を絞めるに等しい行為である」と怒りを露わにし、自ら近衛師団を率いて鎮圧にあたる意思さえ示された。事件は3日後の2月29日に終息、幹部の多くが逮捕され首謀者の幹部と思想的指導者だった北一輝は銃殺刑となった。

警視庁は、事前に反乱した歩兵連隊の不穏な動きを察知し、陸軍東京警備司令部に申し入れたが無視された。事件当日、警視庁は重火器で制圧され、首相官邸警備の巡査など5人が殉職した。彼らの警察手帳や小型拳銃などは現在の警視庁本部の警察参考室に他の資料とともに展示されている。

昭和16（1941）年7月に日本軍は南部仏印に進駐。その前後から米国は対日資産の凍結と石油の全面禁輸に踏み切り、いわゆるABCD包囲網を完成させた。昭和天皇の当時の御製には、和平を願う気持ちとそれが適《かな》わぬ苦悩が滲み出ていた。

西ひがしむつみかわして栄ゆかむ

昭和16年9月、「戦争ヲ辞セザル決意ノ下ニ概（おおむ）ネ十月下旬ヲ目途トシ戦争準備ヲ完整ス」などとする「帝国国策要領」が作られ、これを阻止できなかった近衛文麿内閣は総辞職。陸軍大臣の東條英機が跡を継いだ。陸軍の統率と陸海軍の協調を期待されての登場だったが、流れを止めることはできなかった。『昭和天皇独白録』によると、昭和天皇は戦後、次のように回顧されている。「若しあの時、私が主戦論を抑えたならば、陸海に多年練磨の精鋭なる軍を持ち乍ら、ムザ〳〵米国に屈服すると云うので、国内の与論は必ず沸騰し、クーデターが起こったであろう」。

日米間では昭和16年の初めから和平交渉が続いていたが、11月26日には最後通牒のハル・ノートを突きつけられた。日本は12月8日（ハワイ現地時間12月7日）に真珠湾を攻撃、日米戦が始まった。その遠因としては、米国の排日政策も指摘されている。大正8（1919）年に第一次世界大戦の戦後処理のためパリ講和会議があり、国際連盟結成に向けた国際連盟規約委員会が開かれた。ここで日本政府は「人種的差別待遇撤廃提案（Racial Equality Proposal）」を行い、その理念を明記するよう求めた。背景にはアメリカやカナダなどで問題となっていた日系移民排斥問題があった。国際会議で人種差別撤廃を主張したのは日本が最初であり、委員会では賛成が多数を占めたが、全会一致を主張する米英の抵抗で断念に追い込まれた。さらに大正13（1924）年5月には米国で移民法（いわゆる排日移民法）が成立。日本人だけを対象にしたものではなかったが、とりわけアジア出身者については全面的に移民を禁止する条項が設けられ、アジアからの移民の大半を占めていた日本人が排除される結果となり、日本人の反米感情に火がついた。

昭和天皇も戦後、これに言及されている。「日本の主張した人種平等案は列国の容認する処とならず、黄白の差別感は依然残存し加州移民拒否の如きは日本国民を憤慨させるに充分なものである。又青島還附を強いられたこと亦然りである。かかる国民的憤慨を背景として一度、軍が立ち上がった時に、之を抑えることは容易な業ではない」（『昭和天皇独白録』）。

終戦でマッカーサーと会談「私の一身はどうなろうと構わぬ」

昭和16（1941）年12月8日の真珠湾攻撃で米英との戦争に突入した日本は、快進撃を続けた。しかし、翌年6月のミッドウェー海戦で米海軍に大敗、開戦からわずか半年で戦況は逆転、昭和20年に入ると本土への空襲が激しくなった。同年4月5日、ソ連が日ソ中立条約破棄を通告。スターリンは既に2月のヤルタ会談で、ドイツ降伏から3ヶ月後に対日参戦するとの密約を米英首脳と結んでおり、これを背景としたソ連の動きだった。同年3月には米軍が沖縄に上陸。中国国民党政府との和平工作も失敗したため、小磯内閣は総辞職。2・26事件時に侍従長だった鈴木貫太郎が4月7日に首相に就任した。4月30日、ナチス・ドイツ総統のヒトラーがベルリンで自殺し、5月8日にはドイツ軍が無条件降伏した。6月23日には多数の住民が犠牲になった沖縄戦が終結、日本の敗色は濃厚となった。8月6日には広島に原爆が落とされた。

9日未明にソ連はヤルタ会談での密約どおり参戦し国境を越えて満州に攻め込んだ。この日、最高戦争指導会議が開かれたが、「天皇の国法上の地位存続（いわゆる国体護持）」を条件としてポツダム宣言を受諾すべしとの東郷茂徳外相らの主張と、「戦争責任者の自国における処理」などの条件も加えるべきだとする阿南惟幾《これちか》陸軍大臣らの主張がぶつかり、結論が出ないまま今度は長崎に原爆が落とされた。鈴木首相は再度の最高戦争指導会議を天皇の御前で行うことを決め、首相、外相・陸相、海相の4大臣、陸軍参謀総長、海軍軍令部総長に平沼騏一郎枢密院議長を加えた7人が正規メンバーとして皇居の地下御文庫（防空壕）に集まった。会議は深夜の翌10日午前零時過ぎから始まり、意見はいつまでも平行線をたどった。

その様子については、陪席した内閣書記官長の迫水久常が戦後になって講演したものをまとめた『最後の御前会議における昭和天皇御発言全記録』（昭和天皇崇敬会）に収められている。これによると、会議から2時間余り経ったところで鈴木首相が立ち上がり、「事態は緊迫して居りまして全く遅延を許しません。誠に懼れ多いことでは御座いますが、ここに天皇陛下の御思召しをお伺いして、それによって私共の意見をまとめ度いと思います」と述べた。これを受けて昭和天皇は「それならば自分の意見を言おう。自分の意見は（国体護持を条件にポツダム宣言を受諾するという）外務大臣の意見に同意である」と発言された。この瞬間に終戦が事実上決まった。昭和天皇は「念のため理由を言って居《お》く」として続けられた。「（中略）このような状態で本土決戦に突入したらどうなるか、自分は非常に心配である。或は日本民族は皆死んでしまわなければならなくなるのではなかろうかと思う。そうなったらどうしてこの日本という国を子孫に伝えることが出来るか。自分の任務は祖先から受けついだこの日本を子孫に伝えることである。今日となっては一人でも多くの日本人に生き残っていて貰って、その人達が将来再び起ち上って貰う外に、この日本を子孫に伝える方法はないと思う——」。

日本側のポツダム宣言受け入れ申し入れに対し、連合国側から5項目にわたる英文の回答（いわゆるバーンズ回答）が届いた。その内容の是非を巡って日本政府内は再び対立したため、8月14日に昭和天皇は自ら最高戦争指導会議の構成メンバーと閣僚全員の24人を皇居の地下壕「御文庫」に緊急招集。そこでの昭和天皇の発言は、藤田尚徳侍従長（海軍大将）が戦後に著した『侍従長の回想』（講談社学術文庫）に詳しい。

「先方の申し入れを受諾してよろしいと考える。どうか皆もそう考えてもらいたい。陸海軍の将兵にとって武装の解除なり保障占領というようなことはまことに堪え難いことで、その心持は私にはよくわかる。しかし、自分はいかになろうとも万民の生命を助けたい。この上、戦争を続けては結局、我が邦《くに》がまったく焦土となり、万民にこれ以上苦悩を嘗《な》めさせることは私としてじつに忍び難い」。こうして2度目の聖断が下った。

御前会議で最後まで抵抗した陸軍大臣の阿南惟幾は8月15日早朝、辞世の句を残して自刃した。書記官長だった迫水久常は戦後、阿南が仮に終戦に賛成していたら部下に殺され、陸軍が後継（現役武官）を拒否すれば鈴木内閣は総辞職に追い込まれ、終戦に至らなかっただろうと振り返っている。8月15日正午、「朕深ク世界ノ大勢ト帝國ノ現状トニ鑑ミ非常ノ措置ヲ以テ時局ヲ収拾セムト欲シ」で始まる終戦詔勅の朗読、いわゆる玉音放送がラジオで全国に流れた。

敗戦から2週間後の8月30日、連合国軍最高司令官のマッカーサーが厚木基地に降り立った。降伏文書の調印式を終えると、GHQ司令部を横浜から皇居に面する現在の第一生命ビルに移して本格的な占領政策に着手した。そのマッカーサーと昭和天皇の会見は9月27日にGHQ司令部で行われた。外務省の通訳を交え、2人だけの35分間の会見だった。その内容を記した用箋5枚が後日、外務省から皇居に届いた。藤田侍従長はこれを昭和天皇に渡したが、「陛下は自ら御手元に留められたようで、私のもとへは返ってこなかった」（『侍従長の回想』）という。その内容について、藤田は昭和天皇の発言を次のように記憶していた。「敗戦に至った戦争のいろいろの責任が追及されているが、責任はすべて私にある。文武百官は私の任命する所だから、彼等には責任はない。私の一身は、どうなろうと構わない。私はあなたにお任せする。この上は、どうか国民が生活に困らぬよう、連合国の援助をお願いしたい」。

“人間宣言”の五箇条の御誓文は「国民に誇りを忘れさせないため」

昭和天皇は昭和21年の元日、官報で「新日本建設に関する詔書」を出した。「人間宣言」とも呼ばれているが、これは当時の出版社がつけた呼称で、詔書には「人間」「宣言」の文言は一言もない。詔書は明治天皇の「五箇条ノ御誓文」に始まり、国民が困難な状況の中で互いに力を合わせて平和で豊かな国家再建に取り組むことを願う気持ちを述べたものだ。神格を否定したとされる部分は次のくだりだけである。「朕ト爾等《なんじら》国民トノ間ノ紐帯《ちゅうたい》ハ、終始相互ノ信頼ト敬愛トニ依リテ結バレ、単ナル神話ト伝説トニ依リテ生ゼルモノニ非ズ。天皇ヲ以テ現御神《あきつかみ》トシ、且《かつ》日本国民ヲ以テ他ノ民族ニ優越セル民族ニシテ、延《ひい》テ世界ヲ支配スベキ運命ヲ有ストノ架空ナル観念ニ基《もとづ》クモノニモ非ズ」。元日の各新聞の見出しは「紐帯は信頼と敬愛、朕、国民と供にあり」となっており、当時の人々は、詔書をして人間宣言という意識で捉えてはいなかった。

それでも、詔書自体は、国家による神道の支援や普及を禁止した昭和20年12月15日の「神道指令」の延長線上にあり、GHQの意向を受けていた。米国内で高まった戦争責任論や退位論を鎮めるためだったとも言われる。実はGHQの意向を汲んだ政府の原案には「神の裔《えい》にあらず」という表現もあった。「神の子孫ではない」という意味だが、昭和天皇はこの表現を使うことは拒否された。それが日本の国柄《くにがら》や宮中祭祀の否定にまでつながりかねないことを危惧されたのかもしれない。

昭和52年の記者会見で昭和天皇は次のように話されている。「それ（五箇条の誓文を引用する事）が実は、あの詔書の一番の目的であって、神格とかそういうことは二の問題でした。当時はアメリカその他諸外国の勢力が強く、日本が圧倒される心配があったので、民主主義を採用されたのは明治天皇であって、日本の民主主義は決して輸入のものではないということを示す必要があった。日本の国民が誇りを忘れては非常に具合が悪いと思って、誇りを忘れさせないためにあの宣言を考えたのです」。

戦後初めての天長節（天皇誕生日）を迎えた昭和21（1946）年4月29日、GHQは「（戦争計画、準備、遂行、又はそのための共同謀議などを行った）平和に対する罪」で、いわゆるA級戦争犯罪人28人を起訴した。これを受けて、現在の防衛省がある東京・市ヶ谷の旧陸軍省ビルに設置された軍事法廷で、5月3日から極東国際軍事裁判（東京裁判）が始まった。GHQが定めた「極東国際軍事裁判条例（第6条）」は、戦争犯罪の類型を原文でABCの3つに分け、A「平和に対する罪」、B「(捕虜虐待などの)一般戦争犯罪」、C「(非戦闘員虐殺などの)人道に対する罪」と規定した。A・B・Cは罪状のカテゴリーの区別であり、罪の重さの度合いを表すものではなかった。プロ野球などで敗因を作った選手を「A級戦犯」と揶揄することがあるが、東京裁判の経緯を少しでも知っていれば憚《はばか》られる表現だ。2年半に及んだ東京裁判は11月5日の判決で、いわゆるA級戦犯として起訴された28人のうち、病死や精神障害により免訴となった者を除く25人が有罪となり、このうち東条英機元首相や広田弘毅元首相ら7人に死刑が言い渡された。そして、皇太子殿下(今上天皇)の誕生日である昭和23年12月23日に死刑が執行された。

一方、東京裁判とは別に、横浜のほかマニラ、上海など東南アジアや旧ソ連など世界49ヶ所の軍事法廷では主にB・C級の罪状で軍人らが訴追された。確認されただけでも捕虜虐待などを理由に934人が死刑になったが、正確な数はわかっていない。法廷とは名ばかりで、現場にいなかった人物の虚偽証言で死刑判決を受け、捕虜に家畜の餌を食わせたという理由で、弁明の機会も与えられず絞首刑になった例もあったと言われる。家畜の餌とは牛蒡《ごぼう》だった。

東京裁判では最終的に昭和天皇への責任追及はなされなかった。昭和21年1月末、GHQのマッカーサー司令官は、本国のアイゼンハワー参謀総長宛に、天皇を起訴した場合は占領軍の大幅な増強が必要である旨を打電、訴追に否定的な立場を示した。占領下の日本国民が昭和天皇に強い敬慕の感情を持っていることを肌身で感じ、訴追が占領軍に多大な犠牲をもたらすことを恐れていたからに他ならない。

サンフランシスコ平和条約発効直後の昭和27（1952）年5月1日、日本政府は戦犯の国内法上の解釈を変更して戦犯拘禁中の死者はすべて「公務死」とし、戦犯逮捕者は「抑留又は逮捕された者」として取り扱うこととした。翌昭和28年には国会が共産党を含む全会一致で「戦争犯罪による受刑者の赦免に関する決議」を可決した。

皇位継承問題

皇位は例外なく男系男子が継承してきたという事実

皇位継承についての規定は、戦後の昭和22年5月に日本国憲法とともに公布された「皇室典範」に定められているが、その基となっているのは明治22（1889）年に大日本帝国憲法とともに制定された旧皇室典範である。

旧皇室典範は長い皇室の歴史で初めて皇位継承等について成文化されたもので、第一条で「大日本国皇位ハ祖宗ノ皇統ニシテ男系ノ男子之ヲ継承ス」として、継承資格者を明確に「男系ノ男子」に限った。皇室の歴史で過去に例外なく男系男子が皇位を継承して来たという事実を踏まえたものだった。

また、過去の実態に則して皇后以外の側室の間に生まれた庶出の男子にも継承資格を認め、第四条に「皇子孫ノ皇位ヲ継承スルハ嫡出ヲ先ニス皇庶子孫ノ皇位ヲ継承スルハ皇嫡子孫皆在ラサルトキニ限ル」と規定した。

終戦後に廃止された旧皇室典範に代わって昭和22年5月に施行された皇室典範は、日本国憲法下の法律としての位置づけに変わったが、継承資格者については「皇位は、皇統に属する男系の男子が、これを継承する」と旧皇室典範を踏襲した。

昭和21年12月16日の貴族院議院の本会議で金森徳次郎国務大臣は、その経緯を次のように答弁している。「……女子に皇位継承の資格を認むるかどうかと云ふことになりますと、実は幾多の疑惑が起つて来るのでありまして、男系でなければならぬと云ふことはもう日本国民の確信とも言ふべきものであらうと存じます、又歴史は一つの例外をも之に設けて居りませぬ……」。

混同されがちな「女性天皇」と「女系天皇」

皇室典範の改正案に絡んで「女性天皇（女帝）」や「女系天皇」という言葉が出てくるが、両者は全く異なる概念であり、これを混同している人が少なくない。

歴代の天皇のうち女性天皇は8人10代（2人の天皇が重祚《ちようそ》）で、最も古い女性天皇は第33代の推古天皇（在位592年〜628年）。第29代欽明天皇の皇女であり、第30代敏達天皇の皇后だった方で、当時の皇位継承をめぐる争いや混乱の中で39歳で即位した。最後の女性天皇は江戸時代の第117代の後桜町《ごさくらまち》天皇（同1762年〜1770年）。異母弟で先帝の桃園天皇が22歳の若さで崩御し、その皇子たちが5歳と3歳で幼かったため中継ぎとして23歳で即位した。大切なことは、いずれの女性天皇も、皇統を中断させないための中継ぎとして登場し、後の皇位を例外なく男系の男性天皇に引き継いでいることだ。

一方、女系（天皇）とは、男系と違って「母方から皇室の血統を受け継ぐ」という血筋を区別した言葉であって、女性天皇とは概念自体が異なっている。世論調査などで「女性天皇に賛成か反対か」と問われた際に、どれだけの国民が女性天皇と女系天皇の違いを区別して答えているかは甚だ疑問である。

このように女性天皇は存在したが、皇位が女系の天皇に移ったことは一度もなかったのだが、識者の中には、古代には女系による皇位継承が法的に認められていたとする説を主張する者がいる。根拠としているのは、第46代孝謙天皇（女性天皇）時代の西暦757年に施行された「養老律令」の中にある「継嗣令」の条文で、「天皇の兄弟、皇子は、みな親王となす」との規定の注記に「女帝の子もまた同じ」とあるからだと言う。しかし、継嗣令では女性皇族は男性皇族と結婚する義務があり、女性天皇も例外ではなかった。だから、女帝に子が生まれても男系の血を引いているため、仮にその子が即位しても女系とはならない仕組みになっていた。

GHQの圧力による11宮家の皇籍離脱がもたらした現状

日本国憲法と新皇室典範が施行されてから5ヶ月後の昭和22(1947)年10月13日、皇居で皇室会議が開かれ、秩父宮、高松宮、三笠宮の直宮家を除く伏見宮、閑院宮、東久邇宮、竹田宮など11宮家51人の皇籍離脱が決まった。これによって、皇室は、昭和天皇ご一家のほか大正天皇の直宮で昭和天皇の兄弟である秩父宮家、高松宮家、三笠宮家だけになった。

この皇室会議で冒頭、片山哲議長(内閣総理大臣)は次のように説明している。「――皇籍離脱の御意思を有せられる皇族は、後伏見天皇より二十世乃至二十二世を隔てられる方々でありまして、今上陛下よりしましては、男系を追いますと四十数世を隔てていられるのでありま す。これらの方々が、これまで宗室を助け、皇族として国運の興隆に寄与して参りました事績は、まことに大きいものでありましたが、戦後の国外国内の情勢就中新憲法の精神、新憲法による皇室財産の処理及びこれに関連する皇族費等諸般の事情から致しまして、この際これらの方々の皇籍離脱の御意思を実現致しますことが適当であるという状況にあると考えられるのであります」。

戦後、初めて臣籍降下を表明したのは終戦処理内閣の首相を務めた東久邇宮稔彦王だった。朝日新聞（昭和20年11月11日付）に次のように語っている。「戦争がこのような結末になったことについて私は強く責任を感じている。戦時中皇族は陛下に意見を申し上げることが禁じられていたものの、陛下に対してなんら進言申し上げることをしなかったことについて道徳的責任がある。敗戦に至ったのであれば道徳的責任を明らかにするため皇族の特遇を拝辞して平民となることを決心した。もしそうしなければ陛下に対し、また国家に対して申し訳が立たない。首相の任を解かれた直後、木戸内大臣と石渡宮内大臣を通して陛下にお願い申し上げた。その後は『いま暫《しばら》く時期を待て』との御沙汰を拝したのみで今日に及んでいる。これは私一個の考えであるが、皇族は直宮に限り、あとは臣籍に降下したらよいと思う。華族もすべて爵位を拝辞したらよいと思う」。皇族の宰相として終戦処理を身を挺して成し遂げた東久邇宮としての苦渋の決断だったと思われ、他にも同様の決意を示した皇族もあった。しかし、ほとんどの皇族は実際には臣籍降下には反対だったと言われる。

しかし、GHQは同年11月に皇室財産を凍結、翌21年5月には「皇族の財産上その他の特権廃止に関する指令」を出し、皇族財産の凍結や特権の剝奪などの〝兵糧攻め〟によって皇族を追い込んでいった。

本文では似たような表現として「臣籍降下」と「皇籍離脱」が出てくるため混乱するかもし

れないが、前者は明治憲法下で皇籍から離れて臣籍（一般国民と同じ姓）を名乗ることを指したが、11宮家が皇籍を離れた時には既に日本国憲法が施行されていたため使われなくなり、後者の表現になった。

11もの宮家がなくなることについては、当時の政府内にも強い不安があったのは事実である。『語られなかった皇族たちの真実』（竹田恒泰著）によると、鈴木貫太郎元首相が重臣会議で「皇族が絶えることになったならどうであろうか」と不安を示したところ、宮内省の加藤進次官は「かっての皇族の中に社会的に尊敬される人がおり、それを国民が認めるならその人が皇位についてはどうでしょうか。しかし、適任の方がおられなければ、それは天が皇室を不要と判断されるのでしょう」と語ったという。

皇籍離脱が決まる1年前の昭和21年11月末、昭和天皇は各皇族を集めて臣籍降下の方針を自ら告知された。昭和天皇は「まことに遺憾ではあるが、了承してほしい」旨を話された。11宮家が一度に皇籍から離れることについて昭和天皇は多くを語っていない。しかし、梨本宮守正王の伊都子妃はこの日の日記に「ほんとに、陛下の御心中、御さっし申上ると、胸もはりさける思ひ」と記している。

白紙に戻った「女系容認」と「女性宮家創設」

平成になってから盛んに議論がなされるようになった皇位継承問題の経緯を振り返ってみる。平成5年の皇太子さまと雅子さまのご成婚後、しばらくの間はお子さまがなく、各宮家にも男子が生まれていないという現実が続いた。皇太子さまに継ぐ最も若い皇位継承者は、5歳下の弟である秋篠宮文仁親王であり、将来的には皇統が絶えてしまうかもしれないという不安が指摘され始めた。宮内庁関係者はあくまでも水面下だが、皇位継承者を増やすための打開策について慎重な検討に入った。

そうした中、平成13（2001）年12月に愛子内親王が誕生されて世間はお祝いムードに包まれた。しかし、現状の皇室典範では愛子さまに皇位継承の資格がないため、政府関係者の間では、皇室典範を改正して「女性天皇」を認める案が有力視されるようになった。平成16（2004）年末には、当時の小泉純一郎首相が私的諮問機関「皇室典範に関する有識者会議」を設置して議論を公開し、世間の関心は一気に高まった。

女性天皇については過去にも存在したが、いずれも男系男子に引き継ぐための一代限りの中継ぎであって、その子や孫が天皇になるという男系から女系への移動ではなかった。しかし、有識者会議は翌平成17（2005）年11月、「皇位継承者を女性天皇あるいは女系天皇に拡大することが適当」とする最終報告書を小泉首相に提出。これを受けて政府は「皇室典範改正準備室」を設置して、次期通常国会に皇室典範の改正法案を提出する準備に入った。対して、皇位を男系男子に限る皇室の伝統を維持しつつ皇位継承者を増やす方策を考えるべきだとする反対意見が噴出した。

こうした中、平成18（2006）年2月、秋篠宮妃紀子さまのご懐妊が公表された。与野党の慎重論が高まったのを受け、小泉首相は皇室典範改正法案の提出を先送りすることを発表。同年9月6日に悠仁《ひさひと》親王が誕生されると、法案自体の提出取りやめを決めた。

小泉首相の後任の安倍首相は同年10月、参議院本会議で「慎重に冷静に、国民の賛同が得られるように議論を重ねる必要がある」と発言、有識者会議が初会合から短期間で女系容認の報告書をまとめたことを批判。翌平成19（2007）年1月には、「悠仁親王の誕生により（有識者会議の）報告書の前提条件が変わった」として報告書を白紙に戻す方針を示し、平成20（2008）年12月には麻生首相が「有識者会議」の廃止を決裁した。

しかし、民主党政権で再び動きがあった。平成23（2011）年10月、羽毛田宮内庁長官は野田佳彦首相を訪ね、火急の案件として「女性宮家」の創設を要請した。女性皇族が結婚後も皇族の身分を保持して皇室の活動を支える——ことなどが目的とされ、これを受けて政府は、皇室典範改正準備室を平成24（2012）年2月から7月にかけて6回にわたり開催し、大学教授やジャーナリストなど12人から「皇室制度に関する有識者ヒアリング」を行った。その後、論点を整理して国民からのパブリックコメントを募集した。政府は女性宮家創設は皇位継承問題とは切り離して議論するとの立場を示しつつ、翌年の通常国会に皇室典範改正法案等の提出を目指したが、識者から将来的に女系天皇につなげようとするものだとの異論が噴き出し、野田内閣は同年10月に典範改正を断念した。

12月の総選挙で民主党政権を倒し、2度目の総理に就いた安倍首相は男系を重視する立場から野田政権の取り組みを白紙に戻す意向を示し、あくまでも時間をかけて慎重に検討するとの立場を貫いている。

男系維持派は旧皇族につながる男系子孫の〝皇族復帰〟を主張

皇位継承問題がクローズアップされたのは、平成16（2004）年末、小泉純一郎首相が私的諮問機関「皇室典範に関する有識者会議」を設置したのがきっかけだった。焦点は、女性天皇や女系天皇を容認するか、これまでのように男系男子に限るかにあった。翌平成17年11月に有識者会議は学者等からのヒアリングを経て「皇位継承を女性天皇あるいは女系天皇に拡大することが適当」との最終報告を提出、政府は皇室典範の改正法案を提出する準備に入った。平成19年9月に悠仁《ひさひと》親王が誕生されたこともあり、結果的に改正法案の提出には至らなかったが、多くの諮問機関がそうであるように、有識者会議では結論ありきで議論が進められた感があった。

当時の有識者会議は最終報告書の中で、次のような見解を示した。男系が保たれてきたのは、戦前までは側室が生んだ非嫡系による皇位継承が認められ若年結婚が一般的で出生数が多かったこと等が大きな理由であり、歴史的に男系継承を支えてきた条件が、国民の倫理意識や出産をめぐる社会動向の変化などにより失われてきている——。

一方、男系維持派の主張はこうだ。皇室の歴史ではただの一度も皇位が女系に移ったことはなく、過去の10代の女性天皇（８人）は、幼い継承者の皇子が成長するまでの中継ぎとして即位するなど、すべて臨時的な皇位であった。また、直系の皇位継承者がいない場合は、皇統を継ぐ傍系の宮家から男子皇族を迎えるなど男系維持の努力をしてきた。歴史的に見ると、絶大な権力を誇示した平清盛や足利義満でも皇族になれなかったように、男系維持は、外部の時の権力者が皇室に入ることを防ぐ目的もあった——。その上で、当面の方策として、新皇室典範の制定に合わせて昭和22年に皇籍を離れたいわゆる旧皇族やその男系男子の若い子孫を皇室に養子などとして迎えるべきだ、とする。

旧皇族の皇室への復帰については、「旧宮家が皇籍を離れてから70年も経過しており国民が皇族として受け入れることができるだろうか」との懸念があるのは事実だ。しかし、女系天皇にせよ、女性宮家にせよ、何百年遡っても皇統とは縁のない男性が皇室に入って来て皇族と同じ立場になるならば、恐らく国民はもっと違和感を持つかもしれない。

竹田恒泰氏が『語られなかった皇族たちの真実』（小学館文庫）で貴重な逸話を紹介している。それによると、（昭和22年の）11宮家の皇籍離脱について重臣会議で鈴木貫太郎元首相が加藤進宮内次官に「皇統が絶えることになったならどうであろうか」と疑問を提示した。これに対し加藤は「かつての皇族の中に社会的に尊敬される人がおり、それを国民が認めるならその人が皇位についてはどうでしょうか。しかし、適任の方がおられなければ、それは天が皇室を不要と判断されるのでしょう」と述べたという。

故・三笠宮寛仁親王は女系天皇を容認する典範改正の動きがあった平成18年、産経新聞の取材に「あらゆる手を尽くした上でも次の世代が女性ばかりだったという状況になれば、その時に女帝・女系の論議に入ればよい」と話され、拙速な動きに違和感を示している。

現在の安倍内閣は男系維持の立場で、慎重に議論していくとの立場だと言われるが、どうやって男系を維持していくのかについてはまだ具体的な動きはない。

皇統に属せば何世代遡っても正統とみなす皇位継承の本質

こうした男系維持の立場で、国民にわかりやすく説いているのが八木秀次氏（麗澤大教授）で、同氏は平成25年4月に発売された雑誌『一個人』の保存版特集「皇室の真実」の中で、

「なぜ男系でなければならないのか？」を解説している。八木氏は、皇位継承に関する多くの誤解は、財産承継という性格を持つ一般の家の継承と混同していることに由来すると結論付けた上で、次のように詳しく説いている。抜粋して紹介する。

皇室は直系に男子の継承者がいない場合に、一般の家のように娘婿や養子を迎えることはない。初代・神武天皇からの純粋な男系の血筋を引いている別の男系の血筋に次の継承者を求めている。なぜそのような無理を重ねてまで純粋な男系承継を行ってきたのか。天皇の主たるお務めが祭祀であることはよく知られている。その祭祀者の資格として能力的に優れているか否かを徹底排除して、初代・神武天皇の純粋な男系の血筋のみがそれを持つと考えているからだ。

純粋に男系継承者を重ねることは対象者を絞り込むことでもある。天皇や生まれながらの皇族は純粋な男系の血筋という細い糸に繋がる存在だ。誰も取って代われない。実はこのことが日本社会を安定させてきた。古くから権力と権威を分け、その時々で権力者は変わるが、権力者にお墨付きを与える権威は天皇・皇室が担うとしてきたからだ。そしてその権威の部分については誰も取って代わることのできない100パーセントの血統原理を貫いてきたからだ。女系継承の容認は皇位継承資格を拡大させるとともに、現在の天皇・皇族方の正当性を否定する。自己否定でもある。日本社会を安定させてきた国家の原理を変更することでもある——。

現在のような男系主義は、皇族に対し、男子を産まなければならないという精神的な負担を強いているとの主張がある。しかし、皇學館大学現代日本社会学部の新田均教授は、これは自分の子に跡を継がせなければならないという「直系主義」によるものであって、皇室はそうではないのだと言う。新田教授は『皇位の継承　今上陛下のご譲位と御代替わりの意義』（明成社）で次のように説いている。「皇室は是が非でも自分の子共に皇位を継がせなければならないという直系主義には立っていません。それどころか、皇統に属してさえいれば何世代遡っても正統だと考えます。この男系継承の考え方は、言い換えれば、兄弟や遠い親戚での継承を認める傍系主義の考え方です」。

天皇制に否定的な学者による本質を衝いた意見

これに対して、逆説的ではあるが、天皇制そのものに否定的な学者による本質を衝いた言説がある。憲法学者の奥平康弘氏（故人）が平成16（２００４）年の雑誌「世界」８月号に記した「『天皇の世継ぎ』問題がはらむもの」と題する文章がそうである。

「何ぞ知らん、性差別反対という、それ自体もっともな大義名分に促された一般大衆が、ポピュラーな政治家に誘導されて典範第一条を改正して『女帝』容認策をかちとることに成功したと、仮定しよう。よって以て『世継ぎ』問題はめでたく解消し、天皇制は生き延びることができることになる。しかし、この策は天皇制そのものの正当性根拠であるところの『萬世一系』

イデオロギーを内において侵食する因子を含んでいる。男系・男子により皇胤が乱れなく連綿と続いて来たそのことに、蔽《おお》うべからざる亀裂が入ることになる。〈いや私たちは、『女帝』を導入して天皇制を救い天皇制という伝統を守るのです〉と弁明するだろう。だが、そんな『萬世一系』から外れた制度を容認する施策は、いかなる『伝統的』根拠も持ち得ないのである（中略）『女帝』容認論者は、こうして『伝統』に反し『萬世一系』イデオロギーと外れたところで、かく新装なった天皇制を、従来とまったく違うやり方で正当化して見せなければならないのである」。

平成28年3月、国連の「女子差別撤廃委員会」が日本に関する最終見解案に「皇位継承権が男系男子の皇族だけにあるのは女性への差別だ」として、皇室典範の改正を求める勧告を盛り込んでいたことが発覚。日本側の強い抗議で削除された。同委員会は日韓の慰安婦問題合意も批判し問題になっている。

「今度の皇位の継承にあたって何よりも大切なことは、宮内庁が一枚岩になって新天皇をお支えすることだと思います」。昭和から平成にかけて今上天皇（明仁天皇）のお側で仕えた宮内庁OBの一人はこう語っています。至極当然のことのようにも聞こえるかもしれませんが、「お代替わり」が、いかに大変な〝難事業〟であったかが偲ばれる言葉でもあります。

陛下は平成元年8月の即位後初めての記者会見でこう述べられました。「国民の幸福を念じられた昭和天皇をはじめとする古くからの天皇のことに思いを致すとともに、現代にふさわしい皇室の在り方を求めていきたいと思っております」。記者席の後列でメモを取っていた筆者もこの「現代にふさわしい皇室」という新鮮なフレーズが今も強く印象に残っています。

果たして陛下はご公務などで、少しずつ新しい試みを始められました。その一つが、国民体育大会や植樹祭などで地方へお出かけの際、休憩時間を兼ねた昼食時に、視察などに同行している地元の知事らと席を共にされることでした。少しでも地方の事情を知っておきたいという強いお気持ちがあったからでした。昭和の時代にはなかったことでした。大膳課の料理人を同行させるという慣例もやめられました。

　地方から皇居に勤労奉仕に来た人たちへの「ご会釈《えしゃく》」もそうです。近くに寄ってなるべく多くの人たちと同じ目線で会話をされ、丁寧にお礼を述べられました。そうした新天皇の姿を国民が目の当たりにしたのは、本文でも触れたように平成3年夏の雲仙普賢岳噴火での被災者に対するお見舞いでのあの姿でした。移動の車も県の公用車を借りられました。

　こうしたご公務は、事前に侍従などが宮内庁内の各セクションと打ち合わせを行うのが原則です。しかし、新しい試みは「前例がございません」という理由で、抵抗に遭ったそうです。都内をお車で走る場合は、緊急時以外はなるべく信号で停止することになりましたが、「却って面倒だ」という関係者の〝本音〟も聞こえました。昭和の時代は「暗黙の了解」で事はスムーズに運びましたが、平成になってからはそうはいきません。誠実で優秀な職員が多い宮内庁ですが、一部からは「昭和さんの時は良かった」などと不満の声も聞かれました。

　こうしたリアクションは組織外にも飛び火しました。まるで堰を切ったように週刊誌などの矛先が皇后さまに向かい出したのです。悪意のある記事の情報源が〝身内〟であるはずの元侍従や宮内庁職員だとわかるような場合もあったといいます。宮内庁が「一枚岩」ではなかったということです。

　平成が終わって元号が新しくなる5月1日、いよいよ皇太子さまが第126代の天皇に即位されます。新しい象徴天皇の誕生に国民の期待は次第に高まっています。世間は天皇と皇后になられるお2人に対し、今上天皇と皇后が歩まれた30年間と同じようなものを求めるかもしれません。しかし、戦中戦後の苦しい時代を経験し全力で象徴天皇としての務めを果たされた今上天皇と戦後にお生まれになった皇太子さまには自ずと異なるところがあっても仕方のないことです。極めて僭越ではありますが、新天皇となる皇太子さまは筆者が知る限りでは実に誠実で穏やかな方だというイメージです。昭和天皇を彷彿とさせるものがあります。平成28年8月の今上天皇のビデオメッセージにもあった「伝統の継承者としてこれを守り続ける責任」についても、まったく同じお気持ちだと思います。ある意味ではご公務以上に大切なお務めである宮中祭祀にも大変ご熱心だといわれています。

ただ、少し心配なこともあります。皇后となった雅子さまがご公務に専念できないような状況に置かれた場合、手ぐすねを引いて待つ一部メディアが、またぞろバッシングを始めるかもしれません。苦労しながら回復への努力を続けられる雅子さまをなぜ、悪しざまに書くのか筆者には理解できません。時間がかかってもいいし、少しずつでも良いではありませんか。そんな時にこそ、宮内庁が一枚岩になって新天皇と新皇后をお支えすることが、それこそ何よりも大切だと思います。

参考文献

『別冊歴史読本　明治・大正・昭和天皇の生涯』新人物往来社／『日本史小百科　天皇』児玉幸多編・東京堂出版／『皇宮警察史』皇宮警察本部／『新版平成皇室事典』主婦の友社編／『旧皇族が語る天皇の日本史』竹田恒泰・PHP新書／『アメリカの鏡・日本』ヘレン・ミアーズ・KADOKAWA／『皇室論』高森明勅・青林堂／『天皇「生前退位」の真実』高森明勅・幻冬舎新書／『元号　年号から読み解く日本史』所功、久禮旦雄、吉野健一・文春新書／『天皇家の宿題』岩井克己・朝日新書／『名前でよむ天皇の歴史』遠山美都男・朝日新書／『天皇陛下の全仕事』山本雅人・講談社現代新書／『憲法の常識　常識の憲法』百地章・文春新書／『「現人神」「国家神道」という幻想』新田均・PHP研究所／『天皇と国民の絆』勝岡寛次・明成社／『いま知っておきたい天皇と皇室』山下晋司・河出書房新社／『皇室ってなんだ!?』竹元正美・扶桑社／『天皇家の財布』森暢平・新潮新書／『皇位継承』高橋紘・所功・文春新書／『新・皇室論　天皇の起源と皇位継承』笠原英彦・芦書房／『宮中祭祀　連綿と続く天皇の祈り』中澤伸弘・展転社／『小論集　一神道人の足跡』澁川謙一・神社新報社／『吹上の季節』中村賢二郎・文藝春秋／『皇室の祭祀と生きて』髙谷朝子・河出文庫／『即位禮大嘗祭　平成大禮要話』鎌田純一・錦正社／『明治天皇　上下巻』ドナルド・キーン・新潮社／『絵画と聖蹟でたどる明治天皇のご生涯』打越孝明、明治神宮監修・新人物往来社／『大正天皇』古川隆久・吉川弘文館／『大正天皇実録　補訂版』宮内省図書寮編・ゆまに書房／『陛下、お尋ね申し上げます』高橋紘ほか編著・文集文庫／『側近日誌』木下道雄・中公文庫／『昭和天皇をお偲びして』末次一郎・展転社／『美智子皇后の真実』工藤美代子・幻冬舎文庫／『新天皇家の自画像』薗部英一編・文春文庫

本書は、会員制月刊雑誌「ＢＡＮ」（教育システム社）に連載した
「皇室と日本」（筆名・宮内健太郎、二〇一四年六月号～
二〇一八年一〇月号）に大幅加筆したものです。

著者略歴

椎谷哲夫《しいたにてつお》

一九五五年宮崎県生まれ。
早稲田大学政治経済学部卒業後、
東京新聞（中日新聞東京本社）入社。
編集局社会部で警視庁、宮内庁、旧運輸省を担当。
宮内庁では五年余にわたり昭和天皇崩御や皇太子ご成婚などを取材。
休職して米国コロラド州の地方紙でインターン記者研修後、
警視庁キャップ、社会部デスク、警察庁を担当。
四〇代で早大大学院社会科学研究科修士課程修了。
総務局、販売局勤務を経て、現在関連会社役員。
著書に『敬宮愛子さまご誕生』（明成社）がある。

幻冬舎新書 529

皇室入門

制度・歴史・元号・宮内庁・施設・祭祀・陵墓・皇位継承問題まで

二〇一八年十一月三十日 第一刷発行

著者 椎谷哲夫
発行人 見城 徹
編集人 志儀保博

発行所 株式会社 幻冬舎
〒一五一-〇〇五一 東京都渋谷区千駄ヶ谷四-九-七
電話 〇三-五四一一-六二一一(編集)
〇三-五四一一-六二二二(営業)
振替 〇〇一二〇-八-七六七六四三

ブックデザイン 鈴木成一デザイン室
印刷・製本所 中央精版印刷株式会社

Printed in Japan ISBN978-4-344-98530-8 C0295
し-13-1

幻冬舎ホームページアドレス http://www.gentosha.co.jp/

＊この本に関するご意見・ご感想をメールでお寄せいただく場合は、comment@gentosha.co.jp まで。